U0404556

ADMINISTRATIVE LAW

2020年度高峰学科创新团队项目
项目名称：新行政诉讼法实施热点问题研究
项目编号：A-3000-20-001-X11

中性行政行为研究

Research On Neutral Administrative Act

章志远 /主编

北京大学出版社
PEKING UNIVERSITY PRESS

图书在版编目(CIP)数据

中性行政行为研究/章志远主编. —北京:北京大学出版社,2021.9
ISBN 978-7-301-32564-3

Ⅰ. ①中… Ⅱ. ①章… Ⅲ. ①行政行为—行政法—研究—中国
Ⅳ. ①D922.112.4

中国版本图书馆 CIP 数据核字(2021)第 199058 号

书　　名	中性行政行为研究 ZHONGXING XINGZHENG XINGWEI YANJIU
著作责任者	章志远　主编
责任编辑	徐　音　李小舟
标准书号	ISBN 978-7-301-32564-3
出版发行	北京大学出版社
地　　址	北京市海淀区成府路 205 号　100871
网　　址	http://www.pup.cn　　新浪微博:@北京大学出版社
电子信箱	sdyy_2005@126.com
电　　话	邮购部 010-62752015　发行部 010-62750672　编辑部 021-62071998
印 刷 者	北京溢漾印刷有限公司
经 销 者	新华书店 730 毫米×980 毫米　16 开本　14.75 印张　204 千字 2021 年 9 月第 1 版　2021 年 9 月第 1 次印刷
定　　价	59.00 元

当代中国行政行为法理论研究的新任务（代序）

一、引言

我国传统行政法学研究范式深受以德国为代表的大陆法系行政法学理论的影响，行政行为几乎成为整个行政法学理论中“阿基米德支点”般的核心概念。“行政之行为形式理论乃基于法概念操作技术之方便性，就行政机关为达成一定行政目的或任务所实施之各种活动中，选定某一特定时点之行为，作为控制行政活动适法范围或界限时之审查对象（基本单元），以达成对行政机关进行适法性控制之目的。因此，行政行为形式理论之任务主要借由厘清各种行政活动基本单元之概念内涵与外延、容许性与适法性要件、法律效果等问题，以确保依法行政要求，并同时保障人民权利。”[①]行政行为以其概念的精致、构造的均衡和逻辑的严密而具有法教义学的功能，对行政法学理论体系的建构发挥了重要作用。在行政行为概念界定上引发的“扩张论”“坚守论”和“调和论”的论争，对具体行政行为和抽象行政行为划分标

① 赖恒盈：《行政法律关系论之研究——行政法学方法论评析》，元照出版公司2003年版，第53页。

准的热议,以及关于行政行为效力组成内容的辩驳,都曾经是我国行政法学所聚焦的前沿课题。

然而,伴随着行政任务的变迁和行政疆域的扩张,近年来行政行为在行政法学研究中的核心地位正在被撼动。一方面,2014 年修订的《中华人民共和国行政诉讼法》(以下简称《行政诉讼法》)将“行政行为”正式接纳为国家的法律概念,再次引发了行政法学界在行政行为内涵界定上的“焦虑”。无限拉张行政行为外延的做法,固然能够因应行政诉讼受案范围扩大的现实需要,但也加重了行政行为概念内涵的负担,进一步稀释了其法教义学意义上的功能,几乎沦为行政法学上“最大的概念谜团和陷阱”。[①] 另一方面,行政行为自身“缺乏对时间维度的把握”“缺乏对相对人的关照”“缺乏对其他主体和多边法律关系的覆盖”“缺乏行为体系的整体均衡”以及“结果导向引发的法院中心主义”“异化于行政任务的抽象性”等缺陷备受诟病,法律关系正成为呼之欲出的行政法学理新典范。[②] 与此同时,“公私合作”“风险治理”“互联网+政府规制”等新兴主题的不断涌现,也改变了传统行政法学上行政行为单中心主义的固有格局。

行政法学研究主题的变奏既是其作为“一门需要不断去找寻自我的学科”[③]的宿命,也是其自身不断走向成熟的标志。面对行政法学理和行政法治实践的双重挑战,曾经无比辉煌的行政行为法研究该如何应对?或者说,在未来中国行政法学的版图中,行政行为法研究面临哪些艰巨的发展任务?诚如有学者所言:“中国行政法学面临着多重的学术任务,一方面其尚未完成自身的理论体系建构,即理论内容本身尚未达将行政法提升到价值统一性和逻辑一致性的层面;另一方面又必须针对现实生活中不断复杂化的问题,直接进入各个具体的行政领域进行理论归纳尝试。”[④]笔者认为,“行政行

---

① 参见赵宏:《法治国下的目的性创设——德国行政行为理论与制度实践研究》,法律出版社 2012 年版,第 50、474 页。

② 参见赵宏:《法律关系取代行政行为的可能与困局》,载《法学家》2015 年第 3 期。

③ 叶俊荣:《行政法案例分析与研究方法》,三民书局 1999 年版,第 2 页。

④ 朱芒:《中国行政法学的体系化困境及其突破方向》,载《清华法学》2015 年第 1 期。

为”的正式“入法”使我国行政法学理论体系的重构面临新的契机，行政行为法理论发展应当及时承载起“传统行为概念的精准化”“新兴活动方式的型式化”“行为内部体系的严密化”“行为形式选择的自由化”这四重历史使命，使其在新的时代焕发出勃勃生机，进而推动中国本土行政法教义学的建构。

二、传统行为概念的精准化

“范畴及其体系是人类在一定历史阶段理论思维发展水平的指示器，也是各门科学成熟程度的标志。”[①]可以说，各类行政行为概念的精准化既是行政行为法理论体系建构的前提，也是行为自身法制化的保障。作为我国行政执法“三部曲”的行政处罚、行政许可和行政强制行为，都已在概念相对明晰的基础上率先实现了法制化，这种“成熟一个，制定一个”的立法思路已成为我国单行行政程序法制定的基本模式。伴随着《中华人民共和国行政处罚法》（以下简称《行政处罚法》）、《中华人民共和国行政许可法》（以下简称《行政许可法》）、《中华人民共和国行政强制法》（以下简称《行政强制法》）的制定和实施，行政处罚、行政许可和行政强制领域的研究已日益繁荣。不过，由于行政行为理论准备的不足，加上相关立法技术的欠缺，“何为行政处罚”“何为行政许可”“何为行政强制”的学理争论依旧存在，法律适用也时常陷入困境之中。

首先，1996 年《行政处罚法》并没有对行政处罚行为本身的内涵作出明确界定，只是在第 8 条以“列举＋兜底”的形式规定了七类具体的处罚种类，即“警告”“罚款”“没收违法所得、没收非法财物”“责令停产停业”“暂扣或者吊销许可证、暂扣或者吊销执照”“行政拘留”以及“法律、行政法规规定的其他行政处罚”。胡建淼教授较为系统地梳理了法律、行政法规规定的“其他行政处罚”，指出了其中存在的“数量庞大”“难以分辨”和“时常误读”的弊病，认为应从“行政性”“具体性”“外部性”“最终性”“制裁性”“一次性”六个

① 张文显：《法哲学范畴研究》（修订版），中国政法大学出版社 2001 年版，第 1 页。

主要特性上去划清“行政处罚”与“非行政处罚”之间的界线。鉴于该条“名称形式”标准的欠缺，论者主张，应当限制直至取消“其他行政处罚”制度的存在，按照功能标准将行政处罚分为“精神罚、资格罚、财产罚、行为罚、人身罚”五类，立法上放开处罚形式，转而严格控制对行政处罚的设定。① 陈鹏博士则认为，“制裁性”不能成为在个案中界定某种行政措施是否属于行政处罚的标准。原因在于，制裁性标准的两个要素，即行政相对人行为的“违法性”和行政措施为相对人施加“额外不利效果”，本身并不周全。是否将某种有争议的行政措施视作行政处罚，关系到能否实现相关立法所期待的维护行政相对人的权利和利益、确保依法行政、确保行政管理的有效性、维护法的安定性以及实现程序经济原则等功能。论者提出，在大体维持形式性界定标准的前提下，将没有必要进入个案的功能要素予以裁减，进而考量各种相冲突的功能的重要性，并借此作出判断，是在个案中界定行政处罚行为的可由之路。② 理论上的持续争论也映射到行政法治实践之中，诸如“取缔”“责令改正”“行业禁止”“征收社会抚养费”等措施究竟是否属于行政处罚依旧未有定论。笔者认为，立足于功能主义的视角分析行为的法律属性实有必要，但也应当看到实践发展的新趋势。例如，违法事实公布近年来在食品安全、环境保护、交通治理等领域被频繁使用，具有明显的制裁性特征，可以理解为一种有别于传统精神罚或申诫罚的“声誉罚”，甚至可能超越人身罚和财产罚而成为民主社会治理的核心手段。③ 2021 年修订的《行政处罚法》第 2 条规定：“行政处罚是指行政机关依法对违反行政管理秩序的公民、法人或者其他组织，以减损权益或者增加义务的方式予以惩戒的行为。”这一规定改变了长期以来行政处罚概念缺乏统一界定的状况，但“违反行政管理秩序”“减损权益”“增加义务”“惩戒”等术语尚需获得进一步的权威解释。

其次，现行《行政许可法》第 2 条从形式角度上对行政许可进行了界定，

---

① 参见胡建森：《“其他行政处罚”若干问题研究》，载《法学研究》2005 年第 1 期。

② 参见陈鹏：《界定行政处罚行为的功能性考量路径》，载《法学研究》2015 年第 2 期。

③ 参见章志远：《行政法学总论》，北京大学出版社 2014 年版，第 199 页。

即行政许可是“行政机关根据公民、法人或者其他组织的申请，经依法审查，准予其从事特定活动的行为”。同时，该法第12条还以隐性列举的方式规定了“一般许可”“特许”“认可”“核准”和“登记”五种类型的许可。《行政许可法》的这些规定不仅没有消弭行政许可属性的学理纷争，反而增加了实践认定的困难。从某种意义上来说，行政审批制度改革成效的差强人意就与行政许可概念的模糊直接相关。诚如有学者所言：“如何认定行政许可，是行政审批制度改革的最基础性法律问题。当前中国的‘行政许可’是个不确定概念，这增加了立法、执法、守法和司法的不确定性。”[①]从实践来看，行政许可先是与行政审批混淆在一起，滋生出大量的所谓“非许可的行政审批”；后又与行政备案混淆在一起，滋生出大量的所谓“非许可的行政备案”。加上编办部门统揽了行政审批制度改革和所谓的权力清单制度改革，各种概念五花八门。2015年12月27日，中共中央和国务院联合印发了《法治政府建设实施纲要（2015—2020年）》（以下简称《纲要》），将“深化行政审批制度改革”列为“基本建成法治政府”的首要措施。仔细检阅《纲要》的规定，“行政审批”“核准”“认定”“资质资格准入许可”等名词仍然充斥其间。“如何统合行政许可与行政审批”“如何将行政审批制度改革真正纳入法治轨道”“如何恢复《行政许可法》的应有权威”都是法治政府建设进程中亟待回应的课题。为此，行政法学理必须回到原点，在“究竟什么是行政许可”上形成基本共识。

最后，《行政强制法》从分类角度对行政强制进行了明确界定。该法第2条规定：“本法所称行政强制，包括行政强制措施和行政强制执行。行政强制措施，是指行政机关在行政管理过程中，为制止违法行为、防止证据损毁、避免危害发生、控制危险扩大等情形，依法对公民的人身自由实施暂时性限制，或者对公民、法人或者其他组织的财物实施暂时性控制的行为。行政强制执行，是指行政机关或者行政机关申请人民法院，对不履行行政决定的公

① 袁雪石：《论行政许可名称法定——以“放管服”改革为背景》，载《财经法学》2017年第3期。

民、法人或者其他组织，依法强制履行义务的行为。"随后，该法第9条和第12条又分别就"行政强制措施的种类"和"行政强制执行的方式"进行了列举，除了明示四种行政强制措施和五种行政强制执行方式外，还仿照《行政处罚法》的体例规定了"其他行政强制措施"和"其他强制执行方式"。如此一来，实践中的某项措施究竟是否隶属行政强制还必须结合《行政强制法》第2条的定义和第9、12条的列举加以综合判断。"行政强制＝行政强制措施＋行政强制执行"的法定认知模式的确立，仍然没有消除行政强制措施与行政强制执行之间区分界线标准的争论。继"保障性与执行性""中间性和最终性""事先是否存在可履行的义务并期待当事人履行""事先是否存在行政决定""基础行为与执行行为是否分合""基础行为是否生效""强制履行的义务内容"等标准之后，有学者又提出二者最本质的区别在于行政机关强制当事人履行的"义务"不同：强制当事人履行"容忍、不作为"义务的为行政强制措施；强制当事人履行"作为"义务的为行政强制执行。[①] 不过，在行政审判实践中，诸多名称的措施究竟是否属于行政强制措施仍然存在分歧。例如，一般认为《行政处罚法》所规定的"先行登记保存"行为符合《行政强制法》第2条第2款规定的意旨，应当属于行政强制措施，但在"袁裕来诉被告宁波市江东区文化广播新闻出版局文广行政行为一案"中，一、二审法院却分别以先行登记保存是"一种调查取证手段"和"一个程序性行政行为"而不属于行政诉讼受案范围为由，裁定驳回起诉和上诉。[②]

综上所述，行政处罚、行政许可和行政强制无论在概念界定还是外延把握上仍然存在诸多模糊之处，传统行政行为概念的精准化仍然是我国行政行为法研究的未尽任务。就方法论而言，传统行为概念的精准化需要坚持"面向司法"和"面向行政"的双重进路：前者是指关注司法个案，通过大量行政裁判文书的研读，提炼中国本土的司法智慧；后者是指立足于行政管理实

---

① 参见胡建淼：《"行政强制措施"与"行政强制执行"的分界》，载《中国法学》2012年第2期。

② 参见宁波市北仑区人民法院(2016)浙0206行初9号行政裁定书、浙江省宁波市中级人民法院(2016)浙02行终283号行政裁定书。

践，通过大量规范文本和行政事例的整理，管窥部门行政的有益经验。只有通过“面向司法”和“面向行政”进路的深入观察，传统行为概念的精准化和立基于此的行政法教义学的建构才能获得有效保障。

三、新兴活动方式的型式化

从世界范围看，为了克服传统行政法治主义机械、僵化的弊病，有效回应行政任务日渐多元、复杂的客观需求，大量灵活、简便的非正式行政行为得到了广泛运用。例如，在日本，行政指导行为的大量采用，对日本经济社会发展就起到了重要的推动作用；在德国，代替规范的协议、决定操控的协议和行为操控的事实行为构成了非正式行政行为的体系，具有柔软、弹性、务实、高效的显著优势。[①] 与此同时，这种具有不确定拘束力的未型式化行政行为的广泛存在，对法治行政所要求的行政确定性、可预测性和可计算性也构成了巨大挑战。因此，“不断对未型式化的行政行为加以型式化”“提供行政实务上充裕而完备的法律形式”成为德国行政法学理发展的重要任务。[②] 在我国，有别于传统命令控制型行政行为的新兴活动方式同样大量涌现，并获得了纲领性文件的认可。《纲要》第 22 条提出了“创新行政执法方式”的任务，规定要“推广运用说服教育、劝导示范、行政指导、行政奖励等非强制性执法手段”。

在我国既往的行政法学研究进程中，“行政指导”“行政合同”“行政奖励”等新兴的柔性行政活动方式受到了较多关注，部分省市制定的《行政程序规定》也给予了明确认可。相比之下，作为新兴活动方式的“行政合同”的型式化更为迫切。一方面，这类手段在行政管理实践中得到了越来越广泛的运用，亟待进行理论梳理和制度建构；另一方面，“行政协议”已正式载入

① 参见陈春生：《行政法之学理与体系（一）——行政行为形式论》，三民书局 1996 年版，第 221—270 页。

② 参见林明锵：《论型式化之行政行为与未型式化之行政行为》，载翁岳生六秩诞辰祝寿论文集编辑委员会编：《当代公法理论》，月旦出版股份有限公司 1993 年版，第 357—358、355—356 页。

2014年修订的《行政诉讼法》中，亟待探索适用范围和审理规则，从而结束这类新型行政活动方式长期游离于国家基本法律之外的历史。当然，新法有关行政协议的规定也暴露出修法者的某种“踯躅”：承认行政协议引发的争议与行政处罚、行政许可等传统行政行为引发的争议存在明显不同，但为了回避行政协议双方当事人均可以行使起诉权的追问，又以传统行政行为的思维来看待行政协议，即行政机关“不依法履行、未按照约定履行协议”尤其是“违法变更、解除协议”也可视为行政机关作出的处理决定。“这样的修法智慧尽管没有破坏行政诉讼法的内在结构，但也使得行政协议入法的意义打了折扣，更增加了行政协议之诉司法审查的难度，毕竟事前的受案范围宣示和事后的裁判方式安排无法替代事中的审理规则设置。”[①]《最高人民法院关于适用〈中华人民共和国行政诉讼法〉若干问题的解释》第11条虽将行政协议定义为“行政机关为实现公共利益或者行政管理目标，在法定职责范围内，与公民、法人或者其他组织协商订立的具有行政法上权利义务内容的协议”，但仍然无法消弭实践的困惑和理论的分歧。在有关行政合同与民事合同的识别上，行政法学界新近就提出了“综合判断标准说”（即主体特定性、主体地位不平等、以行政职责为前提、行政主体具有优益权、以行政目标为目的、适用行政法规范、具有行政法上的权利义务等）[②]、“主体说”[③]“行政法上权利义务说”[④]“主体＋内容说”[⑤]“主体＋目的说”[⑥]和“公权力作用说”[⑦]等众多标准学说。

与内涵相对确定的行政合同相比，更多灵活的未型式化行为在行政管理实践中被广泛运用。这里仅以行政约谈、行政和解、行政担保、行政评估

---

① 章志远：《新〈行政诉讼法〉实施对行政行为理论的发展》，载《政治与法律》2016年第1期。

② 参见叶必丰：《行政合同的司法探索及其态度》，载《法学评论》2014年第1期。

③ 参见陈无风：《行政协议诉讼：现状与展望》，载《清华法学》2015年第4期。

④ 参见韩宁：《行政协议判断标准之重构——以“行政法上权利义务”为核心》，载《华东政法大学学报》2017年第1期。

⑤ 参见杨科雄：《试论行政协议的识别标准》，载《中国法律评论》2017年第1期。

⑥ 参见麻锦亮：《纠缠在行政性与协议性之间的行政协议》，载《中国法律评论》2017年第1期。

⑦ 参见于立深：《行政协议司法判断的核心标准：公权力的作用》，载《行政法学研究》2017年第2期。

为例。在环境保护、安全生产、价格监管等领域，行政机关约谈行政相对人的手段被广泛采用，起到了显著的威慑作用。有学者将行政约谈界定为“行政主体在相对人有违法之虞或轻微违法时，通过约请谈话、说明教导、提出警示的方式建议相对人纠正违法行为，以避免违法之风险的行为”，并将其归为行政指导的表现形式之一。[①] 在反倾销执法、反垄断执法、金融监管、税务执法、环境监管等执法领域，当案件事实或法律关系经调查难以完全明确时，行政机关开始尝试与行政相对人就个案处理结果进行协商并达成交易。以中国证券监督管理委员会2015年2月发布《行政和解试点实施办法》为契机，行政和解正式受到部门规章的认可。证券行政执法领域的和解是指中国证监会在对行政相对人涉嫌违反证券期货法律、行政法规和相关监管规定的行为进行调查执法过程中，根据行政相对人的申请，与其就改正涉嫌违法行为、消除涉嫌违法行为不良后果、交纳行政和解金补偿投资者损失等进行协商达成行政和解协议，并据此终止调查执法程序的行为。很显然，这种“公私交易”的方式对依法行政原则构成了挑战。在海关监管、税收征管、治安管理、环境保护、安全生产、劳动监察、行政许可等诸多领域，源自民法上的担保手段得到了广泛运用，成为确保行政相对人履行义务和实现预期行政目标的一种重要手段。与实践繁荣景象相反的是，行政担保的学理研究极为匮乏。在教育、科研等领域，行政机关越来越多地开展了相关评估活动，对提升高校教育、科研水准发挥了一定作用，但也因频繁发动而备受质疑。[②]

综上所述，未型式化行为的运用因应了行政任务多元、复杂的客观需要，同时也对传统行政法治主义构成了现实挑战。为此，当下行政行为法研究的急迫任务之一就在于不断对未型式化的行为加以型式化，为其法律规制提供基本的分析框架。正如有的学者所言：“如何调和未型式化行为的自

---

① 参见孟强龙：《行政约谈法治化研究》，载《行政法学研究》2015年第6期。

② 参见崔雪芹：《浙江大学段树民院士：强烈建议教育部暂停高校学科评估和排名》，载《中国科学报》2017年3月6日第1版。

由性与应受法律拘束性之间的矛盾，必将成为未来行政法需持续努力和解决的问题。”[①]与传统行为概念精准化进路所不同的是，未型式化行为引发的争议尚未进入司法领域，还无法从丰富的司法实践中提取本土智慧。为此，未型式化行为的型式化只能坚持行政面相的进路，立足于多个行政管理领域的实践，通过对规范文本、制度创新的深入观察，形成新的行政行为法教义学。

四、行为内部体系的严密化

分类是法学研究的基本方法之一，通过一定的标准对行政行为进行分类，进而形成一个结构合理、层次分明、运转有序的行政行为体系，始终是我国行政行为法研究的重点内容。几乎所有的行政法教科书都以一定的篇幅来介绍编者自认为有意义的行政行为分类，对行政行为分类近乎“一网打尽式”的著作早已出现。[②] 在《行政诉讼法》修订之前，尽管行政行为分类的学说很多，“抽象行政行为和具体行政行为却是行政行为最重要的分类”。[③]

2014 年修订的《行政诉讼法》以“行政行为”一词取代“具体行政行为”，有可能改变传统的行政行为分类理论。尽管抽象行政行为与具体行政行为的划分被认为具有重要的理论意义和实践意义，但“具体行政行为”的“去法化”是否意味着其自身已经寿终正寝呢？最高人民法院在一份再审裁判中指出：“……作出这一修改的目的，是为了使行政不作为、行政事实行为、双方行政行为等能够纳入受案范围，而原来使用的‘具体行政行为’概念显然因为欠缺包容性和开放性而给受理这些案件制造了障碍。但不能认为，‘具体行政行为’的概念就从此寿终正寝。事实上，除去涉及行政不作为、行政事实行为、双方行政行为的场合，在撤销之诉中，‘行政行为’的概念仍然应

---

① 赵宏：《法治国下的目的性创设——德国行政行为理论与制度实践研究》，法律出版社 2012 年版，第 474 页。

② 参见胡建淼主编：《行政行为基本范畴研究》，浙江大学出版社 2005 年版。

③ 参见江必新、梁凤云：《行政诉讼法理论与实务》（第二版・上卷），北京大学出版社 2011 年版，第 125 页。

当理解为原来意义上的‘具体行政行为’。”[①]这是迄今为上最高人民法院在裁判文书中针对“行政行为”取代“具体行政行为”的权威解读，但也存在继续讨论的空间。例如，可以考虑在保留宏观意义上的“行政行为”概念的前提下，用中观意义上的“行政处理”概念代替“具体行政行为”，进而使其与域外行政法上的相关概念保持一致；[②]也可考虑行政协议之诉部分写入新法的事实，对新法中的“行政行为”作相对中观意义上的理解，即“行政主体行使行政职权或履行行政职责所作出的具有法律效果的行为”，并引入“行政处理”作为与行政协议相并列的概念。[③] 无论对行政行为作何种理解，内部体系的逻辑自洽和结构严密都是必备的衡量要素。

回顾行政行为法理论研究的进程，可以看出在传统的“行政法律行为、准行政法律行为和行政事实行为”三分法之外，“强制性行政行为与非强制性行政行为”“刚性行政行为与柔性行政行为”的二分法也相继推出。笔者曾经提出，在现代行政法上，行政主体除了运用行政处罚、行政强制等传统的“刚性”行政行为治理社会之外，还越来越频繁地使用行政指导、行政合同等“柔性”行政手段以及行政计划、行政调解、行政统计、行政确认、行政调查、行政评估、行政约谈等“中性”行政手段。[④] 这种“刚性行为、柔性行为和中性行为”三分法的提出，主要基于三个方面的考虑：首先，就行政行为分类“刚柔并济”的认知模式而言，存在两极分化、欠缺包容性的局限，无法对生动的行政法治实践作出富有前瞻性的理论回应。例如，作为行政行为中具有浓厚柔性管理色彩的行为，行政约谈的属性定位在学理上就存在“是独立行政行为还是非独立行政行为”“是行政事实行为还是行政法律行为”“是行政命令行为还是行政指导行为”的分野。[⑤] 这种用传统的分类理论观照新型

---

① 关于“金实、张玉生诉北京市海淀区人民政府履行法定职责案”，参见最高人民法院（2016）最高法行申 2856 号行政裁定书。

② 参见姜明安、余凌云主编：《行政法》，科学出版社 2010 年版，第 193 页。

③ 参见章志远：《新〈行政诉讼法〉实施对行政行为理论的发展》，载《政治与法律》2016 年第 1 期。

④ 参见章志远：《行政法学总论》，北京大学出版社 2014 年版，第 261 页。

⑤ 参见邢鸿飞、吉光：《行政约谈刍议》，载《江海学刊》2014 年第 4 期。

活动方式的做法，难免有“削足适履”之嫌，实有必要研究开发新的行政行为分类认知模式。其次，就语义学而言，无论是先前的“具体”与“抽象”，还是晚近的“刚性”与“柔性”，都是对作为法律概念和学理概念的“行政行为”一词的修饰。在日常语言使用方面，“褒义词、贬义词和中性词”的三分法已成共识；在社会常识方面，“刚性笔、柔性笔和中性笔”的区分人所皆知。借助于功能主义视角的解释，“刚性行政行为”“柔性行政行为”和“中性行政行为”的认知模式具备相应的方法论基础。最后，就我国社会治理的变迁而言，“刚性行为、柔性行为和中性行为”的三分法有可能成为合乎历史语境的一种解释进路。在计划经济时代，基于社会控制的需要，刚性行政行为是核心的治理手段；在市场经济时代，基于职能转变的需要，柔性行政行为逐渐成为核心的治理手段；在民主法治时代，基于和谐稳健的需要，中性行政行为可能成为新的核心治理手段。

综上所述，对行政行为的分类展开与时俱进的研究是未来行政行为法理论发展的重要任务之一。作为一种理论假设，“刚性行政行为”“柔性行政行为”和“中性行政行为”的划分有可能建构起一种新的行政行为认知模式，进而对行政法治实践发展起到应有的理论回应和指引作用。按照这一思路，在我国“基本建成法治政府”的新时代，除了适度保留以命令控制为特质的刚性行政行为、积极采用以鼓励合作为特质的柔性行政行为外，还应当大力推行以评估商谈为特质的中性行政行为，进而在行政行为法内部体系构造上形成刚性行政行为、柔性行政行为和中性行政行为三足鼎立的局面。

五、行为形式选择的自由化

传统行政法治主义的核心要义在于一切行政活动必须有明确的法律依据。那么，行政机关基于行政任务有效履行的实际需要，能否享有灵活选择适用相应形式行为的自由呢？一般认为，行政的行为形式选择自由是指“除非法律明确地规定行政机关应采取特定形式的行为，否则行政机关为了适当地履行公共行政任务，达成公共行政目的，得以选取适当的行政行为，甚至也可以在法所容许的范围内选择不同法律属性的行为”[①]。尽管还存在学理分歧，但德国行政法通说对“有限制的行政行为形式选择自由理论”给予了承认。“为促成行政权力完成众多的法定任务，并不存在有一般化的形式强制。除非法律有明文规定或明文禁止某种特定行为必须要利用或不得利用某特定形式外，国家或其他公法人得依据不同的任务需要，自由选择其行为形式。国家或公法人为达成法律所指定的任务，得选择利用私法形式或公法形式，这种形式选择自由不仅存在公法私法形式的选择，也包含型式化与未型式化行政行为的自由选择以及个别型式化行政行为间的选择。如何选择为达成特定任务的法律手段，乃是国家或其他公法人的裁量权限，不过此种裁量权限也非漫无限制，而须受比例原则及平等性等原则的拘束。”[②]

在我国传统行政行为法学理上，行政行为形式选择自由理论并未受到应有的关注。[③] 但从行政法治实践来看，形式选择自由事实上是被认可的。例如，很多法律法规授予行政机关较大的行政处罚裁量权，行政机关可以根据个案具体情况作出相应的判断和选择，甚至可以根据特殊时期的政策需要选择不予处罚。[④] 又如，在“创新社会治理”的名义之下，行政机关可以选择适用约谈、协议、外包、指导等大量未型式化的行为，从而更好地完成既定的行政任务。近年来，在警察等秩序行政领域，行政机关开始借助警务辅助人员、志愿者、社工等私主体完成大量的辅助执法工作。从形式选择自由理论上看，这些规范文本和实践做法初步折射出行政形式选择自由在我国的三层次图景，即“已型式化行为之间的自由选择”“已型式化行为与未型式化行为之间的自由选择”和“公法形式与私法形式之间的自由选择”。就学术

---

① 程明修：《行政法之行为与法律关系理论》，新学林出版股份有限公司2005年版，第290页。

② 林明锵：《论型式化之行政行为与未型式化之行政行为》，载翁岳生六秩诞辰祝寿论文集编辑委员会编：《当代公法理论》，月旦出版股份有限公司1993年版。

③ 仅有的两篇论文分别对德国行政行为形式选择理论进行了介绍、以公共行政民营化为例分析了人权保障语境下的行政行为选择自由，参见何源：《德国行政形式选择自由理论与实践》，载《行政法学研究》2015年第4期；龚向和、袁立：《人权保障语境下的行政行为选择自由——以公共行政民营化为例》，载《学术交流》2008年第7期。

④ 参见章志远：《行政法学总论》，北京大学出版社2014年版，第304页。

研究谱系而言,第一层次的选择自由更多为行政裁量研究所覆盖,第二层次的选择自由更多为未型式化行为的型式化所取代,第三层次的选择自由更多为行政任务民营化所涵盖。总体而言,“行政机关是否享有形式选择自由”“形式选择自由需要受到哪些限制”仍然属于行政行为基本原理研究中被偏废的一隅。

综上所述,对形式选择自由理论展开研究是我国未来行政行为法发展的重要任务。这一研究主题需围绕“相对的自由化”进行,即倡导一种有限度的形式选择自由。具体来说,这种“限度”大体上表现为三个方面的要求:首先,形式选择自由存在于“两点”之间,即“法律明确规定行政机关应采取特定形式的行为”和“法律明确禁止行政机关应采取特定形式的行为”,前者如行政机关针对特定的违法情形必须采取特定形式的制裁措施,后者如行政强制措施不得委托。也就是说,只要不存在上述两种极端情形,在有效履行行政任务的导向下,理论上应该承认行政机关具有形式选择的自由。其次,形式选择自由度直接受到行政任务属性的影响。在秩序行政领域,行政机关形式选择自由受到更多抑制,“严格执法”的理念需要认真践行;在给付行政领域,行政机关形式选择自由相对宽松,“优化服务”的理念更需积极落实。最后,形式选择自由应当受到基本原则和裁量治理的双重约束。一方面,行政法上的法律保留、法律优位、辅助性原则要求应当体现在形式选择自由的制度安排之中;另一方面,形式选择自由在很大程度上是行政机关行使行政裁量权的具体表现,仍然需要受制于行政裁量治理规则的约束。对行政机关行为形式选择自由及其限度的研究,不仅能够拓展传统行政行为法研究的视域,而且能够更好地适应行政任务日益多样化和复杂化的时代需要。

六、中性行政行为系统研究的尝试

作为“回归行政行为基础理论研究”[①]的一种尝试,本书集中研究了五种

① 参见章志远:《新时代我国行政行为法研究的新进展》,载《安徽大学学报(哲学社会科学版)》2020 年第 3 期。

新兴的中性行政行为——行政约谈、行政评估、行政备案、行政登记和行政统计。这五类行政活动方式的运用日渐频繁，但行政法学理并未给予足够的关注。为此，本书综合运用“面向行政的行政法”和“面向司法的行政法”的研究进路，通过对规范文本、具体个案和实践运行的资料整理，深入剖析制度运行中存在的问题，结合行政法理论对其法律属性进行了深度阐释，并就其法治化的进路和重点进行了前瞻性研究。希冀这项研究工作的开展和成果的出版，能够推动我国行政行为法研究向纵深方向发展。

作为《行政法学基本范畴研究——基于经典案例的视角》（章志远主编，北京大学出版社 2018 年版）的续集，本书是华东政法大学行政法专业博士生和博士后的又一部集体作品，代表了华东政法大学行政法学科建设和高端人才培养的新水准。主编章志远教授负责全书筹划、框架设计、序言撰写、出版协调；博士生彭波撰写第一章，博士后关博豪撰写第二章，博士生高小芳撰写第三章，博士生张晓炯撰写第四章，博士生张骥撰写第五章。本书的出版得到了华东政法大学法学一流学科建设经费的支持，得到了北京大学出版社及徐音编辑的大力支持，在此一并表示由衷的感谢。受撰稿时间和研究能力的限制，本书可能还存在一些不尽如人意之处，敬请学界同仁和读者诸君批评指正。

章志远

2021 年 3 月于沪上

目录 Contents

第一章

行政约谈

近年来，行政约谈在中国监管型国家建设中得到广泛运用，不仅体现在价格监管等经济性规制领域，而且体现在食品安全、环境保护、安全生产等社会性规制领域。[①] 作为一种带有弱强制性的规制工具，行政约谈所彰显的回应型规制理念与行政民主精神，在监管工具箱中越来越受到重视。《国务院关于加强和规范事中事后监管的指导意见》（国发〔2019〕18号）明确指出："对情节轻微、负面影响较小的苗头性问题，在坚持依法行政的同时，主要采取约谈、警告、责令改正等措施，及时予以纠正。"然而，与实践中广泛运用形成鲜明对比的是，学术界关于行政约谈缺乏系统、深入的研究。

第一节　行政约谈的实证分析

一、法律文本分析

（一）法律文本中"约谈"词语的使用情况

通过北大法宝的搜索发现，在我国的法律[②]文本中，存在使用"行政约

① 参见卢超：《互联网信息内容监管约谈工具研究》，载《中国行政管理》2019年第2期。

② 此处"法律文本"中的"法律"，含义非常广泛，包括法律、法规、规章、其他规范性文件。在本章中，除特别说明外，都持这种广泛含义。

谈”一词的情形。例如,《国务院关于印发进一步深化中国(天津)自由贸易试验区改革开放方案的通知》(国发〔2018〕14号)、《北京市司法行政机关律师类行政约谈办法(试行)》(京司发〔2016〕51号)均在文本中使用“行政约谈”一词。

但是,大量法律文本中所使用的“约谈”一词并没有以“行政”予以界定,其含义在一般情况下与“行政约谈”相同。但也存在特殊情形,需要根据约谈主体的性质进行判断。主要有三种情形:第一,“党内约谈”,例如中共广西壮族自治区纪律检查委员会、中共广西壮族自治区委员会组织部印发的《广西党员领导干部作风问题约谈暂行办法》(桂纪发〔2014〕10号);第二,“立法约谈”,例如全国人大常委会办公厅印发的《关于立法中涉及的重大利益调整论证咨询的工作规范》(常办秘字〔2017〕237号)第10条规定了作为立法咨询方式之一的“约谈”;第三,“司法约谈”,例如《最高人民法院关于建立执行约谈机制的若干规定》(法发〔2016〕7号)。

根据约谈对象的不同,行政约谈存在内部约谈与外部约谈两种情形。所谓内部约谈,是指“在行政管理过程中基于行政组织隶属关系,上级行政组织对下级行政组织(主要是下级行政组织主要负责人)所作的仅在行政组织内部产生拘束力的约谈行为”[①]。所谓外部约谈,是指“在行政管理过程中基于管理与被管理的关系对外部行政相对人所实施的约谈行为”[②]。在法律规范文本中,“约谈”一词之前一般并没有“内部”或“外部”的定语[③],但由于约谈对象不同,“约谈”一词所指的含义必将出现内部约谈、外部约谈的区别。例如,《中华人民共和国食品安全法》第114条规定:“食品生产经营过程中存在食品安全隐患,未及时采取措施消除的,县级以上人民政府食品安全监督管理部门可以对食品生产经营者的法定代表人或者主要负责人进行责

---

① 张忠:《论行政约谈的法律意蕴与救济》,载《河南财经政法大学学报》2016年第6期。

② 同上。

③ 在北大法宝的搜索中,也出现了一部以“内部”一词予以界定,从而出现“内部约谈”专有名词的法律规范文本:《青岛市环境保护约谈办法(试行)》(青政办字〔2017〕50号)。搜索时间为2020年5月12日,搜索关键词为“内部约谈”“外部约谈”,通过“全文”搜索。

任约谈……”;第117条第1款规定:“县级以上人民政府食品安全监督管理等部门未及时发现食品安全系统性风险,未及时消除监督管理区域内的食品安全隐患的,本级人民政府可以对其主要负责人进行责任约谈。”第114条与第117条第1款都同样使用“约谈”一词,但第114条属于外部约谈,第117条第1款属于内部约谈。

此外,诸多专门规定行政约谈的法律规范文本中,往往都会对“约谈”从概念上进行界定。而在这些概念中,有一些是将内部约谈和外部约谈混合在一起规定。例如,《质量技术监督行政执法约谈工作指南》(国质检执函〔2015〕200号)第2条规定:“本指南中的行政执法约谈(以下简称约谈),是指国家质检总局和地方各级质量技术监督部门(简称质监部门)对……的地方政府,进行约见谈话,沟通信息、统一认识、明确责任;对……的下级质监部门,进行约见谈话,督促指导其依法履行职责;对……的企业,进行约见谈话,给予警示、告诫、督促其履行质量安全主体责任。”在同一法律规范文本中,同时规定内部约谈与外部约谈,体现了文本的制定者希望共同发挥二者功能,更好达到监管目的的理念。

(二)法律文本中行政约谈制度的规定情况

根据笔者在北大法宝上的搜索,目前专门规定行政约谈的法律规范文本数量为:法律、行政法规、地方性法规、规章均为0部,部门规范性文件15部,地方规范性文件256部;[①]目前规定行政约谈的法律规范文本数量为:法律14部,行政法规3部,地方性法规318部,部门规章69部,地方政府规章136部,国务院规范性文件110部,部门规范性文件705部,地方规范性文件10788部。[②]

从这两项搜索结果可以看出:行政约谈作为一项制度在我国法律规范的各个层次都得到了规定。但是,目前还不存在规定行政约谈的专门性法

① 搜索时间为2020年5月12日,搜索关键词为“约谈”,通过“篇名”搜索。

② 搜索时间为2020年5月12日,搜索关键词为“约谈”,通过“全文”搜索。

律、行政法规、地方性法规、规章，专门规定行政约谈的规范仅存在于其他规范性文件层次，法治化、规范化程度都不高。

此外，根据笔者在北大法宝上的搜索结果[①]，我国行政约谈的制度化经过了近二十年时间，而且还在进行中。第一份关于行政约谈的专门规范性文件在2002年出现于地方。在中央层面，虽然统计数据显示在2005年出现了部门规范性文件，但实际上是建设部工程质量安全监督与行业发展司转发的天津市建设管理委员会的地方规范性文件[②]，真正意义上的第一份部门规范性文件到2010年才出现。这在某种程度上体现了我国行政约谈制度发展的逻辑：首先在地方“先行先试”，其次逐步形成经验并予以规范化，最后在全国逐步推广。[③]

二、实践运行考察

（一）行政约谈在实践中得到广泛运用

行政约谈原是我国香港地区税务局针对被审查的纳税主体“喝咖啡”的制度，作为经验被引介入内地[④]，并首先被适用于税收征管领域。2002年9月26日，辽宁省地方税务局发布《辽宁省地方税务局关于开展外籍人员个人所得征税约谈工作的通知》（辽地税函〔2002〕296号，自2006年1月6日起废止），标志着“约谈”一词正式进入官方文件。通过“以谈促收”的方式，行政约谈在税收征管领域取得了良好的效果。因此，这一新兴的执法手段在安全生产、食品药品监管、消费者权益保护、环境保护、网络信息内容监管等领域得到了广泛运用。

---

① 搜索时间为2020年5月12日，搜索关键词为“约谈”，通过“篇名”搜索。

② 《建设部工程质量安全监督与行业发展司关于转发天津市建设管理委员会〈关于建立建设工程重大安全事故、重大安全隐患约谈制度的通知〉的通知》（建质安函〔2005〕127号）。

③ 也有学者对此持不同看法，认为：“当前行政约谈的制度化过程一般体现为，中央层面各部门颁布规范，引入并鼓励适用行政约谈方式，以此为基础，各地方制定相关规范以实施行政约谈。”参见朱新力、李芹：《行政约谈的功能定位与制度建构》，载《国家行政学院学报》2018年第4期。

④ 参见胡贲：《部委“约谈”：误解与真相》，载《南方周末》2011年6月9日B11版。

1. 安全生产领域

安全生产领域是制定关于行政约谈专门规范性文件最多的领域。在部门规范性文件中，以国务院安全生产委员会发布的《安全生产约谈实施办法（试行）》（安委〔2018〕2号）为代表，共有6部；在地方规范性文件中，共有72部。在该领域，不但规范性文件数量多，而且运用行政约谈手段促进安全生产的事例经常被报道。例如，2020年6月10日，住房和城乡建设部工程质量安全监管司召开建筑施工安全生产约谈视频会议，对2019年8月以来发生房屋市政工程施工安全较大及以上事故的13个地区省市两级住房和城乡建设主管部门以及3家中央建筑施工企业实施约谈。[①]

2. 食品药品监管领域

2018年，广东省东莞市食品药品监督管理局（以下简称东莞市食药监局）多次约谈第三方订餐平台在莞分支机构，督促其履行供餐单位实名登记和许可审查义务，定期报送网络订餐平台经营者数据。2018年4月9日，针对网络订餐平台上有入网商家存在无证照或证照过期的情况，东莞市食药监局约谈饿了么、美团外卖两家网络订餐第三方平台东莞区域负责人。2018年9月25日，东莞市食药监局再次约谈饿了么、美团外卖等东莞区域负责人，针对其未履行在“主页面公示餐饮服务提供者的食品经营许可证”的义务，存在“地址不符”“证照不符”“涉嫌假证”等情况，进行告知。通过多次约谈饿了么、美团外卖等第三方订餐平台，东莞市食药监局已经督促网络订餐第三方平台主动下线3710家餐饮单位，实施立案查处217宗，有效地保障了“舌尖上的安全”。[②]

3. 消费者权益保护领域

2019年4月11日，“西安奔驰漏油事件”发生后，市场监管总局高度重视，第一时间要求陕西省市场监管局、西安市市场监管局介入调查，严厉查

---

① 参见《住房和城乡建设部召开建筑施工安全生产约谈视频会议》，载《建筑》2020年第12期。

② 参见《东莞市食药监局去年多次约谈美团外卖、饿了么等网络订餐第三方平台》，http://news.sun0769.com/dg/headnews/201901/t20190103_8006756.shtml，2020年7月5日访问。

处违法行为，及时公布处理结果。2019 年 5 月 10 日，市场监管总局就此次事件及相关问题约谈奔驰，总局网络交易监督管理司、价格监督检查和反不正当竞争局、质量发展局提出了具体整改要求。[①]

4. 环境保护领域

由于大气治理工作不到位、自然保护区管理不严格和非法倾倒固废等原因，2018 年，当时新组建的生态环境部约谈了 27 个地方政府。[②] 在地方，污染企业被约谈也成为常态。例如，2020 年 2 月 20 日下午，河北唐山市生态办集中约谈了 12 家污染指数高值企业环保负责人，分别是唐钢南、北厂区，天柱、华西、东海钢铁、东海特钢、金马、经安、国义，汇丰、永顺，黑猫炭黑。[③]

5. 网络信息内容监管领域

根据国家网信办等 8 部门开展的网络直播专项整治和规范管理工作统一部署，2020 年 6 月 22 日，北京市互联网信息办公室依法约谈“花椒直播”“西瓜视频”“全民小视频”3 家属地网络直播平台相关负责人，针对平台存在的传播低俗庸俗内容、未能有效履行企业主体责任问题，责令这 3 家网络直播平台自 6 月 23 日 0 时至 7 月 8 日 0 时限期整改，整改期间暂停新用户注册、全面清理违规内容、处理相关责任人员。这 3 家网络直播平台相关负责人表示，将严格落实网信部门约谈整改要求，加强信息内容审核，规范平台内容管理，切实履行主体责任。[④]

如果不是篇幅的限制，关于行政约谈的事例还可以进行无穷无尽的列举，足以看出其在各个执法领域得到了广泛的适用，已经成为备受各级各类执法部门青睐的规制工具之一。

---

① 参见《奔驰被约谈！》，https://ishare.ifeng.com/c/s/7mZSWiMrxjd，2020 年 7 月 5 日访问。

② 参见《2018 年共有 27 个地方政府被约谈 环保约谈问责持续发力》，http://www.gov.cn/xinwen/2019-01/07/content_5355429.htm，2020 年 7 月 5 日访问。

③ 参见唐建勋：《唐山生态办约谈 12 家环保问题企业》，http://huanbao.bjx.com.cn/news/20200224/1046526.shtml，2020 年 7 月 5 日访问。

④ 参见《北京网信办依法约谈处置“花椒直播”等 3 家网络直播平台》，https://news.sina.com.cn/zx/2020-06-23/doc-iirczymk8598953.shtml，2020 年 7 月 5 日访问。

(二) 广泛运用背后存在的隐忧

在行政约谈广泛运用的背后,也存在诸多的隐忧,主要表现为两个方面:

1. 约谈的“缺位”与“越位”问题

(1) 约谈缺位。约谈缺位主要包括约谈不作为和选择性约谈两种类型。

所谓约谈不作为,是指约谈对象存在约谈事由时,约谈主体怠于启动约谈程序,并不与约谈对象约谈;或者约谈主体虽然启动约谈程序,但并不与约谈对象进行实质性约谈,仅是搞搞形式、走走过场。

所谓选择性约谈,是指当若干约谈对象存在相同的约谈事由时,基于平等对待原则,应对所有的约谈对象进行约谈。但是,约谈主体基于自身的利益偏好进行选择,对个别约谈对象进行约谈,而对其他潜在约谈对象不予约谈。在实践中主要表现为约谈主体的“欺软怕硬”现象。例如,对存在同样问题的市场主体,监管部门仅仅约谈中小企业和私营企业,而对某些大型跨国集团和垄断国企等强势部门“睁一只眼闭一只眼”。[①] 又如,关于食品安全和原材料安全问题,针对“洋快餐”的投诉举报从未中断过,但是食品卫生执法部门进行大范围和典型性的约谈是少之又少;对于存在环境评价和排污不达标的外资企业,尽管已经严重影响到了当地居民的生产生活,但是有些地方政府考虑到这些外资企业作为税收大户,总是不肯启动环保约谈。[②] 此外,在内部约谈中,也存在作为上级机关的约谈主体,在约谈对象上进行选择,从而出现“选择性约谈”的现象。如有学者观察到:根据《国务院关于印发大气污染防治行动计划的通知》(国发〔2013〕37 号)以及《2015 年全国环境监察工作要点》确立的约谈体制[③],应由环保部约谈省级政府、省级环保机构约谈设区的市级政府。但在 2014 年以来的督政约谈风暴中,环保部从未约谈过省级政府,其约谈对象均为设区的市级政府及县级政府。该学者发出疑问:为何环保部总是选择设区的市及县级政府而非省级政府作为约谈

---

① 参见马迅:《行政约谈裁量权的法律规制》,载《研究生法学》2016 年第 5 期。

② 同上。

③ 参见《国务院关于印发大气污染防治行动计划的通知》“(二十八) 实行严格责任追究”部分、《2015 年全国环境监察工作要点》“(八) 做好综合督查工作”部分。

对象?[①] 这是否存在“选择性约谈”的嫌疑?

(2) 约谈越位。约谈越位主要表现为三个方面:

第一,约谈主体可能超越其职权范围。典型的如备受争议的价格约谈。时间稍远一些的价格约谈案例有:2011年3月30日国家发改委约谈宝洁、联合利华、纳爱斯等日化企业;2011年5月6日国家发改委约谈洋奶粉企业、2011年9月16日国家发改委约谈部分白酒企业。[②] 时间稍近一些的价格约谈案例有:2020年5月13日,因调整智能快件箱免费保管期限的问题,国家邮政局约谈丰巢科技公司主要负责人。[③]

第二,“以谈代罚”。针对约谈对象的违法行为,本应该处以行政处罚追究其法律责任,但约谈主体通过与其约谈的方式,帮助其逃避被处罚的法律责任。例如,在机动车道大跳尬舞(一种技巧型街舞),本应依据《中华人民共和国道路交通安全法》予以处罚,交警部门却仅进行了约谈教育。[④]

第三,“约谈异化”。行政约谈作为一种新型执法手段,本来具有弱强制性与协商性,但是约谈主体将其异化为具有强制性与单方性的传统执法方式。

2. 约谈的实效性问题

在实践中,与约谈被广泛运用形成鲜明对比的是,行政约谈因缺乏实效性经常被人们诟病,被形容为“撒娇的小粉拳”[⑤],主要表现为约谈对象不来约谈,或者谈完以后并不真正实施整改。例如,就机票天价退改费问题,江苏消费者权益保护委员会约谈涉事的8家航空公司、7家旅游平台,但无一家前去接受约谈。[⑥]

---

① 参见汪太贤、陈应珍:《环保督政约谈的祛魅与重塑》,载《河北法学》2018年第11期。

② 参见郑毅:《现代行政法视野下的约谈——从价格约谈说起》,载《行政法学研究》2012年第4期。

③ 参见秦川:《丰巢被约谈,不让擅自收费成风潮》,载《现代物流报》2020年5月20日第A3版。

④ 参见《如此尬舞,约谈不足立威》,载《绍兴日报》2019年12月24日第3版。

⑤ 参见浏星:《“行政约谈”别像撒娇的小粉拳》,载《中国青年报》2011年1月28日第2版。

⑥ 参见史奉楚:《规范机票退费不能仅靠约谈》,载《中华工商时报》2018年5月7日第3版。

第二节 行政约谈的法理分析

一、行政约谈的概念

（一）规范性文件中关于行政约谈概念的界定

在行政约谈的专门规范性文件中，绝大多数都有对“行政约谈”概念的界定。下面对于部门规范性文件中的“行政约谈”进行列举说明。

《国家文物局文物督察约谈办法（试行）》（文物督发〔2018〕28 号）第 2 条第 1 款规定：“本办法所称约谈，是指国家文物局有关负责人约见地方人民政府及有关部门负责人，就文物安全有关问题进行提醒、告诫，督促整改的一种行政监督措施。”《电力安全监管约谈办法》（国能发安全〔2018〕79 号）第 2 条规定：“本办法所称电力安全监管约谈（以下简称约谈），是指国家能源局及其派出机构约见电力企业，就电力安全生产有关问题进行提醒告诫、督促整改的谈话。”《铁路安全生产约谈实施办法（试行）》（国铁安监〔2018〕84 号）第 2 条规定：“本办法所称铁路安全生产约谈（以下简称约谈），是指国家铁路局、地区铁路监督管理局、铁路安全监督管理办公室负责人约见下级铁路监督管理部门、责任单位、相关地方人民政府及部门负责人，就安全生产主体责任不落实、监督管理工作不力，发生铁路交通、工程质量安全事故及险情和隐患，进行提醒、告诫，督促整改的谈话。”《交通运输部公路水运工程质量问题约谈办法（试行）》（交办安监〔2018〕97 号）第 2 条规定：“本办法所称工程质量问题约谈，是指交通运输部部领导、总工程师、安全总监或司局领导约见省级交通运输主管部门负责人，就公路水运工程建设质量问题进行提醒、告诫、督促指导的行政管理措施。”《安全生产约谈实施办法（试行）》（安委〔2018〕2 号）第 2 条规定：“本办法所称安全生产约谈（以下简称约谈），是指国务院安全生产委员会（以下简称国务院安委会）主任、副主任及国务院安委会负有安全生产监督管理职责的成员单位负责人约见地方人民政府负责人，就安全生产有关问题进行提醒、告诫，督促整改的谈话。”《铁路专用设备产品质量安全监管约谈暂行办法》（国铁设备监〔2017〕38号）第2条规定：“本办法所称约谈，是指国家铁路局及地区铁路监督管理局（以下统称铁路监管部门）结合履职工作需要约见铁路专用设备产品生产及使用企业（以下简称企业），向其了解产品质量安全有关情况，指出存在问题，告知相关规定，依法进行告诫，提出整改要求，并督促企业落实整改的一种行政监管措施。”《质量技术监督行政执法约谈工作指南》（国质检执函〔2015〕200号）第2条规定：“本指南中的行政执法约谈（以下简称约谈），是指国家质检总局和地方各级质量技术监督部门（简称质监部门）对未履行或未全面履行质量安全工作领导责任以致本地区存在区域性质量问题的地方政府，进行约见谈话，沟通信息、统一认识、明确责任；对未有效依法查处质量违法行为情形严重的下级质监部门，进行约见谈话，督促指导其依法履行职责；对未履行质量安全主体责任，存在严重质量违法行为或产品可能存在缺陷的企业，进行约见谈话，给予警示、告诫、督促其履行质量安全主体责任。”《互联网新闻信息服务单位约谈工作规定》（国家互联网信息办公室2015年4月28日发布）第2条第2款规定：“本规定所称约谈，是指国家互联网信息办公室、地方互联网信息办公室在互联网新闻信息服务单位发生严重违法违规情形时，约见其相关负责人，进行警示谈话、指出问题、责令整改纠正的行政行为。”《交通运输部安全生产约谈办法（试行）》（交安监发〔2011〕777号）第3条规定：“本办法所称安全生产约谈，是指交通运输部与被约谈单位进行的安全生产诫勉谈话。”《水上安全管理约谈规定》（海安全〔2011〕433号）第2条规定：“本规定所称安全管理约谈，是指航运公司、从事水上水下活动的企业或与水上水下活动相关的企业、船员服务机构（以下简称公司）安全管理存在重大问题时，海事管理机构对该公司主要负责人及其母公司分管安全的负责人进行的提醒和安全建议谈话……”

法律概念是由若干要素所构成的有机统一整体。就笔者以上所列举的部门规范性文件中规定的行政约谈概念，可以发现，规范性文件的制定者，在所规定的行政约谈概念中，主要包括约谈主体、约谈对象、约谈事由、约谈内容（或者称为约谈功能）、约谈行为属性五个方面的要素。在必须包括这五个要素方面，部门规范性文件的制定者采取了基本一致的态度，但是在各个要素的具体内容方面，制定者却表现了不尽一致之处。如在约谈主体方面，出现了两种情形，有的部门规范性文件规定约谈主体是行政机关，有的部门规范性文件规定约谈主体是行政机关的工作人员。在约谈对象方面，有的是对内部行政机关工作人员的约谈，属于内部约谈；有的是对外部的公民、法人或其他组织的约谈，属于外部约谈；还有的是既针对内部的行政机关工作人员，同时又针对外部的公民、法人或其他组织的约谈，即在概念中既包括内部约谈，又包括外部约谈，典型的如《质量技术监督行政执法约谈工作指南》中关于行政约谈概念的界定。关于约谈事由，由于部门规范性文件都是对各个领域的约谈问题进行的规定，因此在约谈事由的规定上首先契合各自领域。但是，就具体的事由来看，还是有比较大的差别，比如，是否要求违法有所不同，《互联网新闻信息服务单位约谈工作规定》要求约谈对象"发生严重违法违规情形时"，而多数的部门规范性文件没有对此作出要求，仅仅规定"就……有关问题""存在重大问题"等比较宽泛的用语。关于约谈内容，部门规范性文件在概念界定时，基本都采用了"提醒""告诫""督促""整改"等用语，在部门规范性文件制定者的眼中，这些是行政约谈的核心内容。当然，也有规范性文件起草者采用了其他用词，如《交通运输部公路水运工程质量问题约谈办法（试行）》所采用的是"提醒、告诫、督促指导"，《水上安全管理约谈规定》所采用的是"提醒和安全建议"，这表明了规范性文件的制定者在行政约谈的内容方面可能有一些程度不同的认识。

（二）学术界关于行政约谈概念的界定

学术界关于行政约谈概念的界定，其分歧远远大于部门规范性文件中对于行政约谈概念的界定。代表性的观点如下：

邢鸿飞、吉光认为："所谓行政约谈，是指当行政相对人涉嫌违法时，为防止违法行为的发生或蔓延，行政主体运用协商对话机制，通过与行政相对人'秘密'交谈的方式传递警示信息，明确指出行政相对人行为可能存在的违法情形，加以必要的引导和教育，促使行政相对人做或不做某种行为的一种管理活动。"①

张珏芙蓉认为："行政约谈是指行政主体依法在其职权范围内，针对所监管的行政相对人出现的特定问题，为了防止发生违法行为，在事先约定的时间、地点，与行政相对人进行沟通、协商，然后给予警示、告诫的一种非强制行政行为。"②

郭少青认为，一般情况下，行政约谈"指的是拥有职权的行政机关对辖区内所管理的部门或行政相对人的违法行为进行约见谈话，促其自纠或进行行政处分、行政处罚的系列行为"③。

张忠认为："行政约谈是指行政机关为厘清真相并形成确信，预防可能发生的违法行为或纠正业已发生的违法行为，约请相对人到场并通过法规宣导、诫勉谈话、协商谈判等方式以获得相对人协力的行政事实行为。"④

胡明认为，对行政约谈概念的界定，应从其本质出发，"行政约谈主要表现为行政机关对企业经济活动的干预，包括对企业的定价标准、生产条件、排污问题、纳税情况提出建议、指导、劝告、要求等，因此将其定义为'政府对市场的干预'更能凸显行政约谈的本质"⑤。

周泽中认为，行政约谈"具体是指有特定权限的行政主体在实施监督管理过程中，若发现下级行政主体或者行政相对人可能存在某种违法违规的情况，为了防止危害结果的出现，事前与下级行政主体或者行政相对人约定时间、地点进行沟通交流，且告知其责任后果的非强制性行为，简称相约而谈"⑥。

---

① 邢鸿飞、吉光：《行政约谈刍议》，载《江海学刊》2014 年第 4 期。

② 张珏芙蓉：《我国行政约谈制度存在的问题及其法治化探析》，载《天中学刊》2014 年第 4 期。

③ 郭少青：《环境行政约谈初探》，载《西部法学评论》2012 年第 4 期。

④ 张忠：《论行政约谈的法律意蕴与救济》，载《河南财经政法大学学报》2016 年第 6 期。

⑤ 胡明：《论行政约谈——以政府对市场的干预为视角》，载《现代法学》2015 年第 1 期。

⑥ 周泽中：《行政约谈的规制功能及其法治约束》，载《学习论坛》2019 年第 12 期。

上官腾飞、牛忠江认为："行政约谈是指行政主体依法针对监管的行政相对人可能存在或发生的问题，在约定的时间地点与其进行沟通协商，并给予警示、告诫的非强制性准行政行为。"[①]

从上述列举可以看出，学者们在概念界定时，依然秉持了约谈主体、约谈对象、约谈事由、约谈内容、约谈属性五个方面的基本要素。与部门规范性文件不一致之处在于，除了这五个要素外，学者们还提及了约谈方式、约谈职权要求等要素，而且这五个要素的内容也存在差异。如在约谈主体要素方面，学者们无一例外都强调是行政主体（或行政机关），并没有提及行政机关的工作人员。

学者们之间对行政约谈概念的界定也不尽一致。在约谈事由方面，有的指发生"违法行为"（例如郭少青的概念），有的指"可能发生违法行为"或"业已发生违法行为"（例如张忠的概念），有的并不强调是违法行为，而是"可能存在或发生特定问题"（例如上官腾飞、牛忠江的概念）。在约谈属性方面，有的提出行政约谈是"系列行为"（郭少青的概念），有的认为是"行政事实行为"（张忠的概念）、"非强制性行为"（周泽中的概念）、"非强制性行为"（张珏芙蓉的概念）、"非强制性准行政行为"（上官腾飞、牛忠江的概念），分歧较大。

（三）本章关于行政约谈概念的界定

本章认为，关于行政约谈的概念，可以从最广义、广义、狭义、最狭义四个层面界定。

最广义行政约谈应该是泛指行政机关的一种工作方式，是指行政主体为实现特定目标而约请公民、法人或者其他组织在特定的时间和地点进行沟通交流的方式。这种意义的行政约谈不取约谈之名，而取约谈之实，在我国的法律、法规、规章及其他规范性文件中大量存在。例如，在行政听证、行政复议中的口头审理、行政和解、行政调解等活动中，行政主体都是为了实

① 上官腾飞、牛忠江：《行政约谈，谈什么，怎么谈》，载《人民论坛》2017年第11期。

现特定的目标而约请公民、法人或者其他组织在特定时间和地点进行沟通交流。

广义行政约谈在内涵方面与最广义行政约谈是一致的,只不过其不但有约谈之实,也有约谈之名。广义行政约谈包括内部行政约谈与外部行政约谈。内部行政约谈以行政组织的负责人为约谈对象,外部行政约谈以作为行政相对人的公民、法人或其他组织为约谈对象。[①] 可以把外部行政约谈称为狭义行政约谈。

按照是否有规制性的内容进行区分,狭义行政约谈可以分为有规制性内容的行政约谈和无规制性内容的行政约谈。无规制性内容的行政约谈有行政和解型的约谈、行政调解型的约谈、只提出一般建议的行政约谈。有规制性内容的行政约谈可以称为最狭义行政约谈,其不但有约谈之名,而且在实质上是一种规制措施。最狭义行政约谈可以作如下界定:行政主体为了实现特定的监管目标,通过约请公民、法人或者其他组织沟通谈话的方式,依法针对被监管的公民、法人或者其他组织可能存在或已经发生的问题,了解有关情况、指出存在问题、告知相关规定、依法进行告诫、指导进行整改并督促落实的一种行政监管措施。

最广义、广义、狭义、最狭义行政约谈概念相互之间存在包含与被包含的关系(参见图 1),由于篇幅的原因,本章对于行政约谈的相关论述采用狭义的行政约谈概念。

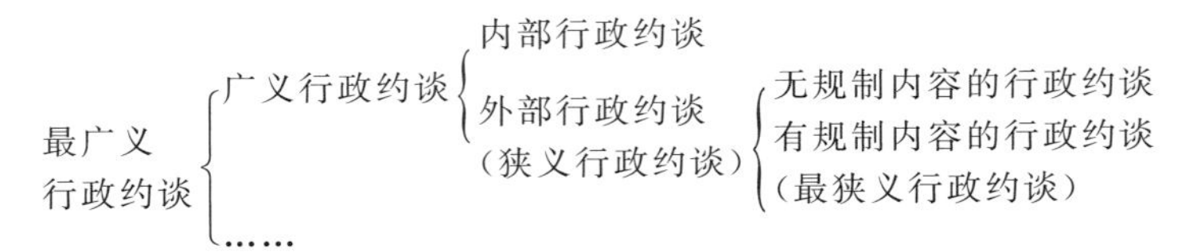

图 1　行政约谈四层概念的关系

① 参见张忠:《论行政约谈的法律意蕴与救济》,载《河南财经政法大学学报》2016 年第 6 期。

二、行政约谈的属性

（一）规范性文件关于行政约谈属性的界定

行政约谈是一种什么行为？大部分规范性文件并没有对此作出明确界定，而是采用以下比较宽泛的属性用词。据笔者的不完全统计，有：(1)“谈话”，例如《电力安全监管约谈办法》（国能发安全〔2018〕79号）第2条。(2)“工作制度”，例如《济南市安全生产约谈办法》（济政办字〔2018〕35号）第2条。(3)“行政管理措施”“行政监管措施”，例如《交通运输部公路水运工程质量问题约谈办法（试行）》（交办安监〔2018〕97号）第2条、《铁路专用设备产品质量安全监管约谈暂行办法》（国铁设备监〔2017〕38号）第2条。

但是，也有少量的规范性文件对行政约谈的行为属性进行了界定：(1)“行政行为”，例如《互联网新闻信息服务单位约谈工作规定》（国家互联网信息办公室2015年4月28日发布）第2条第2款。(2)“行政指导行为”，例如《乌鲁木齐市工商行政管理、市场监督管理机关消费维权行政约谈制度》（乌鲁木齐市工商行政管理局2017年6月18日发布）第3条。

（二）学术界关于行政约谈属性的探讨

1. 非独立行政行为与独立行政行为之争

(1) 非独立行政行为。持非独立行政行为观点的学者认为，行政约谈是并不具有独立内涵和价值的行政行为。至于行政约谈属于什么性质的非独立行政行为，又有以下几种观点：有学者认为属于行政协议的前置，也有学者认为属于行政调查的基础，还有学者认为属于政府信息行政权的必经阶段。[①] 持这三种观点的学者，将行政约谈看作其后行政行为实施的一个程序环节，“将

① 关于非独立行政行为三种不同属性的认识，郑毅并没有提供正式发表的成果作为依据，而是来源于郑毅出席各研讨会以及其他非正式场合与不同学者进行的沟通和交流。参见郑毅：《现代行政法视野下的约谈——从价格约谈说起》，载《行政法学研究》2012年第4期。关于三种不同属性，郑毅并没有作进一步的解释，作为“行政协议的前置”“行政调查的基础”比较好理解，但是“作为政府信息行政权的必经阶段”就有些不明就里。

约谈和调查了解相等同”[①]，即行政约谈是实施行政行为的调查、了解环节。

（2）独立行政行为。持独立行政行为观点的学者，将行政约谈界定为具有独立内涵和价值的行政行为。针对将行政约谈看作实施行政行为的调查、了解环节，从而否定其独立行政行为属性的观点，邢鸿飞、吉光认为：第一，调查、了解只是约谈的程序性环节，所有的行政行为都有这一环节；第二，行政约谈也是对行政相对人具有一定约束力的行为模式，尽管其强制性比传统的执法手段要弱，但不能仅凭此点就否认其行政行为的基本属性；第三，行政约谈作为一种新型的行政行为，具有独特的价值，作为“软法治理”的重要方式，其理论意义和实践价值应该予以肯定。[②]

持独立行政行为观点的学者，在将行政约谈到底是认定为行政事实行为还是行政法律行为上存在争议。

2. 行政事实行为与行政法律行为之争

（1）行政事实行为。张忠认为，行政约谈在作用方式上虽有强制性与任意性之分，但其一般不直接产生外部法律效果，对当事人的权利义务不产生直接影响，因此其应属于行政事实行为。[③] 郑毅认为，“从行政主体实施、以行政职权为基础、不具备法律拘束力以及行政性、侵益性和多样性等方面看来，约谈的确具备行政事实行为的典型特征”[④]。

（2）行政法律行为。邢鸿飞、吉光认为行政约谈属于行政法律行为，其中最为重要的理由是：约谈主体与约谈对象通过合意形成的约谈记录，意味着双方之间已经确立了行政法律关系，约谈对象要按照约谈合意内容积极实现约谈目的，如果违反了约谈记录中规定的义务，则应承担不利的法律后果。[⑤]

---

① 郑毅：《现代行政法视野下的约谈——从价格约谈说起》，载《行政法学研究》2012 年第 4 期。

② 参见邢鸿飞、吉光：《行政约谈刍议》，载《江海学刊》2014 年第 4 期。

③ 参见张忠：《论行政约谈的法律意蕴与救济》，载《河南财经政法大学学报》2016 年第 6 期。

④ 郑毅：《现代行政法视野下的约谈——从价格约谈说起》，载《行政法学研究》2012 年第 4 期。

⑤ 参见邢鸿飞、吉光：《行政约谈刍议》，载《江海学刊》2014 年第 4 期。

3. 行政指导行为与新型行政行为之争

（1）行政指导行为。诸多学者将行政约谈的属性认定为行政指导行为，当然其在具体的行为类型上又有若干的差异。如有学者认为网络安全监督管理约谈是一种行政指导行为；[①]有学者认为食品安全约谈属于规制性行政指导行为。[②] 但是，更多的学者注意到了行政约谈与行政指导的差异，提出了“类行政指导行为”的观点。持这种观点的学者有郑毅、邢鸿飞、吉光等，其论证逻辑主要包括两个方面。

一方面是论证行政约谈与行政指导的不同之处，不能将行政约谈定性为行政指导。邢鸿飞、吉光认为，在行为方式上，行政指导主要运用建议、指示来对行政相对人进行引导，是行政主体单方意志的体现；但行政约谈的目的是通过平等对话达成对不当行为进行整改的合意，其实质是两者之间的平等对话。在法律效果上，行政指导不存在必须履行的义务，行政主体不得采取措施强制行政相对人履行；而在约谈行为实施之后，该行为就对约谈对象产生了法律效力，其必须按照约谈记录所记载的内容去履行。[③] 郑毅认为，传统的行政指导具有“利益诱导”的特征，约谈的“提出警示”等功能却突破了这一特征。[④]

另一方面是论证行政约谈与行政指导在制度上的共通之处，以及从实用主义角度将行政约谈的属性归类为行政指导的益处。邢鸿飞、吉光认为，行政指导与行政约谈二者都具有非强制性，在功能上具有类似性，都是合作行政与参与行政的重要制度平台，都可以成为传统行政行为的前置性铺垫，“规范化水平较低的行政约谈可以参照适用行政指导的法律规范来获取法律上的支撑”[⑤]，因此应将其定性为“类行政指导行为”。

---

① 参见杨合庆主编：《中华人民共和国网络安全法释义》，中国民主法制出版社 2017 年版，第 122 页。

② 参见王贵松：《食品安全约谈制度的问题与出路》，载《食品工业科技》2012 年第 2 期。

③ 参见邢鸿飞、吉光：《行政约谈刍议》，载《江海学刊》2014 年第 4 期。

④ 参见郑毅：《现代行政法视野下的约谈——从价格约谈说起》，载《行政法学研究》2012 年第 4 期。

⑤ 邢鸿飞、吉光：《行政约谈刍议》，载《江海学刊》2014 年第 4 期。

（2）新型行政行为。也有部分学者持约谈属于新型行政行为的观点。这些学者认为，因为约谈的型式化条件不成熟，约谈制度处于发展阶段，目前尚未定型。例如，朱新力、李芹认为，约谈制度在我国目前尚处于发展阶段，如果从行政行为型式化角度出发探讨约谈行为的属性，难免“削足适履”，并无太大益处。因此，约谈作为一种带有柔性色彩的政府规制工具，需要跳出行政行为型式化的传统思维，将其置于政府规制谱系中，从整体上考察其功能定位与制度建构。①

除了行政指导行为与新型行政行为外，还有学者提出契约说的观点。例如，有学者在研究环保约谈的论文中认为，环保约谈的实施主体与约谈对象之间经过沟通形成的环保整改方案，是以双方的共识与合意作为基础达成的环保契约。② 当然，该学者并没有明确环保契约的性质——是属于民事契约还是行政契约？此外，由于环保约谈的对象包括下级政府、环保相关部门及企业，既有内部约谈也有外部约谈，因此即使将环保整改方案认定为行政上的契约，这两种约谈也可能存在性质上的不同。

（三）本章关于行政约谈属性的观点

本章认为，关于行政约谈的属性，应该从四个层面进行逻辑分析。

第一，关于其是非独立行政行为还是独立行政行为的问题。应将行政约谈认定为独立行政行为，不能因为其有调查、了解的功能，就否认其行为的独立性。

第二，关于其是行政法律行为还是行政事实行为的问题。根据王锴教授的分析，行政事实行为区别于行政法律行为主要体现在两个方面：一方面，行政事实行为缺乏法律效力，主要表现为：很多行政事实行为根本就没有被法律化；行政事实行为对人的“指引”是依靠事实上的“力”而非法律上的“理”。另一方面，行政事实行为不直接产生法律效果，而是仅直接产生事

---

① 参见朱新力、李芹：《行政约谈的功能定位与制度建构》，载《国家行政学院学报》2018 年第 4 期。

② 参见张锋：《环保约谈：一种新型环境法实施制度》，载《上海财经大学学报（哲学社会科学版）》2018 第 4 期。

实效果。[①] 根据这两个方面的标准，在我国目前的状况下，行政约谈应属于行政事实行为。主要原因在于：

（1）行政约谈行为缺乏法律效力。我国关于行政约谈的规范并没有被法律化，目前专门性的规范都是规范性文件。此外，行政约谈往往要经过以下过程：首先，约谈主体说明约谈事项和目的，通报约谈对象存在的问题；其次，约谈对象就约谈事项进行陈述说明，提出下一步拟实施的整改方案；最后，约谈主体和约谈对象进行讨论分析，确定整改方案。从整个过程来看，行政约谈实质上是约谈对象在约谈主体的指导下作出加强自我规制的一种承诺行为。约谈对象之所以作出加强自我规制的承诺，是基于行政机关事实上的强制力——在我国现实的状况中行政机关所具有的优越地位。

（2）行政约谈不产生直接的法律效果，仅直接产生事实效果，体现为约谈主体帮助约谈对象形成整改方案——一种约谈对象加强自我规制的承诺。当然，在整改方案中，可能减损了约谈对象的权利或者增加了约谈对象的义务，即产生了一定的法律效果，但这一法律效果的产生是约谈对象自我加强规制的结果，并非约谈主体对其直接进行的设定。

第三，在认定行政约谈属于行政事实行为之后，本章认为，对行政约谈属性的分析，需要增加一个层次。行政事实行为中包括很多非正式行政行为。正如前文所言，很多行政事实行为根本就没有被法律化，“这也就是将非正式行政行为纳入行政事实行为的原因”[②]。本章认为，在行政事实行为层次下，引入非正式行政行为的概念进行分析是非常必要的。所谓非正式行政行为，是指“由一定的行政主体，按照非正式的程序，不以强制对方服从、接受为特征的行政行为”[③]。非正式行政行为在行政程序、权力程度、法律效果等方面是非正式的，带有协商性、参与性的特点，能够以一种非正式

① 参见王锴：《论行政事实行为的界定》，载《法学家》2018年第4期。

② 同上。

③ 熊樟林：《“非正式行政行为”概念界定——兼“非强制行政行为”评析》，载《行政法学研究》2009年第4期。

的方式更好地处理与行政相对人之间的关系。① 因此,引入“非正式行政行为”概念来界定行政约谈的属性,能够更好地关切行政约谈的特点,为其法治化提供切实有效的方案。

第四,关于行政约谈的具体行为类型是属于行政指导行为还是属于新型行政行为,抑或是属于其他类型的行政行为,需要根据行政约谈的具体情形,在以下行政约谈的分类中予以探讨。

三、行政约谈的分类

(一)学术界关于行政约谈的分类

第一,单一标准、单一分类。如有学者在对环保约谈进行研究时,按照约谈事由的不同,将其分为预警性约谈和诫勉性约谈。②

第二,多重标准、单一分类。孟强龙以约谈的功能或机能差异、发挥效用的不同以及具有的权力因素强弱为标准,将行政约谈分为决策参谋型、纠纷协调型、违法预警型、执法和解型、督办处罚型、调查取证型。关于孟强龙的分类,从其论述来看,采用了三个分类标准,但第一、二个分类标准(功能或机能差异与发挥效用)有何不同,孟强龙并没有给予解释、说明。本章认为二者并无大的区别,表述为功能标准即可。第三个“权力因素强弱”标准与功能标准是否具有一一对应的关系,孟强龙也没有给予更多的解释说明。另外,所区分出来的六种类型中,决策参谋型作为行政约谈的一种类型能否成立值得商榷。按照孟强龙文中的论述,“所谓‘决策参谋型’约谈,指行政主体为达到某一行政目的,在行政过程中邀请社会公众或特定对象,对某项决策进行评估、提供意见,并予以反馈的约谈形式”③。孟强龙引用了《广东

---

① 熊樟林:《“非正式行政行为”概念界定——兼“非强制行政行为”评析》,载《行政法学研究》2009 年第 4 期。

② 参见张锋:《环保约谈:一种新型环境法实施制度》,载《上海财经大学学报(哲学社会科学版)》2018 年第 4 期。

③ 孟强龙:《行政约谈法治化研究》,载《行政法学研究》2015 年第 6 期。

省人民代表大会常务委员会立法咨询专家工作规定》[①]中关于通过约谈征求专家意见的规定，来证成决策参谋型约谈类型的存在。但本章认为，该例证明显属于立法机关的一种约谈方式，在行政立法与行政决策中是否要将征求专家意见作为约谈一种类型，目前在制度方面并没有作出规定，在实践中也并没有将其纳入约谈的范围。因此，目前决策参谋型约谈作为行政约谈的一种类型并不成立。

第三，多重标准、多重分类。例如，张忠从功能、目的、对象三重标准出发，进行了多重分类。从功能标准出发，分为规制性约谈与调整性约谈；从目的标准出发，分为调查性约谈与指导性约谈；从对象标准出发，分为内部约谈与外部约谈。[②]

（二）本章关于行政约谈的分类

行政约谈几乎在所有的行政执法领域均予以运用，是一个外延极其宽泛的法现象。采取多重标准，进行多重分类，能够更加清晰、透彻地对这一法现象进行探讨。

首先，按照约谈对象的区分，将行政约谈分为内部约谈与外部约谈。本章主要研究外部约谈(即前文所述的狭义行政约谈)。

其次，按照行政约谈是否具有协商性，将行政约谈分为常态的行政约谈与异化的行政约谈。行政约谈作为一种柔性的执法方式，具有协商性的特点。如果行政约谈的过程没有体现协商性，而仅是约谈主体的单方意思表示，那么行政约谈的属性便发生了根本变化，成为异化的行政约谈。异化的行政约谈包括以下两种情形：

第一种是行政命令型约谈。所谓行政命令，是指“行政主体要求特定的相对人履行一定的作为或不作为义务的意思表示”[③]。行政命令具有非处分性、义务设定性、可期待义务自我履行性、意思性、强制性等法律特征。[④] 例

---

① 2013 年 6 月 14 日广东省第十二届人民代表大会常务委员会第八次主任会议通过。

② 参见张忠:《论行政约谈的法律意蕴与救济》，载《河南财经政法大学学报》2016 年第 6 期。

③ 胡建淼:《行政法学》(第四版)，法律出版社 2015 年版，第 381 页。

④ 同上。

如,《互联网新闻信息服务单位约谈工作规定》[1]第 2 条第 2 款规定:“本规定所称约谈,是……进行警示谈话、指出问题、责令整改纠正的行政行为。”在该款中,对互联网新闻信息服务单位约谈的行为内容之一为责令整改纠正,并没有体现行政约谈的协商性,而是一种具有单方性、强制性的行政命令行为,本章称这种类型的行政约谈为行政命令型约谈。

第二种是行政处罚型约谈。与《中华人民共和国行政许可法》(以下简称《行政许可法》)、《中华人民共和国行政强制法》(以下简称《行政强制法》)不同,1996 年制定《中华人民共和国行政处罚法》(以下简称《行政处罚法》)时,在法律文本中并没有对行政处罚进行概念界定。但是,2021 年最新修订的《行政处罚法》(自 2021 年 7 月 15 日起施行)第 2 条对行政处罚的概念进行了界定:“行政处罚是指行政机关依法对违反行政管理秩序的公民、法人或者其他组织,以减损权益或者增加义务的方式予以惩戒的行为。”行政处罚具有制裁性、处分性、不利性、法定性等特征。[2] 行政处罚与行政命令的一个重要区别在于:是否直接形成或处分相对人的权利与义务。《关于建立餐饮服务食品安全责任人约谈制度的通知》(国食药监食〔2010〕485 号)规定:“四、约谈处理……(二)凡被约谈的餐饮服务提供者,两年内不得承担重大活动餐饮服务接待任务……”该项规定就体现了餐饮服务食品安全约谈对约谈对象权利、义务的直接处分性。本章将这种行政约谈称为行政处罚型约谈。

与异化的行政约谈相对的是常态的行政约谈。在常态的行政约谈中,主要包括行政指导型、行政和解型、行政调解型三种类型的约谈。

所谓行政指导,是指行政机关在其所管辖事务的范围内,运用非强制性手段,获得相对人的同意或协助,引导相对人采取一定的作为或者不作为,

① 国家互联网信息办公室 2015 年 4 月 28 日发布。
② 参见胡建淼:《行政法学》(第四版),法律出版社 2015 年版,第 223 页。

以实现特定行政目的的一种非职权行为。行政指导的方式具有多样性。[①]

有的规范性文件直接将行政约谈定性为行政指导行为。[②] 还有一些规范性文件，尽管没有对行政约谈进行属性归类，但从其所描述的行政约谈的功能与内容来看，也与行政指导的方式相契合。

在行政指导型约谈中，主要表现为两种亚型态：一种是一般行政指导型，这种型态的行政约谈没有强制力；另一种是规制行政指导型，这种型态的行政约谈具有事实强制力。所谓规制性行政指导，“是指为了维持和增进公共利益，预防危害公共利益的现象发生，对违反公共利益的行为加以规范和制约的行政指导”[③]。规制性行政指导又可分为独立行政指导和附带行政指导两种；附带行政指导又包括事前劝告行政指导、更正劝告行政指导、对申请人进行劝告行政指导三种。[④] 在探讨行政约谈时，特别需要注意的是其中的更正劝告行政指导。所谓更正劝告行政指导，是指“存在违反法律规定的标准的状态时，劝告相对人更正该状态的行政指导”[⑤]。

关于行政约谈的功能与内容，大量的规范性文件将其表述为“提醒”“告诫”“督促”“整改”等[⑥]，从一个侧面说明，在行政指导型约谈中，具有更正劝告功能的情形是大量存在的。存在疑问的是，更正劝告型行政指导似乎只

---

① 杨建顺将日本行政法上的行政指导方式概括为：说服、教育、示范、劝告、建议、协商、政策指导、提供经费帮助、提供知识、技术帮助等非强制性手段和方法。参见杨建顺：《日本行政法通论》，中国法制出版社1998年版，第536—537页。莫于川将行政指导的主要方式提炼为：指导、引导、辅导、帮助、通知、提示、提醒、提议、劝告、规劝、说服、劝戒、告诫、劝阻、建议、意见、主张、商讨、协商、沟通、赞同、表彰、提倡、宣传、推荐、示范、推广、激励、勉励、奖励、斡旋、调解、调和、协调、指导性计划（规划）、导向性行政政策、纲要行政、发布官方信息、公布实情。参见莫于川：《行政指导论纲——非权力行政方式及其法治问题研究》，重庆大学出版社1999年版，第140—147页。

② 例如，《乌鲁木齐市工商行政管理、市场监督管理机关消费维权行政约谈制度》（乌鲁木齐市工商行政管理局2017年6月18日发布）第3条规定：“本制度所称的消费维权行政约谈（以下简称约谈），是指……的行政指导行为。”

③ 杨建顺：《日本行政法通论》，中国法制出版社1998年版，第537页。

④ 同上书，第537—540页。

⑤ 同上书，第539页。

⑥ 例如《电力安全监管约谈办法》（国能发安全〔2018〕79号）第2条、《铁路安全生产约谈实施办法（试行）》（国铁安监〔2018〕84号）第2条、《安全生产约谈实施办法（试行）》（安委〔2018〕2号）第2条等。

是一种“劝告”,相对人似乎具有某种任意性,而行政约谈中存在督促的内容,带有了某种强制力。二者似乎并不契合。

但是,这种疑问是对规制性行政指导(包括更正劝告型行政指导)的误读。正如杨建顺在论及行政指导的非强制性时所言,行政指导服从的任意性,只是作为一般原则,在实践中,行政指导并不都具有服从的任意性。规制行政指导具有权力规制代用物的特征,实际上由不得相对人任意选择,行政机关以其法律上的权限为背景,要求相对人必须服从的情形普遍存在。[①]这样看来,经过协商以后的督促行政相对人改正的行政约谈与规制行政指导中的更正劝告行政指导是相契合的。因此,可以将这种具有事实强制力的行政约谈称为规制性行政指导型约谈,这种约谈类型在行政指导型约谈中大量存在,是一种主要的亚类型。

常态行政约谈除了行政指导型以外,还包括行政和解型与行政调解型。

行政和解型约谈中典型的是税务约谈,这是我国最早适用行政约谈制度的领域。所谓税务约谈,是指“税务机关在实施正式的税务检查稽查前,对纳税人、扣缴义务人的纳税申报数据及其他有关数据进行审核,如发现的税务问题或疑点异常,约请纳税人或扣缴义务人到税务机关进行解释,并给予政策性宣传和辅导,责成纳税人和扣缴义务人进行自查自纠,解释说明,依法足额缴纳税款的一种工作方法”[②]。例如,福建省地方税务局发布的《外籍个人所得税税务约谈管理办法(试行)》(闽地税发〔2007〕232 号)第 8 条第 2 项规定:“对被约谈人申报的计税依据明显偏低,又无正当理由的,可以核定其应纳税额,同时研究提请国际税收情报交换。核定前,被约谈人有改正调整意愿的,可以告知并给予其一定期限自行补充申报。”

根据发生阶段和领域的不同,行政和解可分为行政执法和解、行政复议和解和行政诉讼和解。[③] 因此,此处“行政和解型约谈”也可以称为“执法和

---

① 参见杨建顺:《日本行政法通论》,中国法制出版社 1998 年版,第 540—541 页。

② 倪维:《税务约谈法制化建构之研究》,中国政法大学 2008 年博士学位论文。

③ 参见吕林:《行政和解研究》,西南师范大学出版社 2015 年版,第 65 页。

解型约谈”。[①]

行政调解型约谈是行政主体依据行政相对人的申请，对与其行政职权有关的民事纠纷进行调解的行政约谈类型。例如，《北京市司法行政机关律师类行政约谈办法（试行）》第3条规定：“对律师和律师事务所的行政约谈（以下简称行政约谈），是指司法行政机关以约见、谈话等方式……调解其内部矛盾、纠纷，听取其对司法行政机关的意见和建议。”第11条更是明确规定：“律师、律师事务所相关人员可以主动申请司法行政机关进行行政约谈，帮助其化解内部矛盾。符合行政调解条件的，司法行政机关应当依据《北京市行政调解办法》进行行政调解。”

行政约谈的类型如图2所示：

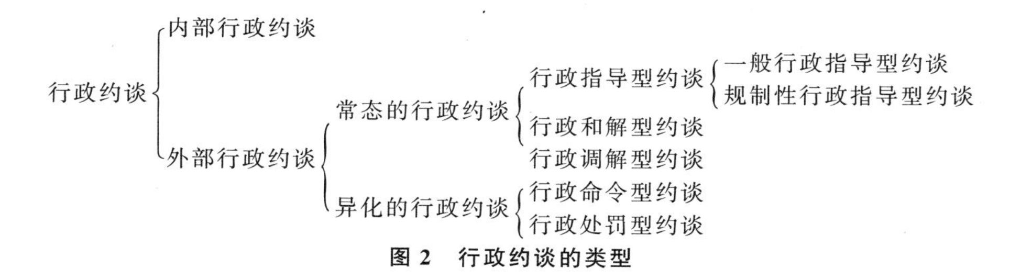

图2 行政约谈的类型

四、行政约谈的核心功能

常态的行政约谈具有行政指导型、行政和解型、行政调解型三种类型。不同的行政约谈类型具有不同的功能。由于行政和解型约谈和行政调解型约谈的数量较少，属于行政约谈的边缘类型，而行政指导型约谈尤其其中的规制性行政指导型约谈，占了行政约谈的大多数，属于行政约谈的核心类型，因此规制性行政指导型约谈的功能属于行政约谈的核心功能。

行政约谈的核心功能具体表现为：通过协商的方式，行政主体采用建议、劝服的手段，促成行政相对人积极主动守法。行政约谈的核心功能建立

---

① 参见孟强龙：《行政约谈法治化研究》，载《行政法学研究》2015年第6期。

在“执法金字塔”(enforcement pyramid)理论的基础上,而其核心功能的有效发挥,需要建立起与信用规制、行政处罚等手段的正当联结。[①] 以下从行政约谈核心功能的理论基础、具体表现和如何有效发挥三个方面进行论述。

(一)行政约谈核心功能的理论基础

“执法金字塔”理论是回应型规制理论的重要内容。根据“执法金字塔”的模式设计,在规制工具箱中,按照威慑效力逐级上升的次序,各种规制工具依次为:劝服、警告、民事处罚、刑事处罚、吊扣执照、吊销执照。[②] (参见图3)

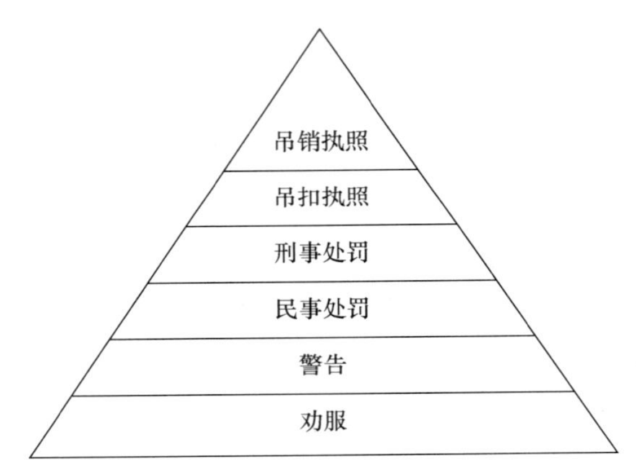

图3 执法金字塔

“执法金字塔”理论包括同等回应(tit for tat)、劝服机制优先(persuasion first)、以惩罚为后盾(punishment as shield)、手段多元(multiple measures)四项原则。[③] 在说明行政约谈核心功能时,劝服机制优先和以惩罚为后盾两项原则值得注意,故引述如下:

劝服机制优先原则是指:监管者在选择监管工具时,应首先选择金字塔

---

① 参见朱新力、李芹:《行政约谈的功能定位与制度建构》,载《国家行政学院学报》2018年第4期;周泽中:《行政约谈的规制功能及其法治约束》,载《学习论坛》2019年第12期;卢超:《社会性规制中约谈工具的双重角色》,载《法制与社会发展》2019年第1期;卢超:《互联网信息内容监管约谈工具研究》,载《中国行政管理》2019年第2期。

② 参见刘鹏、王力:《回应性监管理论及其本土适用性分析》,载《中国人民大学学报》2016年第1期。

③ 同上。

底部强制力色彩最弱的劝服机制。之所以做这样的选择，其原因在于，惩罚机制的代价大于劝服机制，监管者采用惩罚机制时，需要动用大量的组织资源与行政资源（搜集信息、应对申诉和诉讼），而劝服机制相对来说成本较低；同时，惩罚机制优先有损监管者的合理性和权威性，惩罚过早、过滥会导致被监管者对监管者的认同、支持和服从的减弱。

以惩罚为后盾原则是指：监管者要以惩罚手段作为威慑的后盾，“监管者要带着大炮才能对被监管者温柔地说话”。但是，惩罚手段职能只在迫不得已的情况下使用，过多使用将会加剧监管者与被监管者之间的对立，从而阻碍合作与协商的实现。然而，“监管者具备动用处罚的决心和能力的‘印象’比具备‘印象’后的真正实力更为重要，令被监管者感到监管者强大但却引而不发，能使威慑的效果大大提升；监管者不经常动用惩罚手段，但一经启用就必须使被处罚者遭受实实在在的大于违规收益的损失，使监管目标不折不扣地实现”[①]。

（二）行政约谈核心功能的具体体现

建基于“执法金字塔”理论基础之上，行政约谈具有以下三项核心功能：

首先，作为劝服机制的重要体现，行政约谈能够节约行政执法成本，更好地得到被监管者的认同、支持和对规则的遵从，实现被监管者积极主动守法。我国目前的执法困境之一在于以惩罚机制优先，而不是以劝服机制优先。这引发了行政机关“以罚代管”以及行政相对人守法机会主义的盛行，忽视了行政相对人守法意识的培养以及在特定环境下的守法可能性。[②] 而行政约谈可以在某种程度上弥补这一缺陷。

其次，行政约谈是在约谈对象参与下协商进行，为约谈主体与约谈对象之间提供了一个很好的沟通平台。由于行政约谈是在约谈对象的同意和协助下进行的，因此能够更好地实现行政目标。

---

① 刘鹏、王力：《回应性监管理论及其本土适用性分析》，载《中国人民大学学报》2016年第1期。

② 参见何香柏：《我国威慑型环境执法困境的破解——基于观念和机制的分析》，载《法商研究》2016年第4期。

最后，行政约谈作为劝服机制的重要体现，与惩罚机制等相比，在法治化程度上的要求不是太高，具有相当的灵活性和机动性。这一方面补充了法律的不完备，另一方面能够根据行政需求的变化，采取随机应变的应对措施。

（三）行政约谈核心功能的有效发挥

在前文行政约谈的“实践运行考察”论述中，笔者曾经指出，行政约谈缺乏实效，经常被人们诟病。那么，如何有效发挥行政约谈的核心功能，解决行政约谈缺乏实效的问题？根据“执法金字塔”理论的以惩罚为后盾原则，建立起行政约谈与信用惩戒、行政处罚等制度的有效联结，打好“组合拳”，应是解决行政约谈实效性的重要途径。

行政约谈实践中，已经对此进行了有益的尝试。例如，《中国银监会办公厅关于银行业重大案件（风险）约谈告诫有关事项的通知》（银监办发〔2015〕154 号）规定：“各级监管机构……及时督促和指导被约谈告诫的银行业金融机构认真落实有关监管意见和要求，按要求报送整改报告。对于落实整改意见不到位……将采取行政处罚或审慎监管措施。”《厦门市建设工程安全生产警示通报和约谈制度》（厦建规〔2020〕1 号）第 13 条规定：“被约谈人无故不接受约谈或未按要求对约谈事项落实整改的，由市建设行政主管部门进行通报批评。”

第三节　目前行政约谈存在的问题

一、行政约谈原则随意

行政约谈原则的随意性主要体现为两个方面：第一，对于在专门的规范性文件中是否规定基本原则很随意；第二，即使规定了基本原则，规定哪些基本原则也很随意。

行政约谈原则的随意性首先在部门规范性文件中就得到了非常典型的

体现。在目前所能查找到的15部部门规范性文件中，共有11部没有规定行政约谈的原则，约占到了部门规范性文件的3/4。没有规定约谈原则的地方规范性文件也非常之多。在为数不多规定约谈原则的部门规范性文件和地方规范性文件中，对约谈原则的规定也不尽一致。例如，《铁路专用设备产品质量安全监管约谈暂行办法》(国铁设备监〔2017〕38号)第5条规定为“监管与指导、矫正与预防相结合”，《社会组织登记管理机关行政执法约谈工作规定(试行)》(民发〔2016〕39号)第3条规定为“依法、合理、及时、有效”，《质量技术监督行政执法约谈工作指南》(国质检执函〔2015〕200号)第6条规定为“合法、合理、及时、有效”，《关于建立餐饮服务食品安全责任人约谈制度的通知》(国食药监食〔2010〕485号)规定为“分级约谈、适时约谈、依法约谈”，《黑龙江省司法鉴定约谈办法(试行)》(黑司规〔2019〕2号)第6条规定为“依法依规、实事求是、指导与监督相结合”，《大连市营商环境建设工作约谈制度》(大政办发〔2018〕174号)第3条规定为“依据事实、严肃认真、预防为主、一事一谈、分级实施”，《乌鲁木齐市工商行政管理、市场监督管理机关消费维权行政约谈制度》[①]第5条规定为“合法、公正、公开”，《北京市司法行政机关律师类行政约谈办法(试行)》(京司发〔2016〕51号)第5条规定为“依法开展、程序规范、充分沟通、以理服人”。

二、行政约谈适用范围混乱与泛化[②]

在行政约谈的规范性文件和行政约谈实践中，行政约谈适用范围呈现混乱与泛化的趋势，这也是导致前文所言的行政约谈表面繁荣的重要原因。

在行政约谈的专门规范行为文件中，一般都对约谈的适用范围作了明确的规定。但如果细细考察这些规范性文件，其在规定约谈适用范围所采用的标准方面，并不一致。《中华人民共和国药品管理法》第99条第3款规

① 乌鲁木齐市工商行政管理局2017年6月18日发布。
② 行政约谈适用范围在有的规范性文件和学术文献中也被称为“约谈事由”“约谈适用情形”。

定为“有证据证明可能存在安全隐患的”,《中华人民共和国疫苗管理法》第72条第1款规定为“存在安全隐患,疫苗上市许可持有人等未及时采取措施消除的”,《中华人民共和国网络安全法》第56条规定为“存在较大安全风险或者发生安全事件的”,《中华人民共和国境外非政府组织境内活动管理法》第41条第2款规定为“涉嫌违反本法规定行为的”,《社会组织登记管理机关行政执法约谈工作规定(试行)》(民发〔2016〕39号)第2条规定为“发生违法违规情形”,《互联网新闻信息服务单位约谈工作规定》[①]第2条第2款规定为“发生严重违法违规情形”,《电力安全监管约谈办法》(国能发安全〔2018〕79号)第4条规定为“有必要”[②]。

从以上所举的数例来看,关于行政约谈的立法与相关规范性文件对约谈的适用范围采用了不同的标准,极其不一致。有非常宽泛的“必要性”标准,有“风险”标准,有“安全隐患”标准,有“违法违规”标准。在“违法违规”标准方面,又有“涉嫌违法”“一般违法”“严重违法”标准,呈现了极其混乱的状态。

行政约谈适用范围除了混乱外,还出现了泛化的现象。泛化主要发生在价格约谈领域。根据媒体的报道,为了确保价格总体稳定,国家发改委2012年约谈了饮料、奶业、糖业、酒业等17家行业协会。一家食用油企业向媒体表示,其已经被要求暂缓涨价两个月。[③] 价格的涨跌本来是由市场机制决定的,“供不应求,价格上涨;供过于求,价格下跌”,价格主管部门却采用行政约谈的手段予以解决,从而引起了极大的争议。

三、行政约谈程序规范存在欠缺

行政约谈作为一种非正式行政行为,程序的非正式性应是其重要的特

---

① 国家互联网信息办公室2015年4月28日发布。

② 《电力安全监管约谈办法》第4条第1款列举了国家能源局负责对电力企业进行约谈的10项情形,其第10项规定:“国家能源局认定有必要实施监管约谈的其他情形。”该项是一兜底规定,从该项可以判断,对于电力安全监管约谈,只要国家能源局认定有必要即可启动。

③ 参见韩哲:《约谈是明知其不可而为之》,载《北京商报》2012年4月16日第2版。

征。“在程序法上则表现为程序的自由或协商——亦即‘非正式程序’。”[①]但是，“非正式程序”并非等同于“非程序”，在保持行政约谈的自由和灵活的同时，同样需要一定限度的程序规定，满足“最低限度公正”的要求。

考察我国行政约谈的程序规范，仍存在许多不足之处，具体而言：

第一，目前不存在关于行政约谈的专门程序立法。我国的行政法制建设，在行政行为领域已经完成了《行政处罚法》《行政许可法》《行政强制法》的立法工作。这三部重要的行政行为法，主要是关于行政处罚、行政许可、行政强制的程序规定。但是，目前并没有关于《行政约谈法》的立法计划，在可以展望的相当一段时期内，并不存在通过一部专门的立法对行政约谈的程序进行规制的可能。

第二，我国目前在中央层面没有行政程序的统一立法，虽然在地方层面已有若干行政程序的专门的地方性法规、地方政府规章和地方规范性文件，但在这些地方立法中，也并没有明确将行政约谈纳入其适用范围。

第三，正如本章第一节所述，我国关于行政约谈的专门规范性文件较多，但是即使存在如此数量众多的关于行政约谈的规范性文件，在某些领域如价格约谈方面，仍没有专门的规范性文件对其相关的程序作出规定。

第四，在已有的规定行政约谈的专门规范性文件中，即使对行政约谈的程序进行了较为细致的规定，也是从约谈主体有效实施行政目标、方便开展约谈工作的目的出发，并没有将保障约谈对象的程序权利和贯彻正当程序原则作为规范性文件的制定目的与重点。

第五，在已有的规定行政约谈的专门规范性文件中，对相关的程序制度是否规定以及如何规定，存在不尽一致之处。例如，关于回避制度，除了《铁路专用设备产品质量安全监管约谈暂行办法》[②]（国铁设备监〔2017〕38号）外，其他部门规范性文件均没有作出规定；在262部规定行政约谈的专门地

---

① 熊樟林：《“非正式行政行为”概念界定——兼“非强制行政行为”评析》，载《行政法学研究》2009年第4期。

② 参见《铁路专用设备产品质量安全监管约谈暂行办法》第14条第2项。

方规范性文件中，也仅有34部作出规定。

四、行政约谈救济缺位

对于行政约谈是否可以申请行政复议、提起行政诉讼、请求国家赔偿，《中华人民共和国行政复议法》(以下简称《行政复议法》)、《中华人民共和国行政诉讼法》(以下简称《行政诉讼法》)、《中华人民共和国国家赔偿法》都没有作出明确规定，学术界也缺乏系统、深入的研究。行政约谈作为一种非正式行政行为，具有权力因素与法律效果的非正式性[①]，导致相关的救济制度习惯性缺位。

例如，北京谦益橄榄山国际文化传播有限公司(以下简称谦益公司)诉北京市顺义区教育委员会(以下简称顺义区教委)约谈记录案。[②] 2018年5月，案外人朗姿股份有限公司(以下简称朗姿公司)因与谦益公司的房屋租赁合同纠纷向顺义区法院提起民事诉讼。庭审中，朗姿公司提供了顺义区教委约谈谦益公司的《约谈记录表》，该表约谈内容栏载明："第一，办学地点土地性质不符合办学要求；第二，没有向顺义区教委递交办学申请，没有办学许可证；第三，教材使用不合规……"；建议意见栏载明："第一，寻找合格办学场地申请办学许可证，正规办学；第二，制定学生分流方案分流学生，退还所收费用，停止招生；第三，停止工商营业执照经营范围以外的相关教育教学行为……"顺义区法院作出民事判决认为，依据上述约谈记录，谦益公司存在"超经营范围，有幼儿园、小学文化教育类的内容，未取得教委颁发的民办学校(园)办学许可证"的问题，判决谦益公司败诉。

谦益公司收到败诉民事判决后，向顺义区法院提起行政诉讼。在行政诉讼中，原告谦益公司认为，被告顺义区教委对原告的约谈记录，内容不属

---

① 参见熊樟林:《"非正式行政行为"概念界定——兼"非强制行政行为"评析》，载《行政法学研究》2009年第4期。

② 参见北京市顺义区人民法院行政裁定书(2019)京0113行初457号、北京市第三中级人民法院行政裁定书(2019)京03行终1099号。

实，无合法依据，定性错误，给原告造成了严重影响，侵害了原告的合法权益，请求顺义区法院予以撤销。

一审顺义区法院裁定认为：顺义区教委的《约谈记录表》系被告执法过程中对原告约谈情况的记载，并非最终行政行为，对原告的合法权益不产生实际影响，故驳回原告谦益公司的起诉。二审北京市第三中级人民法院裁定认为：从《约谈记录表》的内容和文意看，其内容是记载约谈的内容及约谈过程中的意见建议，并未对谦益公司设定权利义务，对谦益公司的权利义务尚不产生实际影响，且顺义区教委亦称《约谈记录表》是在其作出具体行政行为前或正常约谈行政相对人的约谈记录，是相关工作人员记录后形成的内部资料，故驳回上诉，维持一审裁定。

本案的一二审裁定均驳回了原告谦益公司的起诉（上诉），但裁定是否正确、在《约谈记录表》约谈内容栏中是否存在对谦益公司违法事实的认定、在建议意见栏中的三条整改措施是否具有事实强制力、法院是否应当通过行政诉讼对其给予司法救济，这些问题均值得深入研究。

第四节　行政约谈的法治化

一、行政约谈法治化的路径

正如前文所述，目前我国行政约谈的专门规范主要是规范性文件，并没有专门的法律、法规和规章，难以保障行政约谈制度的正常发展，导致出现了行政约谈的功能模糊、约谈实施不规范、容易侵犯约谈对象权利等诸多问题。因此，有必要提高行政约谈专门立法的层次，加强行政约谈制度的法治化。

行政约谈作为一种新型执法方式在我国的实践时间并不长，加上行政约谈广泛适用于各个领域，在短期内制定一部类似于《行政处罚法》《行政许可法》《行政强制法》的《行政约谈法》似乎并不现实。

本章认为，在对现行的行政约谈的规范性文件进行清理的基础上，在行政程序法中专设一节对“行政约谈”进行规范，可能是一种比较好的法治化方案。但是，由于我国中央层面的行政程序统一立法迟迟没有启动，考虑到对行政约谈加强立法的紧迫性，目前比较可行的方案是国务院制定专门的行政约谈条例对行政约谈的共性问题进行统一规定；对于各个领域行政约谈的特殊问题，可以由国务院各个工作部门、地方各级人民政府或地方人民政府工作部门针对本部门、本地区的实际情况通过部门规章、地方政府规章或者其他规范性文件的方式进行进一步细致的规定。

由于行政约谈是一种非正式行政行为，如何保证这种新型规制工具的灵活性，注意行政约谈的立法保持合适的规范密度，是行政约谈法治化进程中特别需要注意的问题。

二、行政约谈法治化的内容

（一）行政约谈的原则

行政约谈原则是指导行政约谈的立法与实施的基础性规范。由于行政约谈实施的领域非常广泛，各个领域的行政约谈有着自己的特殊性，因此行政约谈原则应分为一般原则和特殊原则。一般原则体现整个行政约谈的共性，特殊原则体现各个领域行政约谈的特殊性。在本章第三节中通过对部分行政约谈的专门规范性文件的整理，可以发现这些专门规范性文件对原则的概括，既有相同之处，也有相异之处。这也正体现了行政约谈具有一般原则与特殊原则两个方面。由于本章主要对行政约谈的一般问题进行阐述，因此主要关注行政约谈的一般原则。

行政约谈的一般原则是行政法基本原则在行政约谈领域的具体体现。关于行政法的基本原则，由于我国还没有制定《行政程序法》或《行政法总则》，因此我国行政法到底应该有哪些基本原则，目前仍处在学理探讨的阶段，没有法定化。2004 年国务院公布的《全面推进依法行政实施纲要》（国发〔2004〕10 号，以下简称《依法行政纲要》）提出“依法行政”的基本原则，并对依法行政的六个方面作出基本要求，包括合法行政、合理行政、程序正当、高效便民、诚实守信、权责统一。

本章认为，行政约谈也应以“依法约谈”作为基本原则，并把这六个方面的基本要求作为行政约谈立法与实施的基础性规范。由于程序正当、高效便民、权责统一与本章后面的行政约谈程序、行政约谈的救济内容相关，因此在此仅探讨合法行政、合理行政、诚实守信三个方面。

第一，关于“合法行政”方面，《依法行政纲要》从法律优位与法律保留两个方面提出了要求。

其一，法律优位。法律优位要求行政机关实施行政管理，应当依照法律、法规、规章的规定进行。这一原则也就是说，当存在法律、法规、规章规定的时候，行政约谈的立法（包括专门的规范性文件）与实施不能违反。但在目前行政约谈的规范性文件和实践运作中，依然存在违反法律优位的情况。例如，《关于建立餐饮服务食品安全责任人约谈制度的通知》（国食药监食〔2010〕485号）规定：“四、约谈处理……（三）凡因发生食品安全事故的餐饮服务提供者，应依法从重处罚，直至吊销餐饮服务许可证，并向社会通报……”该款设定了作为从重处罚后果的吊销餐饮服务许可证。而根据我国《行政处罚法》第11—14条的规定，其他规范性文件不得设定行政处罚，更不得设定只能由法律、行政法规才能设定的吊销企业营业执照的行政处罚，上述规定明显违反了《行政处罚法》的规定。

其二，法律保留。所谓法律保留，是指行政机关的活动仅在有法律授权的情形下才可以进行；法律上没有规定，行政机关便不得进行任何活动。关于法律保留的适用范围，学术界进行了较为深入的探讨，形成了侵害保留说、全部保留说、重要事项保留说、权力保留说等各种学说。[①]

我国目前首先采用的是侵害保留说，《依法行政纲要》规定：“行政机关实施行政管理，应当依照法律、法规、规章的规定进行；没有法律、法规、规章

① 关于法律保留的诸种学说，参见杨建顺：《行政规制与权利保障》，中国人民大学出版社2007年版，第103—108页。

的规定,行政机关不得作出影响公民、法人和其他组织合法权益或者增加公民、法人和其他组织义务的决定。"《中共中央关于全面推进依法治国若干重大问题的决定》[①]规定:"行政机关不得法外设定权力,没有法律法规依据不得作出减损公民、法人和其他组织合法权益或者增加其义务的决定。"这一表述的后半句确认了侵害保留说,只是相对于《依法行政纲要》来说,在法规范依据上将"法律、法规、规章"限缩为"法律法规",这是在对法律、法规、规章授权说和法律法规授权说进行比较衡量的基础上作出的选择,体现了一种严格规范的价值取向。[②] 但是,这一表述的前半句同时采取了权力保留说,并以法——法律、法规、规章——作为法规范的依据。

行政约谈作为一种行政事实行为,一般情况下不会影响公民、法人和其他组织的合法权益或者增加其义务,因而原则上不需要法规范的依据。但是,如果是具有事实强制力的行政约谈,则应该属于法律保留的适用范围,要求具有法规范的依据。这一点与行政指导类似。"事实上具有强制效果和制裁性,而且是经常反复使用的行政指导,应当具有具体的法依据。"[③]

第二,关于"合理行政"方面,《依法行政纲要》从平等原则、考虑相关因素、比例原则三个方面提出要求。具体到行政约谈方面,特别需要注意行政约谈应该符合平等原则和比例原则。

其一,平等原则。这一原则要求约谈机关不能进行"选择性约谈",在符合约谈事由的情形下,若没有其他的原因,都应该进行约谈。[④] 在有众多约谈对象同时参与约谈时,约谈机关也应不偏私、不歧视,平等对待参加约谈的对象。因为约谈本身也是一个协商对话的平台,作为一种柔性执法方式,在约谈过程中,约谈机关与约谈对象应该尽量平等、协商进行。

---

① 2014年10月23日中国共产党第十八届中央委员会第四次全体会议通过。

② 参见杨建顺:《从四中全会〈决定〉看法治政府建设》,载《观察与思考》2014年第12期。

③ 余凌云:《行政法讲义》,清华大学出版社2010年版,第277页。

④ 发改委在进行价格约谈的时候,存在"选择性约谈"的现象,如生产要素价格一涨几乎不怎么约谈,还要帮着做群众情绪的安抚工作,而消费产品价格一涨就要约谈,回过头来拿着群众情绪来劝企业识大体、顾大局。参见韩哲:《约谈式"微观调控"几时休》,载《北京商报》2012年8月21日第2版。

其二，比例原则。行政约谈作为一种有可能侵害公民、法人或者其他组织权益的监管工具，应该受到比例原则的规制。比例原则包括目的正当性原则、适当性原则、必要性原则和均衡性原则“四个阶层”的规范结构。[①] 首先，行政约谈所要实现的监管目标具有正当性；其次，行政约谈能够达到所要实现的监管目标；再次，在所有可能采取的监管工具中，行政约谈这种监管工具对公民、法人或其他组织所造成的损害最小，没有其他更为柔性的监管工具可以采用；最后，需要考量行政约谈这种监管工具，当对行政相对人造成损害时，其所损害的利益与所欲实现的公共利益不能显失均衡。

此处有一点必须强调，作为必要性原则的要求，在各种监管工具中，行政约谈作为一种对相对人损害最小、柔性的执法手段，在行政约谈符合目的正当性原则、适当性原则的前提下，应该首先选用行政约谈，而不是行政处罚、行政强制等其他的规制工具。这也是前述“执法金字塔”理论的应有之义，构成了政府必须采用行政约谈的责任。

第三，关于“诚实守信”方面。行政约谈作为一种广泛适用的监管工具，与中华民族“和为贵”的文化传统不谋而合，其所具有的双方性、合作性和柔软性特质，要求约谈主体之间能够诚实守信和相互尊重。[②] 约谈作为一种对话、协商的过程，首先要求约谈双方在约谈过程中提供的信息应该真实，这不但是对约谈主体，也是对约谈对象提出的要求；其次要求约谈主体遵循信赖保护原则，“政府对自己作出的行为或承诺应守信用，不得随意变更，不得反复无常”[③]。因此，约谈对象对约谈主体的整改措施与指导行为所具有的信赖利益应该给予保护。

（二）行政约谈的适用范围

如何确定行政约谈的适用范围是一个颇为困难的问题，有许多学者提出了各种方案。例如，马迅认为，约谈启动的裁量基准（即本章所述的“约谈

① 参见刘权：《目的正当性与比例原则的重构》，载《中国法学》2014 年第 4 期。

② 参见马迅、杨海坤：《行政约谈实效性的保障机制建构——兼论约谈法治化进阶》，载《山东大学学报（哲学社会科学版）》2017 年第 1 期。

③ 姜明安主编：《行政法与行政诉讼法》（第七版），北京大学出版社 2019 年版，第 75 页。

适用范围")包括两个方面:深层次经济学标准为市场失灵;基础性法学标准为未达严重违法程度的问题事项。[①]

在国务院的相关规范性文件中,也对行政约谈的适用范围进行了一定的界定。例如,《国务院关于加强和规范事中事后监管的指导意见》(国发〔2019〕18号)规定:"对情节轻微、负面影响较小的苗头性问题,在坚持依法行政的同时,主要采取约谈、警告、责令改正等措施,及时予以纠正。"《国务院关于印发中国(四川)自由贸易试验区总体方案的通知》(国发〔2017〕20号)规定:"构建事前提醒告知、轻微违法约谈与告诫、严重违法依法处置的'三段式'监管方式。"按照国务院的这两份规范性文件的规定,行政约谈的适用范围应仅限定于"轻微违法"。

我国关于行政约谈的专门规范性文件,往往都是从正面对哪些事项可以约谈进行规定。本章认为,在未来法治化过程中,对行政约谈范围的界定应该转换思路,采用负面清单的方式,对不应纳入行政约谈范围的事项进行规定。负面清单的确定标准和事项包括以下几方面:

第一,政府职能边界标准。

首先,处理好政府与市场的关系,市场不存在失灵的情况时不能进行约谈。"使市场在资源配置中起决定性作用","着力构建市场机制有效、微观主体有活力、宏观调控有度的经济体制"。[②] 但是,由于市场竞争不完备、信息并不完全充分、市场存在外部性和"搭便车"现象等因素,导致出现市场失灵的现象。行政约谈的适用范围应限定为矫正市场失灵,"当市场不存在失灵时,则没有必要进行行政约谈;当市场失灵已有更成熟的矫治手段时,如果不能证明行政约谈明显优于后者,也没有必要进行行政约谈"[③]。

其次,处理好政府规制与自我规制的关系,企业通过自我规制能够解决的,不能启动约谈。例如,《食品药品安全责任约谈办法(公开征求意见稿)》

① 参见马迅:《行政约谈裁量权的法律规制》,载《研究生法学》2016年第5期。

② 参见习近平:《决胜全面建成小康社会 夺取新时代中国特色社会主义伟大胜利——在中国共产党第十九次全国代表大会上的报告》,载《党建》2017年第11期。

③ 胡明:《论行政约谈——以政府对市场的干预为视角》,载《现代法学》2015年第1期。

在第2条规定约谈的事由时，将其限定为“针对药品、医疗器械、保健食品、化妆品研发单位、生产经营企业和医疗机构以及餐饮服务单位在工作中可能存在的问题”。对于该条规定，有学者批评道，将“在工作中可能存在的问题”作为约谈事由，太过宽泛。企业经营中的问题多数可以自行解决，可以由食品经营企业自我负责，如果监管部门动辄约谈，既会妨碍企业的经营自由，也难以发挥约谈制度备而不用的效果。因此，该学者建议，应将食品药品安全责任约谈事由限定为“重大安全事故”或“严重安全隐患”的情形。[①]本章赞同该学者的观点，公民、法人或者其他组织能够自我规制、自我负责的，原则上不应纳入约谈范围。

第二，约谈对象违法情形标准。在此，笔者同意李梦露的观点，行政约谈的事由应限定为行政相对人行为潜在违法、轻微违法、造成一定损害但法律尚未规定为违法三种情形。[②] 对于行政相对人的一般违法与严重违法的情形，不应纳入行政约谈的适用范围。

第三，行政约谈与其他行政行为关系标准。根据前文所述的“执法金字塔”理论，行政约谈作为一种劝服机制，处于金字塔的最底层，当这种机制无法有效发挥功能时，没有必要采用行政约谈，而应直接采用其他传统的行政行为如行政处罚、行政强制等执法手段。

第四，行政约谈不能发挥实效的标准。具体而言：首先，实际情况完全窒息了约谈发生效用的可能；其次，进行过多次约谈但并未产生良好效果，需要多管齐下的“组合拳”方能实现既定行政目标；再次，实施约谈前置将导致行政成本显著增加，既定行政收益显著下降；最后，其他不适宜约谈前置的情况。[③]

---

① 参见王贵松：《食品安全约谈制度的问题与出路》，载《食品工业科技》2012年第2期。

② 参见李梦露：《行政约谈问题研究》，河北大学2019年硕士学位论文。

③ 参见郑毅：《现代行政法视野下的约谈——从价格约谈说起》，载《行政法学研究》2012年第4期。

（三）行政约谈的程序

没有程序的保障，说服极易变质为压服，同意也成了曲意迎合。[①] 因此，为了充分发挥行政约谈作为一种新型监管工具的效能，规范的程序设计将是不二选择。然而，非正式行政行为侵犯行政相对人权益的可能性较小，往往游离于行政程序规范的视线之外。实践中，行政约谈的专门规范性文件中关于行政约谈程序的设计，往往是着眼于约谈主体工作方便，而非保障约谈对象的程序权利。因此，缺乏程序理性的行政约谈制度在行政领域得到迅速、广泛的适用，呈现出一片表面繁荣的现象。但是，在这片表面繁荣现象的背后，行政约谈也时刻处于被异化的危险中。为了促进行政约谈的良性发展，制定兼顾程序理性与规制工具灵活性的程序制度便显得越来越紧迫。

由于行政约谈适用领域非常广泛，各个领域的约谈可能差异非常之大（例如税务约谈与环保约谈），因此行政约谈的程序制度包括两个层面：宏观意义上的行政约谈一般程序与微观意义上的行政约谈具体程序。宏观意义上的一般程序制度主要规定行政主体实施行政约谈应该遵循的方式、步骤等各个要素的共性问题；微观意义上的具体程序制度主要对各个领域的行政约谈程序制度的特殊问题进行规定。

在宏观意义上的一般程序制度方面，特别需要注意以下程序制度的建构：

第一，关于约谈主体的权限分工。诸多行政约谈的专门规范性文件，对约谈主体的权限分工按照级别进行了确定。例如，《关于建立餐饮服务食品安全责任人约谈制度的通知》（国食药监食〔2010〕485 号）规定，按照食品安全事故的级别（Ⅰ、Ⅱ、Ⅲ、Ⅳ级），分别由国家食品药品监督管理局、所在地省级餐饮服务食品安全监管部门、设区的市级餐饮服务食品安全监管部门、负责直接监管的餐饮服务食品安全监管部门组织约谈。对此，有学者批评道："固然体现出对不同严重程度事故的不同程度的重视，但却与迅速处理、消除隐患、减少危害的事故处理原则相悖。在事故的应对上，谁最先知道情况，

① 参见季卫东：《法律程序的意义——对中国法制建设的另一种思考》，中国法制出版社 2004 年版，第 89 页。

谁就应第一时间介入,确保处理的及时性、准确性和有效性。简单地将约谈与行政级别相对应,无助于查明事故的真实原因,无助于事故的及时解决。”[①]

第二,关于约谈对象与公众的知情权、参与权的保障。在约谈前,约谈主体应采用书面的方式通知约谈对象,告知约谈的目的、事项、理由、依据、时间、地点以及需要提交的相关材料,并给予约谈对象参加约谈必要的准备时间。在约谈时,约谈主体应该告知约谈对象享有的陈述权、申辩权,保障约谈对象充分发表意见的机会。[②] 因行政约谈涉及公共利益,应该保障公众的知情权,而涉及行政约谈的相关政府信息,应该根据《中华人民共和国政府信息公开条例》(以下简称《政府信息公开条例》)的相关规定向公众公开。

第三,关于行政约谈的实效性保障的程序制度。首先,根据约谈方式的不同,行政约谈可以分为单独约谈与集中约谈。为了保障约谈的实效,在程序设计上应该更多采取单独约谈的方式,因为对多数约谈对象的集中约谈,不利于约谈主体与约谈对象商谈的深入,难以形成具有针对性和可操作性的整改方案,从而难以保障行政约谈的实际效果。[③] 其次,要构建约谈回访评估制度。约谈主体在对约谈对象约谈后,需要建立一套机制,对约谈对象承诺的整改方案实施情况进行跟踪回访并作出评估,并根据评估的结果决定下一步的处理,从而避免“屡谈屡改、屡改屡谈”的恶性循环。[④] 回访评估可以由约谈主体作出,也可以由约谈主体委托第三方专业机构作出。这一程序制度在个别的行政约谈专门规范性文件中已经作出规定[⑤],值得将其构建为行政约谈程序的一般制度。

第四,关于保障行政约谈效率的程序制度。首先,需要规定约谈的时限制度,在出现约谈事由时,约谈主体应该及时启动约谈。其次,由于行政约

---

① 王贵松:《食品安全约谈制度的问题与出路》,载《食品工业科技》2012 年第 2 期。

② 参见孟强龙:《行政约谈法治化研究》,载《行政法学研究》2015 年第 6 期。

③ 参见汪太贤、陈应珍:《环保督政约谈的祛魅与重塑》,载《河北法学》2018 年第 11 期。

④ 参见王延振:《行政约谈制度的法治化研究》,中国社会科学院研究生院 2018 年硕士学位论文。

⑤ 例如《互联网新闻信息服务单位约谈工作规定》(国家互联网信息办公室 2015 年 4 月 28 日发布)第 7 条的规定。

谈作为一种非正式行政行为，具有程序的非正式性，因此在约谈会议的程序方面，并不需要全部采用听证程序，而应该以简易程序为主。在约谈会议的形式方面，既可以采用约谈主体与约谈对象面谈的形式，也可以更多采用“云会议”的形式，以提高行政约谈的效率。

（四）行政约谈的救济

如前文所述，行政约谈的类型包括常态的行政约谈与异化的行政约谈。常态的行政约谈包括行政指导型约谈、行政和解型约谈、行政调解型约谈，异化的行政约谈包括行政处罚型约谈、行政命令型约谈。

《行政复议法》第 6 条第 1 项、第 7 项规定，行政处罚决定、行政机关违法要求履行义务的具体行政行为属于行政复议范围；《行政诉讼法》第 12 条第 1 项、第 9 项同样规定，行政处罚决定、行政机关违法要求履行义务的行政行为属于行政诉讼受案范围。行政处罚型约谈实质上属于行政处罚决定，行政命令型约谈实质上属于单方要求约谈对象履行义务的行政命令决定。因此，根据《行政复议法》与《行政诉讼法》的规定，应属于行政复议范围和行政诉讼的受案范围。

值得探讨的是行政调解型约谈、行政和解型约谈和行政指导型约谈三种常态类型的约谈。这三种行政约谈的实质为行政调解、行政和解和行政指导。

关于行政调解与行政指导的可诉性问题，《最高人民法院关于适用〈中华人民共和国行政诉讼法〉的解释》（法释〔2018〕1 号）在第 1 条第 2 款第 2 项、第 3 项均明确将其排除出行政诉讼的受案范围。但是，《行政诉讼法》在 2014 年修改时，将受案范围的行为标准从“具体行政行为”修改为“行政行为”，根据对《行政诉讼法》的权威解释，可诉的行政行为包括行政事实行为。[①] 行政调解型约谈与行政指导型约谈既然属于行政事实行为，那么将其排除出行政诉讼受案范围，就与《行政诉讼法》修改之后扩大受案范围的趋势相矛盾。但是，正如前文所分析的，行政约谈尤其是其中的规制性行政指

---

① 参见全国人大常委会法制工作委员会行政法室编著：《中华人民共和国行政诉讼法解读》，中国法制出版社 2014 年版，第 7 页。

导型约谈，具有事实强制力，容易对约谈对象的权益造成损害，因此有必要将具有事实强制力的这一部分纳入行政诉讼的受案范围。

关于行政和解型约谈，其本质上属于一种行政和解协议，应属于行政协议一种。2014 年《行政诉讼法》修改时，将行政协议纳入了行政诉讼的受案范围，并在第 12 条第 11 项列举了可诉的行政协议的类型。2019 年《最高人民法院关于审理行政协议案件若干问题的规定》（法释〔2019〕17 号）第 2 条对可诉的行政协议的类型进行了进一步的明确列举。尽管行政和解协议没有明确列举为可诉的行政协议类型，但应属于《最高人民法院关于审理行政协议案件若干问题的规定》第 2 条规定的"其他行政协议"。

关于行政调解、行政和解与行政指导的可复议性问题，目前，《行政复议法》第 8 条第 2 款规定："不服行政机关对民事纠纷作出的调解……依法申请仲裁或者向人民法院提起诉讼。"该款规定明确将行政调解排除出了行政复议范围。至于行政和解与行政指导，尽管《行政复议法》及其实施条例没有明确将其排除出行政复议范围，但由于我国目前可申请复议的行为必须是具体行政行为，而行政和解与行政指导属于行政协议与行政事实行为，因此根据目前的法律规定，也不属于行政复议范围。但是，目前《行政复议法》正在进行修改，要把行政复议构建成为化解行政争议的主渠道[①]，势必需要扩大行政复议范围，若这一观点被《行政复议法》的修改所采纳，那么行政协议与行政事实行为纳入行政复议范围应可期待，行政和解型约谈与具有事实强制力的行政指导型约谈纳入行政复议范围也有一定可行性。

根据《国家赔偿法》第 2—4 条的规定，行政赔偿的范围应是行政机关及其工作人员违法行使行政职权侵犯公民、法人和其他组织人身权和财产权的行为。违法行使行政职权的侵权行为，既可能是一种法律行为，也可能是一种事实行为。因此，如果约谈主体违法实施行政约谈行为，造成约谈对象的损害，国家应该承担相应的赔偿责任。

---

① 目前，学术界关于"把行政复议构建成为化解行政争议的主渠道"的观点已经得到官方的认同，2020 年 2 月 5 日，中央全面依法治国委员会召开第三次会议，习近平总书记明确指出，要发挥行政复议公正高效、便民为民的制度优势和化解行政争议的主渠道作用。

第二章

行政评估

行政评估作为我国行政主体常用的治理手段之一，在日常的行政活动中发挥着非常广泛的作用，如行政机关内部评估、教育评估、文明城市的评选、收养评估[①]等。然而，至今尚无专门的立法来明确行政评估的地位和性质，学界也对此存在争议。从目前的研究状况看，大部分学者探讨的行政评估通常是指行政主体对行政相对人及一些企事业单位的评估或评级，并不包括行政机关对公务员的评估这类的内部行政行为。现行的与行政评估有关的行政法规、规章大多是关于行政主体对行政相对人及企事业单位的评估。本章将分析行政评估相关的法律文本及实践运行的情况，探究行政评估对行政活动的意义。

第一节　行政评估的实证分析

一、法律文本分析

我国现有的与行政评估有关的法规规章及规范性文件涉及的领域较

① 《中华人民共和国民法典》第1105条规定："收养应当向县级以上人民政府民政部门登记。收养关系自登记之日起成立。收养查找不到生父母的未成年人的，办理登记的民政部门应当在登记前予以公告。收养关系当事人愿意签订收养协议的，可以签订收养协议。收养关系当事人各方或者一方要求办理收养公证的，应当办理收养公证。县级以上人民政府民政部门应当依法进行收养评估。"

广，涵盖教育、医疗等多个方面。需要指出的是，不同领域的行政评估法律文本的完整性与全面性差异较大，如教育评估相关的法律文本已经形成一个相对完备的体系，覆盖各个层级，内容也十分丰富；而像博物馆评级这样的尚在探索阶段的领域，为之量身定做的法律文本只是刚刚进行了调整，能否行之有效还有待适用中的检验。本节是对行政评估法律文本中的具体条款进行学理分析，由于行政评估的法律文本数量较大，在此仅选取几个具有代表性的领域的法律文本解读。

（一）教育评估

作为我国行政评估中实施较早，涉及面较广，也相对成熟的评估之一，教育评估一直受到广泛关注，关于教育评估的讨论始终是个热门话题。目前，我国的教育评估已经覆盖从幼儿园到高校的所有教育阶段，并且每隔几年就会开展新一轮教育评估，对各个阶段学校的软硬件配置及教学质量进行测评，每个学校都有义务配合相应的评估工作。与其他行政评估相比，教育评估的复杂性更高，周期更长，需要师生广泛参与。就高校的教学评估而言，每一轮的评估都会印发新的评估指南，明确评估的指标和评估程序，以便师生更好地参与其中。高校的教学评估由教育部负责开展，主要是针对本科教学工作水平的评估，以《普通高等学校本科教学工作合格评估指标体系》为评估的主要参考依据，将评估的内容大致分为办学思路与领导作用、教师队伍、教学条件与利用、专业与课程建设、质量管理、学风建设与学生指导、教学质量七个一级指标，在这七个一级指标之下附带了二十个二级指标，如学校定位、人才模式培养、教育教学水平、培养培训、教学基本设施、经费投入、课程与教学、质量监控、德育、体育美育、就业等。在评估指标体系中，还对二级指标提出了对应的观测点和具体的要求，教育部指定的评估专家需要根据上述指标和要求对接受评估的高校进行全面测评。评估内容中对一部分指标作了量化规定，如“专任教师中具有硕士学位、博士学位的比例≥50％；在编的主讲教师中 90％以上具有讲师及以上专业技术职务或具有硕士、博士学位”“人文社科类专业实践教学占总学分（学时）不低于 20％，理工农医类专业实践教学比例占总学分(学时)比例不低于25%,师范类专业教育实习不少于12周"等。这些量化的评估指标对评估专家的测评以及受评估的高校都有很好的指导意义,也为受评估高校准备自评报告提供了思路和方向。

普通高校教育评估的程序相对来说是比较完善的,每一轮教育评估首先要求高校进行自评,并形成相应的《学校自评报告》。《学校自评报告》需要根据评估指标体系完成,按照其中设定的每项指标起草自评报告的具体内容,以便于评估专家审阅。高校教育评估的第二个环节才是专家的评估,需要指出的是,教育评估要求专家进入高校展开评估工作,根据指标中的要求完成具体的考察事项,如访谈、听课等,各项考察过后需要形成《专家组评估报告》,而该报告也代表了整个评估组的意见。高校教育评估中设置了评估结果的公开程序以及严格的监督机制,保障评估过程的透明和评估结果的公正,也为这一系统工程增加了救济制度,对评估中出现的违纪问题进行查处。

普通高校教育评估对评估指标的设置是教育界广泛关注的焦点,从评估参考文本的角度看,无论在评估内容还是评估程序方面,对教育评估的体系设计似乎足够完善,但七个一级指标和二十个二级指标是否能够完整、确切地体现一所高校的办学水平、办学特色以及本科生教学的效果引起学界的讨论,换言之,上述的这些指标对教育评估能发挥什么样的作用?这些问题需要放在教育评估的实践运行中观察才能得到具体的认知。

(二)医疗评估

关于医疗机构的评估是一项较为复杂的体系性工程,针对不同的医疗机构制定了相应的评估细则。从我国目前的情况看,医疗机构的种类较为复杂,如普通的综合性医院、妇幼保健院、康复医院等,而这些医疗机构的专业方向差异较大,聘用的专业人员专攻的领域也存在一定跨度。因此,医疗机构的评估评级工作具有较强的专业性和复杂性,用于评估工作的法律文本需要基于不同的医疗机构专门制定。以落实中医药工作为例,关于全国综合医院和专科医院制定了《全国综合医院、专科医院中医药工作示范单位评估细则》，关于妇幼保健院制定了《全国妇幼保健院中医药工作示范单位评估细则》。此外，关于康复医疗服务体系的建立，则制定了《卫生部康复医疗服务体系试点评估工作方案》。量身定做的评估细则旨在提升评估的可操作性和科学性，从而对评估主体和评估对象提供具体的指导作用。

2011年，卫生部选择了14个省、自治区、直辖市进行康复医疗服务体系试点工作，在相应地区的综合性医院及康复医院建立完善康复医疗服务体系，并对工作的进度展开评估，考核具体的实施效果。该项评估工作的主体为卫生部卫生发展研究中心，由该中心全面负责评估工作的实施，对试点地区的卫生行政部门和康复医疗机构的情况作出评估。① 然而，为做好评估工作制定的《卫生部康复医疗服务体系试点评估工作方案》中仅规定卫生部卫生发展研究中心负责评估工作，并公布了评估主体的人员构成，但对这些参与评估的专家及工作人员是如何产生的并未作出详细说明，且没有提到这些专家与工作人员的专业方向，而评估小组产生的方式和程序的不明晰可能对评估主体的权威性和专业性造成影响。《卫生部康复医疗服务体系试点评估工作方案》对评估内容和评估方法都作了明确要求，评估主体需要从工作机制建设情况、区域康复医疗服务体系规划和建设情况、康复医疗服务和分工协作情况、康复医疗机构运行情况、试点工作目标实现程度这五个方面实施评估，以此作为康复医疗服务体系完善程度的依据。从以上五个方面的具体评估内容看，关于各综合医院康复科及康复医院情况的评估大多是一些比较抽象的内容，且存在较大的裁量空间，并未要求评估主体以量化的方式对评估对象的表现进行测评，如工作机制建设情况的评估，其中的一部分指标为"康复医疗服务体系建设是否纳入公立医院改革统筹安排，康复医疗服务体系建设相关配套政策的制定情况，是否制定措施推进分级医疗、双向转诊，与相关部门协调情况，是否出台有利于此项工作的财政、医保、人

---

① 参见《卫生部办公厅关于开展康复医疗服务体系试点评估工作的通知》，卫办医政函〔2012〕375号，2012年4月27日发布。

事方面的政策措施”。根据其中的规定,医疗机构有义务制定相应的政策措施推动康复医疗服务体系的建立,作为一项重要的衡量指标,何种政策措施“有利于”服务体系的建立就是一个比较宽泛的概念,留给评估主体的裁量空间也相对较大,这样既降低了评估工作的效率,也容易对评估的客观性带来潜在的风险。此外,试点工作目标实现程度中的一项指标为“是否有效减轻患者伤残数量和程度,患者生活质量改善情况,政府、患者及家庭经济负担减轻程度”,从确保评估可操作性的角度看,减轻患者伤残数量和程度相对容易统计,但生活质量的改善情况可能难以量化,也难以直观体现出来,给评估工作造成一定的困扰。

值得一提的是,《卫生部康复医疗服务体系试点评估工作方案》在评估方法方面存在一些亮点,关于评估方法提出了“面上评估”与“点上评估”相结合的二元方法,并明确了两种方法的具体操作步骤,如“面上评估”分为过程评估和结果评估,对“面上评估”的功能也作了详细说明;同时,在“点上评估”中加入了成本效益分析法,这是现代行政机关中非常流行的一种工作方法,综合考虑行政成本及行政收益,通过平衡二者达到提升行政效率的目标。诚然,基于保障评估的公正性与透明度,在评估中有必要设置相应的监督机制,做到及时公开评估结果,提高评估过程的透明度。

(三)博物馆评级

相对于教育评估这样起步较早,经过较长时间修订和完善的行政评估领域,博物馆的定级评估发展周期较短,相应的调整也较少。我国关于博物馆评级主要采用《博物馆定级评估标准》。该标准自 2008 年 7 月起实施,于 2016 年 7 月进行修订,并在 2019 年 12 月再次进行了修订,修改了部分条文。新出台的《博物馆定级评估标准》贯彻落实了中央及各部委相关法律法规及文件的精神和要求,如传承中华优秀传统文化、加强文物保护利用、加强文物消防安全等[①]。博物馆作为一个较为复杂的合成体,其引入的标准规

① 参见《国家文物局关于公布施行〈博物馆定级评估办法〉(2019 年 12 月)等文件的决定》,文物博发〔2020〕2 号,2020 年 1 月 8 日发布。

范涉及面非常广泛，包括《博物馆照明设计规范》《博物馆开放服务规范》《博物馆建筑设计规范》《馆藏文物登录规范》《文物藏品档案规范》《建筑设计防火规范》《环境空气质量标准》《城市区域环境噪声标准》《地表水环境质量标准》《文化娱乐场所卫生标准》《饭馆（餐厅）卫生标准》等[①]。可以看出，与博物馆评级相关的规范和标准涵盖了馆藏文物、建筑与陈列设计、消防安全、环境质量、配套设施这几个方面。换言之，以上几个方面是博物馆评级主要考量的方向，博物馆的定级也取决于这几个方面的水平和表现。

根据《博物馆定级评估标准》的相关规定，所有博物馆的评级共分为三个档次，即国家一级博物馆、国家二级博物馆及国家三级博物馆。该标准还对各级博物馆的达标条件作了具体规定，将等级划分条件分为综合管理与基础设施、藏品管理与科学研究、陈列展览与社会服务这三个大项，其下又细化为几十个小项，如法人治理结构、建筑与环境、人力资源、安全保障、信息化建设、藏品管理、影响力、公众服务等。该标准也为博物馆定级设置了相应的评分细则，其中规定："本细则共计 1000 分，共分为三个大项，各大项分值为：综合管理与基础设施 200 分；藏品管理与科学研究 300 分；陈列展览与社会服务 500 分。"[②]此外，评分细则对各级博物馆应达到的分数也作了具体规定："一级博物馆需达到 800 分，二级博物馆需达到 600 分，三级博物馆需达到 400 分。"[③]可以说，评分细则对博物馆设置的评分项非常细致，几乎覆盖了博物馆的每个层面，并且尽可能将相应的评分项量化，从而实现博物馆评级的科学性和公正性。根据《博物馆定级评估办法》的规定，博物馆的评级由中国博物馆协会在有关单位申请的前提下组织专家进行现场评估，并设计了相应的复核程序和社会监督机制，保障评估的透明度和公众参与度。

---

① 参见《国家文物局关于公布施行〈博物馆定级评估办法〉（2019 年 12 月）等文件的决定》，文物博发〔2020〕2 号，2020 年 1 月 8 日发布。

② 同上。

③ 同上。

（四）强制戒毒诊断评估

强制戒毒诊断评估呈现出较强的地方特征，部分地区在《强制隔离戒毒诊断评估办法》的基础上，结合本地实际情况制定了相应的评估办法及实施细则。例如，上海市在2018年制定了《上海公安机关强制隔离戒毒诊断评估实施细则》，规定了负责诊断评估的主体、诊断评估的内容和标准、诊断评估结果的运用以及相关的监督检查机制。此外，该诊断评估实施细则中还附带了具体的生理脱毒标准、身心康复标准、行为表现标准以及社会环境与适应能力评估标准这四个方面的标准，并细化为数十项检测指标，对戒毒人员的身心状况进行全面检测，确保评估的结果客观准确。

根据《上海公安机关强制隔离戒毒诊断评估实施细则》的规定，市公安局组织的评估工作指导委员会和市强制戒毒所成立的诊断评估办公室共同负责强制隔离戒毒人员的诊断评估工作，"诊断评估工作指导委员会工作职责包括：（一）负责诊断评估相关实施办法、配套制度的制定、修订和解释；（二）负责诊断评估实施办法、配套制度的落实和推行；（三）复核有异议的诊断评估结果；（四）负责指导、协调、检查、监督市强戒所的诊断评估工作；（五）对诊断评估工作中的其他重要事项作出决定"。诊断评估工作指导委员会负责的工作较为宏观，起指导作用，而诊断评估办公室的工作则较为具体，"诊断评估办公室工作职责包括：（一）负责市强戒所诊断评估工作的组织、实施和异议处理；（二）制定市强戒所诊断评估操作流程、工作计划，指导、协调诊断评估的具体工作；（三）出具诊断评估结果，提出诊断评估结论性意见；（四）管理和维护戒毒人员诊断评估系统、诊断评估档案；（五）办理诊断评估工作中的其他日常事务"。从实施细则的条文中可以看出，对强制隔离戒毒人员的各方面检测属于诊断评估办公室的工作范畴，由于检测涉及面较广，因此诊断评估办公室需要不同方向的专业人员，根据该实施细则的规定："诊断评估办公室下设生理脱毒、身心康复、行为表现、社会环境与适应能力四个评估组，由管理、教育、康复、医疗等岗位工作人员组成，全面负责诊听评估的具体工作。"基于检测和评估的专业性与复杂性，负责具体工作的相关人员也应当具备专业的知识技能，而该实施细则对评估主体的资质作了较为严格的限定和要求。

作为专业性较强的行政评估，强制隔离戒毒诊断评估的内容和标准的设定非常重要，尤其要确保检测的科学性。如上文所述，诊断评估工作的具体操作由生理脱毒、身心康复、行为表现、社会环境与适应能力四个评估组分阶段进行，《上海公安机关强制隔离戒毒诊断评估实施细则》为以上四个评估组分别量身设计了具体的评估内容和标准，以生理脱毒评估为例，"生理脱毒评估的内容和标准包括：（一）毒品检测结果呈阴性；（二）停止使用控制或缓解戒断症状的药物；（三）急性戒断症状完全消除；（四）未出现明显稽延性戒断症状；（五）未出现因吸毒导致的明显精神症状或者原有精神障碍得到有效控制。生理脱毒评估通过使用医疗手段，对上述五项内容进行检测，作出评价。诊断评估时，戒毒人员上述五项内容同时'达标'的，生理脱毒评估为'合格'，否则为'不合格'"。根据文本中的规定，生理脱毒的评估标准和达标条件都有明确的可操作性，不会给评估人员造成误导或困扰，也没有留下主观的可裁量空间，与之类似，其他三类评估的标准也尽可能做到量化，以打分制评测戒毒人员是否具备回归社会的条件。将评估标准量化有利于确保评估人员的公正性，也能够在一定程度上保证戒毒人员接受检测的公平性。值得一提的是，为杜绝检测评估工作中出现违法违规的问题，该实施细则还设置了对应的监督检查机制，由有关部门对戒毒人员评估进行监督。从目前适用的法律文本看，针对戒毒人员的检测评估是一个系统化的工作，四大检测步骤分阶段展开，为戒毒人员提供了全面的检测结果，具有较强的科学性及合理性。此外，该实施细则将戒毒人员的检测评估结果与解除强制隔离戒毒有机地结合起来，详细规定了解除强制隔离戒毒的各类情形，充分发挥检测评估结果对于戒毒人员的作用。

二、实践运行考察

（一）评估领域的确定

谈到行政评估的具体实施，首先会提到有哪些领域存在或进行过行政评估，而为什么对这些领域进行行政评估，即行政评估领域是如何确定的，则是第一个需要探讨的问题。就目前的实践运行来看，我国进行过行政评估或评级的领域数量较多，且呈现一个特点，就是各领域跨度较大，几乎涉及社会的方方面面。从教育系统的评估到医疗系统的评估，从博物馆的评级到文明城市的评选，也有强制隔离戒毒人员评估这样的针对个人的行政评估。可以说，行政评估的种类不胜枚举。那么，如此繁多的行政评估是由哪个行政主体通过何种方式确定的呢？就运行的现状而言，行政主体一般会在其履行的职能范围内，根据国家法律、法规、规章，以检验国家政策的落实效果为目的确定评估领域并开展工作。以卫生部开展的关于康复医疗服务体系评估为例，2012 年发布的《卫生部办公厅关于开展康复医疗服务体系试点评估工作的通知》中明确提出："为全面、准确了解各地试点工作情况，研究建立符合我国国情的康复医疗服务模式，确保试点工作取得实效，经研究，我部决定对建立完善康复医疗服务体系试点工作同步进行第三方评估。"可以看出，卫生部开展上述评估工作的动因在于掌握试点工作的推进情况，以及提升康复医疗服务的质量。行政评估本身是一项需要投入大量人员成本和时间成本的工作，对于评估主体和评估对象都需要考量评估的必要性和经济性，否则将可能造成对行政效率的负面影响，甚至导致评估对象歪曲政策原本的用意。不得不承认，实践运行中确实存在一些乱设、滥设评估评级的情况，如前些年旅游管理部门设定的旅游厕所评级，将厕所评级与景区的星级挂钩，从而导致了许多豪华厕所的出现，完全脱离了提升景区厕所环境与卫生的初衷，也并未给旅游消费者带来设想的便利，反倒形成了一个乱象。诸如此类乱设、滥设行政评级的情形还存在很多，诚然要求行政主体在设立评估领域时更加全面地考量必要性和经济性。

（二）评估办法和实施细则的制定

行政评估办法和实施细则的制定涉及两个问题，一个是评估办法和实施细则由谁制定，另一个是评估办法和实施细则如何制定。通常情况下，行政评估办法和实施细则的制定主体即行政评估领域的设立主体。具言之，设立行政评估的行政主体负责制定具体的评估办法和实施细则，行政主体往往会在设立行政评估的同时发布相关的评估办法和实施细则，保证评估工作及时、有序开展。评估办法和实施细则如何制定关系到两方面，即评估办法以及实施细则制定的程序和内容。现行国家层面的各领域评估办法和实施细则绝大多数为部门规章和规范性文件，基本上是由行政主体有关部门依据上位法制定，经国务院批准后实施，如教育部制定的《幼儿园办园行为督导评估办法》、国家文物局制定的《博物馆定级评估办法》等，这些都是行政主体的有关部门按照国务院的授权制定的评估文件。评估办法和实施细则的内容主要是关于行政评估的指标和要求，以及评估的具体操作程序等，此外，评估办法和实施细则中通常会贯彻或吸收一些上位法中的内容和精神，如《博物馆定级评估办法》[①]中规定："依据《中华人民共和国文物保护法》《中华人民共和国公共文化服务保障法》《博物馆条例》《博物馆管理办法》，制定本办法。"评估指标的选取应当是一个系统性工程，需要结合法律、法规规章、政策及技术标准综合考虑，经过专家学者的充分论证，最终筛选出具有可操作性、科学性和必要性的指标。然而，在实际的评估指标制定中不可避免地存在这样或那样的瑕疵，或是对各方面因素考量不够周全，或是未经过专家科学论证，这些瑕疵将导致整个评估指标体系成为草率制定的产物，从而使得评估流于形式。例如，《中小学体育工作督导评估指标体系（试行）》中关于"落实一小时体育锻炼时间"的指标，仅通过审核"体育课开足率"与"一小时课外活动落实率"是否能确保体育课及课间活动真正发挥增强中小学生身体素质的效果存在疑问，简单以开课率作为指标，容易造成评估对象应对评估指标做一些"面子工程"，完全脱离了评估的本原。

（三）评估专家的挑选

行政评估办法和实施细则中要求评估主体指定相应领域的专家组成评估小组开展工作，评估专家负责对各项指标的测评，并形成最终的评估结

---

① 参见《国家文物局关于公布施行〈博物馆定级评估办法〉（2019年12月）等文件的决定》，文物博发〔2020〕2号，2020年1月8日发布。

果。作为整个评估中的重要环节，评估专家的挑选一直受到广泛关注，因为评估专家的专业性和公正性对评估结果具有关键影响。在具体的实践运行中，评估专家一般由评估主体指定，并将参与评估的专家名单进行公示。评估主体确定评估专家人选时通常会在评估领域有关专业人员和学者中考量，挑选比较具有权威性及业界口碑较好的专家组成评估小组，从而确保评估小组的专业性和公正性。如医疗评估和教育评估，最终选择的往往都是拥有教授职称或主任医师资质的专家，且在业内的认可度较高。但需要指出的是，评估专家的挑选过程可以适当增加透明度，保证这一重要环节不会出现纰漏。

（四）评估程序的具体执行

从目前各领域的评估观察，评估程序主要包括评估对象的自评、评估专家的测评、对评估结果的审议以及评估结果的运用等步骤。行政评估的具体操作程序因评估领域而异，有些领域的评估程序类似，而有些领域则不同。评估程序的差异主要体现在操作中的步骤不尽相同，最典型的差异在于是否有自我评估这个步骤。如博物馆定级评估、普通高等学校本科教学工作合格评估等就是以自我评估开始评估程序，由博物馆和高校根据自身的情况形成《自我评估报告》，其后才是评估专家的审核和测评；而对强制隔离戒毒人员状况的评估则没有自我评估的步骤，直接由专业的医务人员进行各项指标的测评。除此之外，其他几个步骤在大部分评估程序中都有所体现，但是在每个步骤之下的具体流程存在差别，如博物馆的定级评估是由专家对自评报告进行审核，并不对专家小组现场评估做硬性要求，而高校的本科教学工作评估需要专家进校考核和测评。由于每个领域评估流程和评估指标的不同，评估专家工作的复杂性具有较大差异，具体来说，评估程序中的具体工作和灵活度较高的工作越多，对评估专家的难度越大，出现纰漏的概率也更高。《普通高等学校本科教学工作合格评估实施办法》[①]中列举了"深入访谈、现场听课、查阅材料、考察座谈"等具体工作,既有对人的评估也有对物的评估;而博物馆定级评估中主要是审核博物馆各方面是否达标,相对来说比较单一。就难度和复杂性而言,二者的评估程序在具体操作中存在差距。因此,如何避免评估程序中的纰漏应当结合各评估领域的实际有的放矢,保障评估程序的顺利执行。

(五) 评估结果的影响

在行政评估中,评估专家组得出的评估结论经由评估主体发布后如何运用,即评估结果会对评估对象产生哪些影响是一个必须明确的问题,也是评估主体和评估对象最关心的问题。作为整个评估的最后一环及产物,评估结果发挥着落实评估目的的作用。绝大多数的评估办法与实施细则中都专门规定了评估结果的使用,即评估结果对评估对象具有什么样的效果。以普通高校的本科教学评估为例,《普通高等学校本科教学工作合格评估实施办法》规定,"'通过'的学校,进入下一轮普通高等学校的审核评估。学校的整改情况将作为审核评估的重要内容。'暂缓通过'的学校整改期为2年,'不通过'的学校整改期为3年。在整改期间,对结论为'暂缓通过'和'不通过'的学校,将采取限制或减少招生数量、暂停备案新设本科专业等限制措施。整改期满后由学校提出重新接受评估的申请。重新评估获得通过的学校,可进入下一轮普通高等学校的审核评估,仍未通过的学校,将认定为教育教学质量低下,依据有关法律给予相应处罚"。其中明确规定了各类评估结果对各高校产生的影响,以列举的方式告知获得不同评级的高校相应的后果,以及评估后的整改方向,为下一轮评估的有序开展进行了铺垫。此外,关于评估结果的落实引入了法律措施,增强了评估结果的效力,以确保实践运行中评估主体与评估对象都严格按照规定执行。

---

① 参见《教育部办公厅关于开展普通高等学校本科教学工作合格评估的通知》,教高厅〔2011〕2号,2011年12月23日发布。

第二节 行政评估的法理分析

一、行政评估的界定

行政评估是指行政主体在行政执法中对行政相对人履行行政义务以及遵守行政法规范等情形所进行的评估。行政评估在行政法治实践中是行政主体普遍采用的手段,如上述提到的教育、医疗、卫生、文化等领域都广泛适用,它也是行政主体完成行政执法的重要方式。但是,有关行政评估的定义在学界鲜有揭示,其概念、特征、属性以及作用等在行政法学界尚未形成共识①。我们认为,随着行政执法方式的不断完善,随着柔性行政手段在行政法治中的广泛运用,行政评估在行政法治实践中的运用也将会越来越多。那么,行政评估的内涵究竟如何作出合理界定?这也是学界应当普遍关注的问题。通常情况下,行政评估应当具备以下三个基本要素:

第一,行政评估的主体是行政主体。在当代行政法治中,行政民主不断深化,行政相对人越来越深入到行政执法和行政行为的过程中,这就使得行政相对人以及其他利害关系人有对行政行为作出评价的权利。例如,《重大行政决策程序暂行规定》中就规定了重大行政决策的评估问题,在这个评估类型中,相关社会主体(包括行政相对人或者专职的法治研究机构)都可以对行政决策进行评估②。在行政法治实践中,此类主体的评估并不影响行政

---

① 应松年教授主编的《当代中国行政法》共 8 卷,是中国行政法学教科书的集大成者,其关于行政行为的讲解最为全面,涉及近十种行政行为,甚至像行政接管、行政应急这样较为生僻的行政行为都讲到了,但就是没有提到行政评估行为,足见行政评估行为在行政法学界还是一个冰点问题。

② 《重大行政决策程序暂行条例》第 36 条规定:"有下列情形之一的,决策机关可以组织决策后评估,并确定承担评估具体工作的单位:(一)重大行政决策实施后明显未达到预期效果;(二)公民、法人或者其他组织提出较多意见;(三)决策机关认为有必要。开展决策后评估,可以委托专业机构、社会组织等第三方进行,决策作出前承担主要论证评估工作的单位除外。开展决策后评估,应当注重听取社会公众的意见,吸收人大代表、政协委员、人民团体、基层组织、社会组织参与评估。决策后评估结果应当作为调整重大行政决策的重要依据。"

主体自身对重大决策的评估。在我国行政许可、行政强制等行政行为领域，第三方评估同样普遍存在。如《行政许可法》第20条规定:“行政许可的设定机关应当定期对其设定的行政许可进行评价;对已设定的行政许可,认为通过本法第十三条所列方式能够解决的,应当对设定该行政许可的规定及时予以修改或者废止。行政许可的实施机关可以对已设定的行政许可的实施情况及存在的必要性适时进行评价,并将意见报告该行政许可的设定机关。公民、法人或者其他组织可以向行政许可的设定机关和实施机关就行政许可的设定和实施提出意见和建议。”《重庆市行政许可评价暂行办法》第11条规定:“评价组织开展评价工作,应通过网站、报刊、座谈会、走访调查等多种形式广泛征求公民、法人和其他组织的意见。”行政相对人以及其他社会主体对行政行为的评估不能被理解为行政评估,具体来说,行政评估是一个特指概念,它是行政行为的一种,是由行政主体所实施的评估。评估主体的特定性使行政评估与其他行政行为的概念相契合,至于在行政评估中行政主体为了使行政评估更加具有科学性而委托第三方进行评估则是另一范畴的问题[①]。

第二,行政评估的对象是行政相对人。《高等学校建筑类专业教育评估暂行规定》第1条规定:“为客观地、科学地评价我国高等学校建筑类专业的办学水平,保证和不断提高建筑类专业教育的质量,加强普通高等学校建筑类专业的教育评估工作,适应国际间相互承认学历的需要,根据《普通高等学校教育评估暂行规定》,制定本规定。”第2条规定,“本规定适用于建筑学、城市规划、建筑工程、给水排水工程、供热通风与空调工程、城市燃气工程、房地产经营管理等专业教育的评估工作”,说明评估的对象是普通高等学校的建筑类专业。行政相对人与行政主体共同存在于行政法关系之中,行政

---

① 在这个问题上对相关概念必须予以合理区分,内部行政评估可以有第三方的评估,作为行政行为的行政评估也可以委托第三方进行评估。由于行政评估涉及的专业问题和技术问题相对较多,行政主体为了使评估科学起见常常委托第三方进行评估,但第三方的评估从性质上讲并没有改变该评估作为行政评估的性质,因为它仍然是由行政主体主导的。

主体正是通过对行政相对人的作用实施和实现行政行为的，行政主体对行政相对人的了解、对行政相对人行为方式的掌控、对行政相对人履行行政法义务的跟踪等都是现代行政法治所要求的。在传统行政法治中，行政主体以对行政相对人的管理为主要的行为取向，而在当代行政法治中，行政主体的行政行为中管理属性只是一个方面，它能够在有效管理的前提下科学、精准地了解和掌握行政相对人的基本情况。行政评估的对象就是这些行政相对人，至于行政主体对自身行为和内部行为的评估则是另一范畴的问题，属于内部行政行为。[①] 在有些情况下，评估行为会同时指向行政主体和相对一方，这时被指向的行政主体也不是行政评估对象，如 2012 年《卫生部康复医疗服务体系试点评估工作方案》中规定“评估对象”包括“试点城市（城区）的卫生行政部门和康复医疗机构，包括综合医院康复医学科、康复医院等”，其中“试点城市的卫生行政部门”就是我们所说的评估对象。行政评估对象上的特定性与行政评估主体的特定性是不可分割的[②]。

第三，行政评估的内容。行政评估究竟评估什么是行政评估概念的核心问题之一。就行政主体的行政过程而论，行政评估的内容是行政管理事项，就是行政主体对其所管理的行政事项所进行的评估；而对于行政相对人而言，则是有关行政义务或者行政法上义务履行的情形。行政相对人是行政行为的对象，它在行政法治中履行着行政法上的义务，如驾驶员履行遵守交通规则的义务、纳税人履行纳税的义务等。行政行为所涉及的也是有关

---

① 如《质量监督检验检疫行政许可实施办法》第 45 条规定：“省级以上质检部门应当根据工作需要，对本机关以及下级质检部门实施行政许可的情况及存在的必要性进行评价。”第 49 条规定：“上级质检部门应当通过定期或者不定期的行政执法责任制考核检查、行政许可案卷评查、行政许可专项检查、投诉案件处理等形式，加强对下级质检部门实施行政许可的监督检查，及时发现和纠正行政许可实施中的违法或者不当行为。”这些都属于内部行为，不归入本章所指的行政评估范畴。

② 在行政法关系中除行政主体与行政相对人之外，还有利害关系人或者其他第三人。例如，在行政处罚中因行政相对人的违法行为而造成侵害的被害人就属于第三人。行政评估的对象应当是行政相对人，而行政主体对第三人进行评估是否为行政评估的范畴则是需要探讨的。该问题较为复杂，如果行政主体在对行政相对人作出行政决定时，需要对利害关系人或者其他第三人进行核实，进行相关权利和义务的确认，该评估行为因附着于行政决定而不算作行政评估行为。就目前我国学界关于行政法关系的界定来看，行政主体对第三人的评估似乎还不宜列入行政评估的范畴。

行政法上的义务，如果这些义务得到了行政相对人的很好履行，则行政行为的实施就是有效的。反之，如果这些义务的履行受到了阻滞，则行政过程就受到了阻滞。所以，在当代行政法治中，行政主体要常常有效地掌握行政相对人履行行政义务的情形。行政评估便是以行政义务的履行为内容的。一般来说，相关的行政评估都指明了行政评估的内容，如上述《卫生部康复医疗服务体系试点评估工作方案》明确评估内容包括：工作机制建设情况；区域康复医疗服务体系规划和建设情况；康复医疗服务和分工协作情况；康复医疗机构运行情况和试点工作目标实现程度。

上列三个方面是行政评估概念的三个有机构成部分，也是行政评估概念的三个基本要素。

二、行政评估的特征

行政评估概念的三个基本要素将行政评估与行政法治中的其他具有行政性的评估作了区分。深而论之，行政评估的三个基本要素使行政评估的概念有了相对确定的内涵和外延。而在行政法治实践中，以下三个方面应当是行政评估最主要的特征：

第一，广泛性。行政评估是行政行为的一种，该行政行为有着比较明显的技术色彩，学界称之为中性行政行为。中性行政行为的概念判断也使得行政评估在行政法治中的运用有着较大的推广空间。从目前行政法治的状况看，行政评估还仅仅适用于一些特定的行政执法领域，如教育行政法治领域、医疗行政法治领域、文化行政法治领域、强制戒毒行政法治领域等[①]。在其他行政执法领域，行政评估还没有被广泛运用。随着我国行政法治水平的不断提升，中性行政行为会释放出相对较大的空间，行政评估必然能够从

① 行政评估究竟适用于哪些领域是需要探讨的，随着我国行政执法水平的提高，随着行政执法中技术手段的广泛运用，行政评估的范围应当越来越宽泛。至于它的具体适用范围如何确定，需要学界进一步探讨。如果能够制定行政评估的行政法规范，评估范围问题也是应当予以解决的。

目前相对不宽泛的空间不断地向外拓展。因此,广泛性应当是行政评估的基本特征之一。

第二,具体性。如上文所说,行政评估所涉及的内容是行政法上的义务,是行政主体的行政管理事项。行政评估本身并不是从较为抽象的角度对行政过程的评价,而是通过行政义务履行的细节、行政管理事项的具体状况对整个行政执法的评判,所以行政评估在行政法治实践中都是非常具体的。以教育评估为例,上海市高校评估体系中就设置了诸多可以定量分析的评估指标①。行政评估的具体性在某种意义上讲,是使行政评估区别于其他行政行为的关键之点。究竟该如何理解行政评估具体性的特征呢?笔者认为,评估中对细节的测评、对定量分析的运用、对相关行为后果的评判等都是具体性的合理内涵。

第三,实效性。行政评估是行政主体对行政相对人在行政法治中行为方式的掌控,在这个掌控过程中,行政主体尤其要对行政相对人履行行政法义务的状况作出分析和评判。整个评估过程充满了技术色彩和柔性掌控的色彩,但是行政评估不是行政法治中简单的调查研究,不是行政主体为了从理论上掌控行政过程而实施的行政行为,而是要通过评估对行政执法的规范化进行提升,通过评估强化行政相对人履行行政义务的意识,更要通过评估促使行政相对人服从行政法规范。这就使得行政评估表面上的柔和性之中隐藏了内在上的强制性,行政主体的一个行政评估行为必然要对行政相对人有拘束力,必然要提升行政相对人履行行政义务的意识和能力。这便是行政评估实效性的体现。

① 上海市高等学校依法治校指标体系中有一个学校内部治理结构的二级体系,在这个二级体系中包括了决策机制、二级管理、教职工代表大会建设、学术组织建设及权力行使、其他民主参与情况。而在其他民主参与情况的三级指标之下,又设置了董事会的参与情况、工会的参与情况、妇女委员会的参与情况、共青团的参与情况、学生组织的参与情况以及其他组织的参与情况等。

三、行政评估的属性

行政评估是行政主体所实施的法律行为，所以该行为与其他行政行为一样，具有法律属性，这是行政评估最基本的属性。如何理解行政评估的法律属性？我们认为，行政评估的法律属性体现在下列三个方面。

第一，行政职权性。行政职权是一个古老的概念，甚至古希腊学者亚里士多德也曾谈到过："所谓行政机构的职权，是指管理财赋或统帅军务这样一类的职权；职权的种类不同，例如一位将军的职权就异于管理市场、检查贸易契约的一位商务官员的职权。"[①]当然，从内涵上讲，这与现代法治意义上的行政职权还是有一定区别的。在现代行政法治中，行政职权是宪法和法律赋予行政主体的基本权能。有些行政职权被法律规范明确予以规定，行政主体的行政行为直接来自这样的行政职权，如《行政处罚法》所赋予行政主体的行政处罚权，《行政强制法》所赋予行政主体的行政强制权[②]。在行政法中还有一种情形，有些法律规定的行政职权相对较为抽象，如《中华人民共和国宪法》第89条赋予国务院的行政管理权、第107条赋予地方政府的行政管理权就是较为抽象的赋权。在这样的职权之下，行政主体可以实施多个行政行为。行政评估是行政主体对行政职权的行使，任何一个行政评估都有行政职权上的依据，它不可以超越行政职权。行政评估的行政职权性是它的重要属性，我们对行政评估行为的确定必须与行政主体相应的职权联系在一起。有学者就指出了行政行为与行政职权之间的逻辑关系："行政行为是行政当局的意志的表示，它来自行政，但并不是行政当局的所有行

---

① 〔古希腊〕亚里士多德：《政治学》，吴寿彭译，商务印书馆1965年版，第231页。

② 《行政处罚法》第17条规定："行政处罚由具有行政处罚权的行政机关在法定职权范围内实施。"第18条第2、3款规定："国务院或者省、自治区、直辖市人民政府可以决定一个行政机关行使有关行政机关的行政处罚权。限制人身自由的行政处罚权只能由公安机关和法律规定的其他机关行使。"《行政强制法》第17条规定："行政强制措施由法律、法规规定的行政机关在法定职权范围内实施。行政强制措施权不得委托。依据《中华人民共和国行政处罚法》的规定行使相对集中行政处罚权的行政机关，可以实施法律、法规规定的与行政处罚权有关的行政强制措施。行政强制措施应当由行政机关具备资格的行政执法人员实施，其他人员不得实施。"

为都是行政行为，行政行为有它自己的属性。一件出自行政的行为是否有效，有的国家要看行为是不是行政当局的行为；有的则要看行为的性质，而不问行为者是不是行政当局。”①我国行政实在法关于行政职权的规定较为复杂，有的行政职权规定在行政组织法之中，如《中华人民共和国地方各级人民代表大会和地方各级人民政府组织法》第 35 条规定了县级以上地方各级人民政府行使的职权，第 36 条规定了乡、民族乡、镇的人民政府行使的职权；有的行政职权规定在部门行政法中，如《中华人民共和国土地管理法》第 5 条规定了国务院自然资源主管部门的职权，第 23 条规定了地方各级人民政府对土地利用计划的管理权和建设用地总量的控制权；有的行政职权则规定在行政程序法中，如《行政处罚法》第 18 条第 2、3 款规定：“国务院或者省、自治区、直辖市人民政府可以决定一个行政机关行使有关行政机关的行政处罚权。限制人身自由的行政处罚权只能由公安机关和法律规定的其他机关行使。”这种多路径的规定使行政职权与行政行为的关系在我国还不够规范，行政评估究竟应当从什么样的行政职权中推演出来，便是我国行政法治需要解决的问题。但无论如何，行政评估是行政职权的体现，具有强烈的行政职权性是不争的事实。

第二，外部行政行为性。“行政行为，是指行政主体为实现国家行政管理目标而依法行使国家行政权，针对具体事项或者事实，对外部采取的能产生直接行政法律效果，使具体事实规则化的行为。”②学者们在对行政行为的分类中，其中一种是将行政行为分为外部行政行为和内部行政行为。③ 所谓内部行政行为，就是行政主体所实施的内部行政管理行为；与之相对，外部行政行为则是行政主体对行政相对人所作出的发生外部法律效力的行为。该分类似乎仅仅存在于理论层面上，但事实上，在行政法治实践中，对内部

① 龚祥瑞：《比较宪法与行政法》，法律出版社 2012 年版，第 438 页。

② 杨建顺：《行政规制与权利保障》，中国人民大学出版社 2007 年版，第 281 页。

③ 参见胡建淼：《行政法学》（第二版），法律出版社 2003 年版，第 199 页。

行政行为与外部行政行为的区分已经超越理论范畴,成为一种行政法实在和行政法现象。例如,行政系统对公务员管理的行为便客观地存在于行政系统之内,而行政主体对行政相对人所实施的许可、处罚、强制、合同等行为也客观地存在于行政系统之外。行政评估可以在行政系统内部进行,也可以在外部行政执法中进行,但是行政法上的行政评估只能限定为后者,就是行政主体所实施的外部行政管理和行政执法行为。该属性必须予以明确,否则会泛化行政评估的领域,进而混淆行政评估与其他评估的概念。

第三,行政监管性。行政主体的行政行为与行政相对人的权益关系大体有三种情形:第一种是行政行为在行政相对人权益实施和实现的前端发生作用,如行政许可行为;第二种是行政行为在当事人权益实现的过程中或者中端发生作用,如行政检查等行为;第三种是行政行为对行政相对人权益产生末端影响,就是当行政相对人的权利和义务实现以后,行政主体的行为便发生作用。行政评估行为究竟与行政相对人的权益是什么样的关系呢?换言之,行政评估行为是在行政相对人权益实现的前端发生作用,中端发生作用,还是末端发生作用?仅就行政评估的行为性质来看,其最主要的发生空间是在行政相对人权益实现的末端。在行政法治实践中,有些行政评估可以存在于行政相对人权益实现的中端或者前端,但就评估行为的性质而论,似乎以第三种情形为主,而这第三种情形恰恰就是行政主体对行政相对人及其行为发生的监管,它区别于其他进行前端或者中端管理的行政行为。行政评估的监管性还体现为行政主体通过行政评估对行政相对人在行政法关系中的具体细节、行为方式、行为后果等予以把控。行政评估要求行政主体及时跟踪行政相对人行政守法的情形、行政义务履行的情形等,只有跟踪监管才能有效地实施行政行为。

四、行政评估的作用

第一，使行政管理严格化。在我国，行政管理的概念已经被淡化[①]，学界和实务界基本上都用行政治理、行政执法等概念取代行政管理的概念，这标志着我国行政法治已经进入相对较高的法言法语阶段。而在我们看来，行政管理的概念在当下的行政法治中还是客观存在的，即便在法治发达国家，行政法治中行政管理的概念也同样是适用的。有学者就指出："无论如何，今日之行政机关有别于执行时行政之原理，因新工作之意义及质量要求，在面对变化多端之现实，因而需要找寻解决方案时，有一个弹性，故听到主张行政机关为一个权力之声音不足为奇。"[②]正因为如此，我们在这里还是使用了"行政管理"这一称谓。行政管理在行政法治中意味着行政主体对特定行政秩序的设计、对特定行政事项的治理等。在行政法治的概念之下，行政管理应当越来越严格，这种严格既针对行政相对人，也针对行政主体，而不能像传统行政法治中那样，仅仅由行政主体严格地管理行政相对人。行政主体只有通过正确的法治手段才能够体现行政管理的严格性，才能使行政相对人不因这样的严格性而存在精神上的压力。如上所述，行政评估是相对柔和的行政行为，通过评估能够使行政管理日益严格，同时也不违反行政法治精神。

第二，使行政行为技术化。行政行为的范畴在我国有一定的实在法上的依据[③]。在行政法治实践中，行政行为的范畴是不断拓展的，一些旧的行政行为随着行政职能的转变会在行政法治中被淘汰，如收容审查制度及其所伴随的行政行为就已经从行政法治中淡出；一些新的行政行为则随着行

---

① 2013年中共十八届三中全会提出了社会治理的概念，它取代了传统上的社会管理概念，也影响到了行政法治之中。在行政法治中行政治理的概念使用越来越普遍，而行政管理的概念至少在学界运用得相对较少。

② 〔葡〕苏乐治：《行政法》，冯文庄译，法律出版社2014年版，第180页。

③ 2004年1月14日，最高人民法院发布了《最高人民法院关于规范行政案件案由的通知》。该通知将行政行为的种类列举为26种，包括行政处罚、行政强制、行政许可、行政检查、行政奖励、行政允诺等，此外还用了一个"其他行政行为"的兜底条款。到目前为止，这是我国实在法上关于行政行为种类最全面的规定，它对于统一行政行为的认识起到了非常积极的作用。

政法治水平的提升而进入行政法治领域，行政评估就是一种新的行政行为。我国传统的行政法中，行政行为重在强调行政主体的行政干预和行政控制，诸多行政行为都缺少一定的技术含量。随着我国行政法治水平的提升，一些技术性的行政行为逐渐地渗入到行政法治之中，《重大行政决策程序暂行条例》的出台既标志着我国对技术性行政行为越来越重视，也标志着技术性行政行为在行政法治中的地位越来越突出。行政评估是行政主体对行政义务履行细节的掌控，它包括非常多的技术元素。以我国目前诸多范畴的行政评估为例，都有相应的技术手段。行政评估在行政法治中的广泛运用既能够提高行政行为的技术含量，也使得在行政行为范畴中技术性行政行为越来越受到青睐。

第三，使行政执法定量化。行政执法已是一个法律概念，指“在实现国家公共行政管理过程中，法定的国家机关，得到法律、法规授权的组织依照法定程序实施行政法律规范，以达到维护公共利益和服务社会的目的的行政行为”[①]，这是学者们对行政执法的界定。而我国行政法治实践中有关行政执法也有规范化的界定，如《湖南省行政程序规定》《河南省行政执法条例》[②]等地方性法规或者地方政府规章都界定了行政执法的概念，而相关的实在法也对行政执法的程序、方式、效力等作了规定[③]。行政执法简单来说是行政主体对行政法的执行，该执行与行政相对人履行行政法义务紧密地联系在一起。行政执法究竟如何执行法律是一个包含着丰富内涵的问题，是一个伸缩性极大的问题，当我们强调行政执法中行政相对人有效履行义务时，便必然包含着义务履行的质和义务履行的量两个方面的问题。通过

---

① 本书编写组编：《行政执法实用教程》，法律出版社 2009 年版，第 16 页。

② 我国一些地方立法就界定了行政执法的概念，如《湖南省行政程序规定》第 54 条规定：“本规定所称行政执法，是指行政机关依据法律、法规和规章，作出的行政许可、行政处罚、行政强制、行政给付、行政征收、行政确认等影响公民、法人或者其他组织权利和义务的具体行政行为。”《河南省行政执法条例》第 3 条第 1 款规定：“本条例所称行政执法，是指行政执法机关在对公民、法人和其他组织实施行政管理活动中，执行法律、法规、规章的行为。”

③ 例如，《湖南省行政程序规定》第四章是关于“行政执法程序”的规定，第五章是关于“特别行为程序和应急程序”的规定，第六章是关于“行政听证”的规定，第七章是关于“行政公开”的规定。

其他的行政执法手段,我们可以确定义务履行的质,而行政评估则能够很好地把控行政执法的量。行政评估的过程实质上是对行政执法进行定量分析和定量考量的过程。行政法治的水平要有质的提升就必须引入定量分析的原理,并形成定量分析的机制。行政评估就起到了这样的作用,这是行政评估非常重要的行政法治功能。

第四,使行政过程周延化。行政过程与行政执法究竟是什么关系在行政法学界尚未有公认的理论。行政执法在行政法治实践中是得到实在法认可的,而行政过程在诸多行政法教科书中都提到过①。我们认为,行政过程的概念比行政执法的概念要宽泛一些,它是行政执法的上位概念,或者说行政执法是为了有效地实现行政过程,它存在于行政程序之中。行政法治的实现必然存在着从启动到运行再到终结的一个闭环系统,其中行政评估在该闭环系统中是不可或缺的。我国传统行政法治的运行系统中,由于没有强调行政评估在该系统中的地位,使得行政过程中常常有些不周延的情形。例如,一个行政行为作出后,一个行政法的义务履行之后,其社会效果究竟如何,其法治效果究竟如何,常常不了了之,或者不得而知。行政评估则纠正了行政主体对行政行为后续状况失去控制的弊害,它使整个行政过程呈现出了一种相对闭合的状态,即越来越周延。

第三节　目前行政评估存在的问题

一、行政评估的概念未形成共识

行政评估究竟应该如何界定尚未形成共识,学界关于行政评估的概念大体上可以概括为下列观点:

一是广义的认知。此种认知将行政评估定位在由执法行政系统所进行

① 美国学者皮尔斯所著的《行政法》在第一卷一开始就设有“行政过程”一部分。参见〔美〕理查德·J.皮尔斯:《行政法》(第五版·第一卷),苏苗罕译,中国人民大学出版社2016年版,第3页。

的各种各样的评估，包括内部评估和外部评估两个范畴。前者是指行政系统对自身行为所进行的评估，如行政许可设定的评估、行政强制设定的评估、重大行政决策的评估等[①]；后者则是指行政主体对行政相对人履行行政法义务的评估。广义说将这两种评估都涵盖在行政评估的概念之下[②]。

二是狭义的认知。此种认知将行政评估限定在行政主体的外部行政行为，是行政主体对行政相对人履行行政法义务的评估。该论实质上将广义说的第一个范畴作了排除，由于我国行政法规范中对有关行政决策的评估、行政许可的评估、行政强制的评估作了规定，因此相当一部分学者将行政评估与此范畴的评估予以对等，或者将内部行政评估包容在行政评估的概念之中。从行政评估作为外部行政行为的属性的角度看，广义说的认知是有缺陷的，而在狭义说中行政评估究竟如何界定也未形成共识。例如，行政评估究竟是事前评估、事中评估还是事后评估，似乎都没有一个确切的说法。有的学者可能会从事后评估的视野考量行政评估，有的学者则可能将注意力集中在事中评估上，还有可能将事前、事中、事后都框定在行政评估的范

---

① 《行政许可法》第20条规定："行政许可的设定机关应当定期对其设定的行政许可进行评价；对已设定的行政许可，认为通过本法第十三条所列方式能够解决的，应当对设定该行政许可的规定及时予以修改或者废止。行政许可的实施机关可以对已设定的行政许可的实施情况及存在的必要性适时进行评价，并将意见报告该行政许可的设定机关。公民、法人或者其他组织可以向行政许可的设定机关和实施机关就行政许可的设定和实施提出意见和建议。"《行政强制法》第15条规定："行政强制的设定机关应当定期对其设定的行政强制进行评价，并对不适当的行政强制及时予以修改或者废止。行政强制的实施机关可以对已设定的行政强制的实施情况及存在的必要性适时进行评价，并将意见报告该行政强制的设定机关。公民、法人或者其他组织可以向行政强制的设定机关和实施机关就行政强制的设定和实施提出意见和建议。有关机关应当认真研究论证，并以适当方式予以反馈。"《重大行政决策程序暂行条例》第36条规定："有下列情形之一的，决策机关可以组织决策后评估，并确定承担评估具体工作的单位：(一) 重大行政决策实施后明显未达到预期效果；(二) 公民、法人或者其他组织提出较多意见；(三) 决策机关认为有必要。开展决策后评估，可以委托专业机构、社会组织等第三方进行，决策作出前承担主要论证评估工作的单位除外。开展决策后评估，应当注重听取社会公众的意见，吸收人大代表、政协委员、人民团体、基层组织、社会组织参与评估。决策后评估结果应当作为调整重大行政决策的重要依据。"

② 广义说的依据在于，一方面，2004年《依法行政纲要》指出："要积极探索行政执法绩效评估和奖惩办法。"因此，行政执法绩效评估属于行政评估的一个重要范畴，而同样属于该范畴的还有行政决策风险评估、行政决策后评估等。另一方面，以《中华人民共和国食品安全法》为例，食品管理机关对行政相对人进行食品安全风险评估，并根据评估结果确定监督管理的重点、方式和频次。此类评估属于外部行政评估的范畴，教育评估、医疗评估、企业评估等也属于该范畴。

围之内。总而言之,行政评估的概念在学界尚未形成共识,我们查阅了若干规划教材,几乎清一色地规避了行政评估的概念。行政评估在学理上尚未形成共识的事实对行政评估理论体系的后续建设是有制约的。除了在规划教材上失却行政评估的概念之外,学者们通过学术论文来对行政评估进行专题研究的也少之又少。我们搜索了近三年的行政法学论文,其中有关行政评估研究的文章只有数篇[①],而在这些文章中专门探讨行政评估概念的更是凤毛麟角。对我国行政法学界而言,行政评估概念的探讨还在起步阶段,形成共识尚需时日。

二、行政评估的法律依据不明确

在行政法中行政主体的行政行为都应当有相应的法律依据,即通过行政实在法予以规定。有些行政行为可以在行政组织法中作出规定,如《中华人民共和国地方各级人民代表大会和地方各级人民政府组织法》中就有地方各级人民政府行使职权的规定,其第59条规定:"县级以上的地方各级人民政府行使下列职权:(一)执行本级人民代表大会及其常务委员会的决议,以及上级国家行政机关的决定和命令,规定行政措施,发布决定和命令;(二)领导所属各工作部门和下级人民政府的工作……(八)保障少数民族的权利和尊重少数民族的风俗习惯,帮助本行政区域内各少数民族聚居的地方依照宪法和法律实行区域自治,帮助各少数民族发展政治、经济和文化的建设事业;(九)保障宪法和法律赋予妇女的男女平等、同工同酬和婚姻自由等各项权利;(十)办理上级国家行政机关交办的其他事项。"该规定实质上包容了地方政府实施行政行为的内容:有些行政行为可以在部门行政管理法中予以规定,由于我国部门行政管理法分布范围相对较广,诸多行政行

① 2020年5月27日,我们在中国知网对行政评估的相关文献进行了检索,将"行政评估"作为"主题"进行检索,得到23篇文献,而将"行政评价"作为"主题"进行检索,则得到577篇文献。对上述文献进一步分析发现,行政评价的相关文献都是内部行政评估的研究,而行政评估相关的文献中虽然既有内部行政评估,也有外部行政评估的研究,但只有寥寥几篇。基于此,我们认为学界对于本章所界定的行政评估鲜有研究,行政评估在学界还是一个尚需深入研究的问题。

为都体现在部门行政法之中，如《中华人民共和国土地管理法》关于土地征收的规定、《中华人民共和国道路交通安全法》关于道路交通管理的规定、《中华人民共和国文物保护法》关于文物保护的规定。部门行政管理法分布范围的广泛性，虽然使我国行政行为的法律依据较为充实，但也带来了行政行为碎片化的弊害，因为它使行政行为分布在不同的行政法典中。有些行政行为则体现在行政程序法中，虽然我国尚未有统一的行政程序法，但针对某些行政行为我们制定了行政程序规定，最为代表性的是《行政处罚法》关于行政处罚的规定、《行政许可法》关于行政许可的规定、《行政强制法》关于行政强制的规定。还有些行政行为则通过司法解释予以规定，最高人民法院就曾经颁布司法解释对我国行政管理领域作了确定，并对具体行政行为作了列举规定①。我国目前行政行为的法律依据基本上是通过上列法律规范予以规定的，它使得行政行为在我国不仅仅是理论问题，更是法治实践问题，有着较为充分的法律依据。但是，行政评估是一个例外情形，在上列范畴法律依据的规定中，有关行政评估的规定是非常少的。尤其是行政主体对行政相对人所作出的外部评估，基本上没有充分的法律依据，在教育领域、医疗领域等适用的评估大多是通过行政规范性文件予以规定的。应当说，行政评估法律依据的缺失要比概念认知上的缺失更加致命，主要反映为：行政主体在行政法治实践中如何运用行政评估行为带有非常大的主观性和随意性。

三、行政评估的主体资格相对混乱

行政评估作为行政行为之一，与其他行政行为有着强烈的共性，其最主要的共性是主体上的共性，即实施行政评估的主体是行政主体。这在理论

① 《最高人民法院关于规范行政案件案由的通知》对具体行政行为的分类是与行政管理的范围相关联的，其将行政管理的范围确定为32个方面，包括公安行政管理、资源行政管理、城乡建设行政管理、卫生行政管理、食品药品安全行政管理、信息电信行政管理、海关行政管理、民政行政管理、体育行政管理等。

上是没有任何问题的，从法治理念上也是应当予以强调和强化的。行政主体作为评估主体可以有多种理解和认知，也可以有多种操作方式。例如，行政主体直接进行评估，就是行政主体直接实施行政评估行为作为其他行政行为的延续。行政主体还可以将行政评估交由其他主体为之，可以通过委托的形式，通过行政协议的形式让第三方实施评估行为，在这个过程中，行政主体与评估主体之间应当建立严格的委托或者授权的关系。换句话说，其他主体履行行政评估职能是通过法律程序而取得相应资格的，如果我们能够在程序上解决复杂的评估主体资格，那评估主体资格就不会存在混乱的问题。令人遗憾的是，在我国行政法治实践中，诸多行政评估主体资格的取得都具有较大的随意性。那么，行政评估在行政法治实践中是否能够和其他行政行为这样的规范性保持契合？我们很难作出肯定的回答，因为在行政法治实践中有些行政评估是由行政主体直接作出的，但绝大多数行政评估的主体并不那么明确。我们仍以教育行政评估为例，在教育行政评估中评估的主体是专家委员会，该专家委员会主导了整个教育教学评估的过程，包括对教学目标定位的评估、对教学过程的评估、对教学质量管控的评估等。评估结束后，专家委员会会形成一个专家组的评估结论，该结论对被评估的行政相对人是有影响的，而由专家构成的专家委员会是不是具有行政评估主体的身份，我们不得而知。在行政法治实践中诸多的评估都交给了第三方，而第三方究竟具有什么样的法律地位，其与行政管理职能部门是什么关系，与相关行政主体是什么关系，这些都没有法律上的明确界定。由此可见，在我国行政法治实践中，行政评估大多数情况下都不是由行政主体直接进行的，而是由行政主体之外的其他组织或者个人实施评估行为的。这必然导致行政评估主体资格的不规范，而行政评估主体资格的不规范会带来一系列的法律问题。例如，在被评估的行政相对人不接受评估主体评估结论的情形下，其是否可以进行法律上的救济、依据什么途径和渠道进行救济就存在着法律上的麻烦。这是行政评估存在的另一个范畴的问题。

四、乱设行政评估事项

行政评估的目的有两个有机联系的方面，一是通过行政评估对行政主体行政执法和行政管理的质量做到"胸中有数"，也就是能够随时随地地掌控行政法治过程。二是通过行政评估让行政相对人很好地履行行政法上的义务，使义务的履行达到最大限度的合理化，也就是我们通常所说的"不折不扣"。这两个方面的目的既有利于行政主体的行政执法，又有利于行政相对人的行政守法。与这两个优势相联系的便是在行政评估过程中行政主体对行政相对人施加压力，增加行政相对人的负担。基于此，行政评估虽然具有普遍性，但它并不是一个普遍性的行政行为，并不是一个在所有行政执法领域都要实施的行政行为。或者说，有些行政执法领域是要进行行政评估的，而且可能要强调这种评估的严格化，而在另一些行政执法领域中则不一定要通过行政评估来实现行政执法的目的。在行政法治实践中，行政评估不应当与相应的利益予以关联，评估本身应当是一个中性行政行为。但在目前的行政法治实践中，行政主体乱设行政评估事项的情形非常多见，如行政主体对企业评级评标，在农村也有示范村的评选[①]，对一些幼儿园、中小学也都有评价评标的行为。行政评估作为行政行为的一种，无论在什么情形下都应当有法律依据，也就是在法律有明文规定时行政主体才可以进行这样的评估。乱设行政评估事项就是行政主体在没有任何法律依据的情形下对行政相对人所进行的评估。乱设行政评估事项产生的原因之一就是行政利益问题，有些行政主体为了管理方便起见就对企业或者事业单位定级或者定标，有些行政主体在行政评估中让行政相对人缴纳相应的费用，而一旦行政评估行为受利益的驱动，它就会带来负面效应。在我国乱设行政评估已经成为广大社会公众普遍关注的问题之一，诸种评估对行政法治的公信

---

① 示范村的评选存在着非常多的类型，如"全国乡村振兴示范村""农业农村产业升级发展示范村（镇）""农业绿色发展示范村（镇）""农村产业兴旺示范村（镇）""农业农村质量效益竞争力提升示范村（镇）"等。

力造成了非常大的危害[①]。行政评估在依法行政的大背景下，无论是事项的设置还是事项的选择都应当有充分的法律依据。

五、滥设行政评估标准

行政评估具有很高的技术含量，任何一个评估都应当有相应的指标体系，如果被评估事项符合已经设定的指标体系就是合格的，反之，如果评估的事项不符合已经设定好的指标体系就应当作不合格处理。问题的关键在于，这些指标体系的设定权究竟应该掌握在谁的手上。行政相对人作为被评估对象，在评估标准的设定上享有一定的参与权和动议提起权应当是顺理成章的。而实践中行政相对人在评估标准的设定上却是被动的，只能被动地参与评估，而不能参与评估指标体系的设定。行政评估作为法律行为，其标准的确定与事项的确定一样都应当通过行政实在法为之。在目前行政评估的实践中，这两个方面即行政相对人的参与和立法机关的主导都是缺失的，这是造成滥设行政评估标准的根源。这意味着评估指标的确定是极其重要的，任何一个指标的设定都应当具有科学性，都应当符合客观实际，而不能够以“拍脑袋”的方式设定评估标准。

在我国行政法治实践中，滥设评估标准的情形非常多见，有些评估标准设置得非常细密，让行政相对人无法按照所设定的标准履行行政义务，有些评估有一级指标体系、二级指标体系、三级指标体系等，像“开中药铺子一样”设置了非常多的内容。例如，《国家卫生城市检查评分标准(1000分制)》将评分项目层层细化为数百个小项，使评估主体和评估对象履行职责增加了难度。对行政管理事项而言，有些评估指标实质上带来的是负面效应而不是正面效应，例如在《中华人民共和国环境保护法》中所设定的环境影响

---

① 2015年4月21日，李克强总理在国务院常务会上斥责了建设项目的评估乱象：“现在要建一个项目评估环节实在太多了：环评、水评、能评、安评、震评、交评、灾评、文评、雷评、气评……这个评、那个评，一些地方的同志都把这些评估编成了笑话！”这说明乱设行政评估会对企业和社会公众造成极大的困扰，也会对行政法治的公信力造成极大的危害。

评价。该法第19条规定："编制有关开发利用规划，建设对环境有影响的项目，应当依法进行环境影响评价。未依法进行环境影响评价的开发利用规划，不得组织实施；未依法进行环境影响评价的建设项目，不得开工建设。"[①] 还有诸多的评估指标的设置没有统一性和规范性，因人因事而设，例如有些城市关于星级酒店的评估指标就偏离了相关的国际惯例，偏离了国家上位法关于酒店登记的规定。近年来，一些地方似乎对任何一种评估事项都设置了评估标准，如对厕所进行星级定位，就是把厕所像酒店一样设置为五星级、四星级，这种变异标准所起到的只是执法扰民的效果。滥设行政评估标准与行政主体行政执法中的狭隘意识是关联在一起的，一些变异的评估标准所体现的行政执法视野是非常狭隘的。例如，《旅游厕所质量等级的划分与评定》中将外观、造型、色调及厕所大门作为重要的评级标准，并将艺术装饰、室内美化、背景音乐等与厕所关联性并不密切的因素一并纳入评定体系。

六、行政评估程序瑕疵

"行政程序是指行政主体做出行政行为的过程中所遵循的步骤、顺序、方法、方式以及时限的总和。"[②]行政行为的作出都依赖于行政程序，缺失行政程序作出的行政行为必然是有瑕疵和缺陷的。必须强调的是，我们这里所说的程序是针对法律程序而言的。我国行政法治体系中尚未制定统一的行政程序法，这便使得相当一部分行政行为缺少程序依据。有些行政行为只有法律规定的名称，但没有后续的程序规则。应当说，目前我国行政行为规则中有程序规则的只有个别行政行为，绝大多数行政行为是游离于行政程序规则之外的，尤其是在行政法治中新出现的行政行为，更是缺少相应的

① 2018年发布的《国务院办公厅关于开展工程建设项目审批制度改革试点的通知》中规定，环境影响评估将不单独作为项目审批或核准条件，将由政府统一组织对地震安全性评价、地质灾害危险性评估、环境影响评价、节能评价等事项实行区域评估。

② 罗豪才、湛中乐主编：《行政法学(第四版)》，北京大学出版社2016年版，第315页。

程序规则。行政评估是行政法中一个较新的行政行为,它既存在概念上的缺失,更存在程序上的不到位。由于行政实在法对行政评估程序没有严格规定,这就使得行政主体在实施行政评估时常常临时决定,几乎每一个行政管理领域的行政评估都适用一套单一的程序规则,而且有些还是相当细密的,但这些不能算是法律意义上的程序规则,只能算是操作规程。以某市依法治校的评估程序为例,其操作过程是学校汇报、专家提问并由学校相关职能部门进行回答,然后由专家现场考察。可以说,专家在不同学校评估过程的运作中就有着不同的状况,有些学校解答专家提问的是校领导,有些学校解答专家提问的则是职能部门的干部,这样的差异虽然是形式性的,但它充分表明目前行政评估是有瑕疵的。

行政评估程序的瑕疵性表现为:一是缺少统一的评估标准。每一次评估有每一次评估的标准,在下一次评估中这个标准可能就不适用了。二是评估规则与评估程序之间缺少联结。行政主体应当做什么、行政相对人应当做什么、其他行政主体应当做什么,应当有一套完整的程序机制,而目前的行政评估中缺少这样的机制。三是程序的公开度。我国行政法治中行政公开已经成为常态[①],行政评估作为行政行为的一种,也应当符合《政府信息公开条例》的规定,整个评估的程序应当公开,尤其要对社会公开。而目前行政评估公开的范围极其有限,有些评估仅仅在评估主体和被评估人之间进行公开,还有些评估可能仅仅在本行政部门内进行公开,而尚未向其他社会公众予以公开。行政评估程序在上列三个方面的瑕疵同样是行政评估存在的较大问题。

---

① 《政府信息公开条例》第 5 条规定:"行政机关公开政府信息,应当坚持以公开为常态、不公开为例外,遵循公正、公平、合法、便民的原则。"第 6 条规定:"行政机关应当及时、准确地公开政府信息。行政机关发现影响或者可能影响社会稳定、扰乱社会和经济管理秩序的虚假或者不完整信息的,应当发布准确的政府信息予以澄清。"第 7 条规定:"各级人民政府应当积极推进政府信息公开工作,逐步增加政府信息公开的内容。"

七、行政评估的法律效力不明晰

行政行为一旦作出，在其没有进入救济程序的情形下就应当发生法律效力。关于行政行为的法律效力学界有公认的理论，如公定力、确定力、拘束力、执行力，行政评估同样应当具有行政行为所具有的那些效力。行政行为效力的这四种要素是相对抽象的，在行政法治实践中任何一个行政行为都会产生具体的法律效果，进而产生法律后果。例如，行政处罚行为一旦实施就意味着行政相对人要接受行政处罚的后果，行政强制行为一旦实施就意味着行政相对人要履行新的法律义务。换言之，任何一个具体行政行为除了具有普遍性的拘束力、执行力、公定力之外，还具有其他的特殊效力，那么行政评估行为也应当有自己的特殊效力。例如，行政评估作出后，对于评估结论中好的地方行政相对人要予以拓展，而对于不足的地方行政相对人要予以改进。改进也罢、拓展也罢，对于被评估的对象而言，行政评估应当是具有强制力的，但是目前大多数行政评估没有这样的强制力。以博物馆定级评估为例，根据评估规则，在评估中达不到对应等级的博物馆可能被博物馆协会作出发出警告通知书、通报批评、降低或取消等级的处理，但在实际运行中，评级的结果对被评估的博物馆真正产生强制力的情况非常有限，仅有少数未达标的博物馆受到了相应处理。虽然行政评估对被评估单位有一定的督促作用，但这样的督促并没有产生法律效力。评估效力问题不是一个小问题，它是评估的撒手锏，如果评估不能够改变什么，那么这样的评估可能仅仅属于学术范畴的问题。行政法上的评估毕竟是具有法律属性的评估，就是要通过行政评估能够使行政主体很好地督促和监管行政相对人，行政相对人也能够通过评估作出改变。由此可见，行政评估法律效力不明晰对行政评估而言是非常致命的。

第四节　行政评估的法治化

一、明确界定行政评估的概念

行政评估的概念是行政评估理论构建和法治实践中对其进行规制的前提条件，以此而论，行政评估法治化的首要环节就是对行政评估的概念作出界定。行政评估概念的界定有两个思路：第一个思路是从理论上阐释行政评估的内涵与外延。这要求我国行政法学界应当展开对行政评估问题的研究，应当揭示行政评估概念的内涵和外延，在学理上大体上形成共识。例如，要将行政评估与其他行政行为的概念作区分，使行政评估有相对确切的内涵。目前，诸多学者在研究行政评估时就将侧重点放在了内部行政评估中。上述已经指出，行政系统的内部评估不适合框入到行政评估的概念之中，因为行政评估所涉及的是行政主体与行政相对人的关系，而内部行政评估则不是针对行政相对人的，甚至没有行政相对人的参与[①]。与行政评估的内涵相适应，行政评估的外延究竟如何确定也应当在相关概念的揭示中予以澄清。我们可以在规划教科书中将行政评估或者作为一章或者作为一节，专门进行概念的阐释和解读。通过权威教科书的阐释和解读可以使行政评估的概念在学理上形成初步共识。第二个思路是从行政实在法上对行政评估的概念作出规定。在我国行政法治实践中，通过实在法揭示相关概念已经有一定的经验，如《行政强制法》第 2 条就揭示了行政强制措施的概

① 以行政许可设定的评估为例，整个许可设定的评价都是由行政主体主导的，这实质上是行政主体对自身设定行政许可所进行的评价，通过这样的评价使不适当的行政许可设定行为得到矫正。在这个过程中，行政相对人可以提出相关的意见和建议，但该评估本身完全可以由行政系统自行解决。

念，揭示了行政强制执行的概念[①]，通过这样的揭示使得该概念有了法律上的依据。行政评估同样可以通过行政实在法对其概念作出确定，在目前的行政法治实践中，特定行政评估领域有一定的概念揭示，但它仅仅适用于这个特定领域，它是对特殊领域行政评估的概念界定，还不具有普遍性，而行政评估应当有一个统一的行政实在法上的概念。由于我国行政行为的概念大多存在于部门行政管理法之中，我们可以通过部门行政管理法界定行政评估的概念，当然最好是针对行政评估制定一个专门的行政法典，在该法典中对行政评估的概念作出规定。

行政评估的上列两个思路是有机地联系在一起的，我们更加倾向于第二个思路，但在有关行政评估的立法还不能够尽快出台的情形下，通过第一个思路也可以使行政评估的概念达到初步统一。概念的形成及其规范化是行政评估法治化必须完成的首要任务。

二、弥补行政评估的立法缺位

行政评估的法治化是要将行政评估纳入到法治体系中，而法治体系是一个泛指的概念，它包括："形成完备的法律规范体系、高效的法治实施体系、严密的法治监督体系、有力的法治保障体系，形成完善的党内法规体系。"[②]这个规定表明，法治体系的首要方面是法律的规范体系，行政评估如果要走法治化的道路，如果要实现法治化，就必须契合法治体系的总体框架，进一步讲，首先必须有关于行政评估的规范体系。行政评估作为一种行政行为，应当受行政程序规则的制约，应当在行政程序法中获得相应的依据。由于我国尚未制定统一的行政程序法，这使得行政评估在行政程序法

---

① 总体而论，我国通过行政实在法揭示相关概念的情形并不多见，这与法治发达国家的行政法规范形成了一定反差。以美国联邦行政程序法为例，其对行政法治实践中容易产生争议的概念都作了界定。通过行政实在法对相关概念进行界定是比较好的立法技术，因为它可以排除很多争议，最终形成共识。

② 《中共中央关于全面推进依法治国若干重大问题的决定》，人民出版社 2014 年版，第 4 页。

上是缺失的[1]。在行政法治实践中,调整行政评估行为的大多数是行政规范性文件,其法律效力是相对较低的。那么,行政评估的立法缺位究竟怎么弥补?一方面,可以针对行政评估制定一个行政法规,通过由国务院制定法规的立法方式使各个部门的行政评估有统一的上位法的要求。这就要求,各个部门如果要进行相应的行政评估,就不可以在超越行政法规的情形下制定评估规则。我们不能将行政评估这样一个重要的立法权下放到国务院的职能部门或者直属机构中。目前,各个部门所进行的行政评估其依据究竟如何进行处理是需要进行探讨的,有些乱设评估事项和滥设评估标准的行为都在表面上有依据,而这样的依据由于在法律上位阶较低,不能够使行政评估走向法治化的道路,反而使之背离了法治化的道路。因此,行政评估应通过较高层次的立法予以规制,如果全国人民代表大会能够通过法律的形式对行政评估作出专门规定,那便是比较理想的。根据目前我国行政评估在理论和实践上还不成熟的现状,通过行政法规对行政评估作出规定是一个比较务实的选择。行政评估的立法不仅仅要解决行政评估事项和法律依据的缺位问题,还要使目前混乱的行政评估形成体系、形成结构、形成规范。

三、完善行政评估的主体资格及认定机制

行政评估是行政主体所实施的行政行为,主体的规范化是行政评估法治化所不可或缺的内容,如果我们疏忽了行政评估的主体问题,那么行政评估的混乱问题和不规范问题就会成为常态。行政主体应当承担起行政评估的责任,在某一行政执法领域如果行政法规范已经规定行政评估的事项,那

---

① 目前诸多领域的行政评估在运作过程中有一定的程序规则,这些程序规则大多是以规范性文件的形式出现的。以普通高等学校本科教学评估为例,其审核评估的程序还是比较完备的,如在学校自评程序的设计中就有自评自建、梳理评建工作材料、填报教学基本状态数据、撰写"自评报告"、上传学校教学工作基本信息和评估资料等材料、做好预算和工作方案等程序。而在配合好专家组考察程序中有这样一些程序环节,组建一个工作组、开好两个会议、做好三个配合、提供四种材料等。参见教育部高等教育教学评估中心编:《普通高等学校本科教学工作审核评估工作指南》,教育科学出版社 2014 年版,第 43 页。

么行政主体就应当承担起本行政执法领域的评估责任，是行政评估的第一责任人。行政主体既是行政评估的职责履行者，也是行政评估的义务履行者，它通过行政评估的职权行使成为行政评估主体，通过对行政评估义务的履行而始终掌控着行政执法和行政管理的状况，而成为权利主体和义务主体都是对行政评估中主体资格的强化。当代行政法治中有公私合作治理、协商治理、公共服务外包等新的行政法治机制[①]，在这些新的法治机制下，行政主体的相关职权常常会通过相应的方式予以转移，行政主体在行政评估中可以发挥第三方机构的作用，可以发挥私方当事人的作用，也可以与其他主体进行协作或者协商。

我国由行政系统和行政主体包揽全部行政执法过程的传统情形近年来已发生深刻变化，相关社会主体逐渐介入到行政过程中，尤其是一些中性的或者技术性的行政行为交由民间组织去实施已经成为一个趋势，这也将会改变行政行为的状况："在合作机制下，行政机关发挥的作用很大程度上取决于相关的背景，包括管制问题的历史、已知与该问题有关的信息数量、利害关系人之间冲突的性质以及主体之间的相对力量等。行政机关可在多大程度上操作决定过程，另外一个决定因素乃是否存在监控机制，倘若以合意为基础的方案瓦解或导致不当的结果，那么该机制就会导致行政机关更大的介入。"[②]行政评估是行政法治中的一个较新的现象，也是一个较新的具体行政行为，它与其他行政行为相比，民间化的特性可能更加明显一些。这就使得协作评估主体除了行政主体的决定性之外还是一个机制，还存在着其他主体资格认定的问题。其他主体作为行政评估的主体与评估主体的关系必须厘清。目前行政评估中有一定的乱象，就是有些评估主体只有评估的义务而没有纠错或者矫正的权力，因为它们在评估过程中似乎还没有主体资格。这便要求行政评估主体资格法定化的另一个内涵就是主体资格的认

---

① 参见〔荷〕勒内·J. G. H. 西尔登、弗里茨·斯特罗因克编：《欧美比较行政法》，伏创宇等译，中国人民大学出版社 2013 年版，第 298 页。

② 〔美〕朱迪·弗里曼：《合作治理与新行政法》，毕洪海、陈标冲译，商务印书馆 2010 年版，第 48 页。

定机制问题，行政主体可以确立或者决定评估主体资格的类型，可以与其他评估主体建立行政法上的相关关系，可以对这些评估主体进行监督等。

四、规范行政评估事项

行政评估事项是行政评估的关键问题，什么样的行政管理和行政执法事项应当评估，什么样的行政管理和行政执法事项不应当评估，在行政评估的技术考量上是非常重要的。换言之，如果我们将应当评估的事项没有纳入到评估机制中来，那就会制约行政法治的质量。反之，如果将不该评估的行政评估和行政执法事项纳入到行政评估范畴中，便会浪费行政资源，更会给行政相对人带来负担，最终造成执法扰民[①]。行政评估事项的确定实质上是行政评估的设定问题，我国在制定《行政处罚法》时，就非常重视行政处罚的设定，通过《行政处罚法》对行政处罚的设定作了严格的、规范化的处理，后来制定《行政许可法》时也重点解决了行政许可的设定问题[②]。本章第三节对我国行政法治实践中乱设行政评估的事项作了分析，行政评估法治化的内涵之中必然包含着对滥设行政评估事项的控制，什么样的事项能够设立行政评估，什么样的事项不能够设立行政评估，这完全可以借鉴《行政处罚法》和《行政许可法》关于行政处罚和行政许可设定权的立法方式。就目前而论，主要是要将行政评估事项的设定权进行控制和限缩，不允许较低层次的行政主体乱设行政评估的事项，有些行政执法不需要通过行政评估的

---

① 行政评估在我国行政行为体系中虽然是较新的行为类型，但行政法治实践中行政主体运用行政评估强化对行政相对人的控制也是一个具体而实在的问题。在有些行政评估领域就存在着过度评估的问题，应当说这些过度评估大大加重了行政相对人的负担。

② 《行政处罚法》第9—16条是关于行政处罚种类和设定的规定。例如，第10条规定："法律可以设定各种行政处罚。限制人身自由的行政处罚，只能由法律设定。"第11条第1、2款规定："行政法规可以设定除限制人身自由以外的行政处罚。法律对违法行为已经作出行政处罚规定，行政法规需要作出具体规定的，必须在法律规定的给予行政处罚的行为、种类和幅度的范围内规定。"《行政许可法》第11—21条是关于许可设定的规定。例如，第14条规定："本法第十二条所列事项，法律可以设定行政许可。尚未制定法律的，行政法规可以设定行政许可。必要时，国务院可以采用发布决定的方式设定行政许可。实施后，除临时性行政许可事项外，国务院应当及时提请全国人民代表大会及其常务委员会制定法律，或者自行制定行政法规。"

方式对行政相对人施加压力。尤其在服务行政法治背景之下，行政系统要尽可能地减少行政评估的项目，给行政相对人更多的自主空间。如果我们要科学地确立行政评估的设定权，就要对已经存在于行政法治实践中的行政评估事项进行梳理，可以对这些评估事项作出类型上的划分，可以让每一个行政职能部门对自己的评估事项作出可行性和必要性的分析。

目前行政评估事项中有诸多乱象，如上文提到的厕所的评级评标，就是非常多余的行政评估事项。有些行政评估可以用其他行政行为取代，例如在行政行为中有行政检查行为。行政检查是指“行政主体基于职权对相对人执行法律、法规和规章以及有关行政命令、行政处理决定的情况进行单方面强制了解的具体行政行为。它是行政主体进行行政管理，监督相对人守法和履行法定义务的一个重要手段”[①]。对厕所进行行政评估的事项就可以通过行政检查行为取而代之，而行政检查行为无论在行为方式上还是运作成本上都比行政评估更加简便。总之，行政评估事项的规范化有着各种各样的处理路径和方式，对不该评估的事项进行取缔和终止是行政评估法治化所必需的。

五、科学设定行政评估标准

行政评估的标准是行政评估中技术含量和科学含量最为突出的问题。我们认为，在行政评估法治化的视野下，行政评估的标准至少应当有下列方面的特性：一是统一性。同一类的行政评估事项要有统一的标准，不能够过分个别化、个性化和特殊化。以教学评估为例，同一类的高等院校在进行评估时应当有统一的标准，不能够将同一类的学校作过分碎片化的处理。二是定量化。行政评估行为和其他行为相比，本身就具有明显的定量分析的色彩，有很多指标都是客观的，都可以用数据进行表述和分析。例如，高等院校办学中学生所占运动场地的比例、生均图书的比例、教师和学生数量的

① 沈福俊、邹荣主编：《行政法与行政诉讼法学》，北京大学出版社2007年版，第228页。

比例等，都可以用严格的数据来说明。数据是较为客观的对象，绝大多数评估都离不开这样的定量分析。三是体系化。行政评估说到底是对行政过程和行政质量的评估，不是对某一个单一的行政事项所作的一次性评估，而且行政评估都存在于一定的行政管理领域，所以整个评估是机制化的，评估的标准也应当是成体系的。还以教学评估为例，它就包括一个严格的评估体系，常常有办学目的、办学条件、办学质量、国际化、服务于社会等成体系的一级指标，在这些一级指标之下还有二级指标，如在质量评估体系之下，有院系质量监控、学校质量监控、教育主管部门监控等指标体系；在二级指标体系之下，还有三级指标体系和其他更为具体的指标体系。这些指标体系形成了结构，是一个结构化的指标体系。其他领域评估标准的设置也可仿照这一模式。当然，教学评估标准有些指标的设置不一定十分科学，但不可否认的是，对指标进行体系设计是行政评估不可或缺的。四是动态化。在目前来看，行政评估过分强调了其静态性，对指标的设计、评估体系的构造等都强调了其客观和主观的方面。然而，在我们看来，行政评估还必须具有动态化的特性。一方面通过评估要对被评的事项作出动态化的掌控，另一方面通过评估要对评估事项作动态化的调整，这都要求在行政评估的标准中能够体现动态化的特征。

上列四个方面是行政评估标准的科学内涵，针对目前行政评估标准的乱象，应当强调这四个方面的标准，并根据这四个方面的属性对行政评估标准进行动态化的调整。例如，可以将违反统一标准的、碎片化的评估指标予以取消，对没有量化标准的行政评估进行定量化的强化，能找到数据支撑的尽可能用数据来处理，等等。一些领域的行政评估设置了很多的表格，通过表格使一些数量确定落到实处，这都是非常可取的。

六、修复行政评估程序上的瑕疵

行政程序的基本含义和运作环节包括：一是程序主体，就是由谁来主导该程序运作的过程。二是相关的行为方式，就是行政主体在这个程序过程中所能够采用的方式和方法。三是顺序，顺序在行政程序的运作中同样是非常重要的，是不可以被颠倒的。例如，医生要开办一个私人诊所，从程序上讲先要得到医疗卫生部门的许可，然后再得到市场管理部门的许可，如果某个医生先拿到工商营业执照，再拿到医疗卫生机关的执照，那就是不合法的，这是顺序在程序中的重要性。四是时空，行政程序具有严格的时空性，离开了一定的时间和空间，行政程序就缺少了存在的空间。上列四个方面是行政程序最主要的方面，行政评估作为具体行政行为，也要符合上列行政程序的规则。

上述已经指出，我国尚未有行政评估的专门规定，也无统一的行政评估法定程序规则，这使得行政评估的运作就存在着诸多问题。基于目前的状况，我们认为要对我国的行政评估进行初步的程序设计，如果能够通过行政法规范对行政评估作出专门规定的话，那在这个专门规定中就应当给行政评估的程序留下足够的空间。当然，针对目前行政评估程序中究竟有哪些瑕疵，首先应当进行梳理，然后针对这些瑕疵可以进行及时的、恰当的处理。在行政评估法规出台以前，及时、恰当的处理是必需的。

七、明晰行政评估的法律效力

行政行为的效力在我国行政法学理论中已经形成共识："行政行为是产生外部法律效果的行为，法律效果表现为主体行为所导致的相对人权利义务的产生、变更或消灭。不产生法律效果的行为充其量只能是事实行为。同时，针对行政系统内部机关或人员产生法律效果的行为也不是行政行为，而是内部行为。行政行为是连接国家与公民关系之间的纽带，因而只有针对外部行政相对人发生法律效果的行为才是行政行为。"[①]与理论上的共识相比，在行政法治实践中有关行政行为效力的问题似乎缺少实在法上的规定。目前有关行政行为效力的规定主要表现在行政救济制度中，《行政复议法》规定了行政行为在主要证据不足、滥用职权、超越职权等瑕疵情形下，不

① 杨海坤、章志远：《中国行政法基本理论研究》，北京大学出版社 2004 年版，第 24 页。

能够发生法律效力;《行政诉讼法》也有类似规定[①]。《行政复议法》和《行政诉讼法》的规定仅仅存在于行政救济制度中,也就是说在我国行政执法阶段,行政行为效力的问题在实在法上还是有空缺的。如果我们能够在行政实在法上,在行政程序阶段而不是行政救济阶段就对行政行为的效力作出规范化的处理,那么行政评估的效力问题便会迎刃而解。

在行政程序阶段,行政行为效力的实在法缺失必然会影响到行政评估行为的效力。我们认为,要对行政评估的效力进行专门的规范和处置,行政评估与其他行政行为的本质区别就在于行政主体通过行政评估要掌控行政管理过程,通过行政评估要促使行政相对人履行义务。行政评估行为的效力应当基于这两个基本点展开,正如前文所分析的,目前有些评估似乎仅仅是一个学术研究问题,就是评估的结果仅供参考或者仅供观赏,而没有转化成行政主体的义务或者行政相对人的义务,行政评估不亮“红牌”、少亮“黄牌”的事实就证明了这一点。以教育教学评估为例,理性评估的做法是对不合格的办学主体应当亮“红牌”,终止其继续办学,终止其继续招生,终止其继续进行其他的教学活动,等等。在行政评估效力的法律构建上,既应当有亮“红牌”的制度,也应当有出示“黄牌”的制度。当然,行政评估的最终目的是促使行政相对人履行好行政法上的义务,这就要求在评估的运作上应当包括奖励和惩罚两个方面的效力手段,对于符合评估标准的或者超额完成任务的予以奖励,而对于行为上有瑕疵的令其整改或者进行其他的行政法上的制裁。如果没有后续的制裁手段,行政评估的评估效力就无法得到体现。行政评估的效力既要符合一般行政行为效力的构成要件,同时也要针对行政评估行为构建特殊的效力框架。

---

① 《行政诉讼法》第70条规定:“行政行为有下列情形之一的,人民法院判决撤销或者部分撤销,并可以判决被告重新作出行政行为:(一)主要证据不足的;(二)适用法律、法规错误的;(三)违反法定程序的;(四)超越职权的;(五)滥用职权的;(六)明显不当的。”

第三章

行 政 备 案

在转变政府职能成为新时代重要议题的背景下，行政备案以行政审批替代性手段正式出现在行政管理实践中，并随着灵活性和弱强制性优势的彰显不断提升影响力，作用空间由经济领域延伸至社会领域，最终演变成为广泛适用的监管手段。如果说现代意义上的行政备案起源于行政审批制度改革中的“审批改备案”措施，那么发展至今，行政备案已经成为独具中国特色的事中事后监管手段，承担着中国特色社会主义新时代“深化简政放权、放管结合、优化服务改革”的目标。但是，现实中行政备案面临“定位高”与“实施乱”以及“实践热”与“研究冷”问题。一方面，行政备案实践中存在诸多不规范现象，突出表现为覆盖广、设定乱和监管弱，由部门利益和地方利益引发的变相设定许可问题更是不断蚕食着行政备案的根基。另一方面，与行政备案改革勃兴、各地探索实践已取得诸多成果相比，学界对此关注较少，既有研究呈现出分散化、表面化和局限化的特点，行政备案的概念性质、功能价值、设定权限、效力空间等基础问题依旧悬而未决。因此，必须对行政备案展开系统性研究，在立足于实践的基础上重新审视行政备案走向，对行政备案制度作出法治化建构，更好发挥行政备案在消弭传统管理手段方面的强干预性和命令性与治理现代化所蕴含的灵活性和协商性之间内在张力的作用，从而实现良法善治目标。

第一节 行政备案的实证分析

伴随党中央、国务院对转变政府职能、创新管理方式的大力提倡，行政备案逐渐从诸多监管手段中脱颖而出并越来越受到行政机关重视，成为许多行政机关创新执法手段、建设法治政府的“新宠”，频繁活跃于政府治理实践并出现在地方立法活动中，呈现出多重面相。鉴于没有调查权就没有发言权的朴素观念，必须首先立足于法律文本和实践运行两个维度进行考察，破除行政备案的乱象迷雾，还原其真实面貌，从而奠定好研究基础。

一、法律文本分析

“备案”这一法律术语在我国法律规范中大量存在，但并没有权威的定义，由此造成了“备案”在诸多语境、不同视阈下的纷繁适用现象，引发诸多困扰。为了保证法律的确定性适用，必须对行政备案进行法律文本分析，在备案乱象中去伪存真，提炼行政备案的精确内涵。

（一）行政备案立法概括

在北大法宝数据库中以“备案”为关键词进行全文检索，共显示有344887部法律规范，涉备案法律规范的数量之多可见一斑。[①] 但是，这些法律规范并非都是本章研究的对象即行政备案，以备案主体为标准进行检视，这些法律规范可主要分为立法机关备案、司法机关备案、军事机关备案和行政机关备案四类。[②]

---

① 笔者于2020年4月28日在北大法宝数据库进行了检索。

② 除了立法机关备案、司法机关备案、军事机关备案和行政机关备案这四类备案法律规范形式，此外还有法律规范外的行业团体备案和党内法规备案两种类型。行业团体备案表面上是行业组织和社会团体加强自律管理的手段，实质上是政府在转变职能过程中进一步放松管制的产物，反映了有限政府和市场优先以及社会自治趋势下政府与市场、政府与社会的良好关系。行业团体备案包括行业组织备案和社会团体备案两种，前者如中国科学技术协会为了规范选举、加强组织领导印发的《地方科学技术协会主席选举结果备案规定（试行）》，后者如中国银行间市场交易商协会为加强信用风险缓释工具试点业务自律管理、促进试点业务规范发展印发的《中国银行间市场交易商协会关于信用风险缓释工具试点业务相关备案事项的通知》。党内法规备案则是中国共产党为了规范党的领导和党的建设活动、实施党的纪律的产物。

立法机关备案（或称立法备案）是指享有立法权的机关依法将各自制定的法律规范报有关机关备案审查，从而规范和监督立法活动，维护法制统一。这类备案主要包括行政法规、规章和行政规范性文件备案三种类型。① 司法机关备案（或称司法备案）是指下级司法机关将案件办理、执行、公布，机构、人员，规则细化制定等信息向上级司法机关报备，上级司法机关通过信息收集及时获知司法动向，是司法机关制定司法政策、推动司法改革、完善司法制度的信息咨询工具。② 军事机关备案（或称军事备案）是指军事机关作为备案主体，依法对下级军事机关报备的人事、奖惩、国防军事行动、科学研究等信息进行收集，是军事机关加强军队系统管理的军事管理手段之一。③ 行政机关备案是指以行政机关为备案主体的备案类型。

从法律规范数量上看，行政机关备案数量极多（参见图 4 和图 5）④，是备案的主要类型，具体为以下两种：其一是内部行政机关备案，是指发生在行政机关内部的备案，根据备案事项不同可分为行政立法备案和重要行政决定备案。行政立法备案属于立法机关备案，具备监督功能。“如同立法监督中的备案一样，备案的目的是让监督机关了解、掌握行政机关制定行政规范

---

① 《中华人民共和国立法法》是立法备案审查的最权威立法，《法规规章备案条例》则是专门针对法规和规章备案审查的立法，除此之外各级地方大多通过地方性法规和地方政府规章的形式对地方性立法活动的备案审查作出详细规定。

② 例如，为了强化对职务犯罪罪犯减刑、假释、暂予监外执行的法律监督，加强上级人民检察院对下级人民检察院工作的领导，最高人民检察院专门印发《最高人民检察院关于对职务犯罪罪犯减刑、假释、暂予监外执行案件实行备案审查的规定》。再如，在规范司法文书公开方面，2013 年《最高人民法院关于人民法院在互联网公布裁判文书的规定》第 11 条规定：“人民法院在互联网公布的裁判文书，除因网络传输故障导致与送达当事人的裁判文书不一致的以外，不得修改或者更换；确因法定理由或者其他特殊原因需要撤回的，应当由高级人民法院以上负责互联网公布裁判文书的专门机构审查决定，并在中国裁判文书网办理撤回及登记备案手续。”

③ 例如，《中国人民解放军纪律条令（试行）》对军官和文职人员的任免奖惩作出备案要求，其第 183 条第 3、4 款规定：“团级以上单位对不具有任免权的军官（文职干部）给予的警告、严重警告、记过、记大过处分，应当报有任免权的单位党委备案。对高级专业技术职务的军官（文职干部）实施降职（级）、降衔（级）或者撤职处分，应当报中央军委政治工作部备案。”再如，《军事立法工作条例》第 18 条和第 41 条规定，军委机关部门、战区、军兵种的年度立法计划以及战区、军兵种制定的军事规章和军委机关部门、战区、军兵种制定的军事规范性文件要进行备案。

④ 笔者于 2020 年 4 月 28 日在北大法宝数据库进行了检索，并对数据进行了筛选，将有关法律问题的决定、法律法规解释、军事法律规范、司法解释、条约批准、工作文件、工作批复和答复、团体规定和行业规定等剔除，仅包括法律、行政法规、地方性法规、规章和规范性文件。

的情况，以便可以从中发现存在的问题，及时加以纠正。”[①]重要行政决定备案指行政机关在作出人事任免与奖惩、机构调整、行政区划变动、行政处罚与行政许可等对行政相对人权利影响重大的行政决定时，及时将有关情况向上级行政机关报备的备案活动，也有学者称之为执法备案[②]。例如，为了规范和监督重大行政处罚决定，促进依法行政，维护公民、法人和其他组织的合法权益，许多省市出台了专门规定对重大行政处罚备案作出详细要求，如《河南省重大行政处罚备案审查办法》。其二是外部行政机关备案，是指行政机关出于监管的目的，要求行政相对人在从事特定活动时依法报告信息、供其备查，如《出口食品生产企业备案管理规定》。外部行政机关备案是与行政相对人联系最为紧密的类型，会对社会和经济发展产生影响。

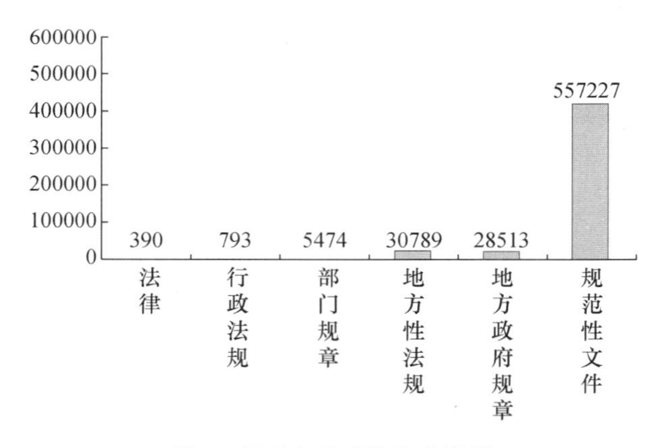

图 4　行政备案法律规范数量

事实上，近些年在行政监管实践领域广泛兴起的行政备案手段指向的便是外部行政机关备案。出于理论研究应及时关照和回应真实世界变化的研究使命，笔者将研究主题锁定为此类行政机关备案，在下文重点研究。[③]

---

① 章剑生：《现代行政法总论》(第 2 版)，法律出版社 2019 年版，第 195 页。

② 参见朱宝丽：《行政备案制度的实践偏差及其矫正》，载《山东大学学报(哲学社会科学版)》2018 年第 5 期。

③ 为了方便论述，笔者将外部行政机关备案统一称为“行政备案”，如不特殊说明，下文中出现的“行政备案”均指外部行政机关备案。

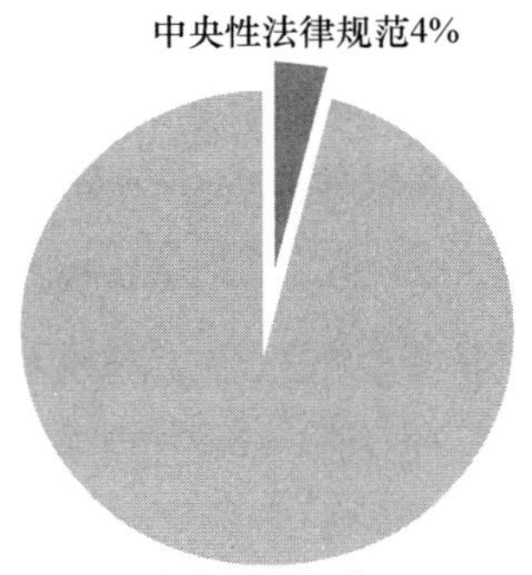

图 5　中央性与地方性行政备案法律规范数量占比

根据笔者统计，行政备案法律规范数量多、制定主体广，几乎覆盖中央各部门和各地方行政机关。但是，在诸多法律规范中，仅有一部法律对行政备案作出专门规定①，除此之外行政备案规定散落在不同法律规范中，且条文数量屈指可数。这就不可避免会引起不同法律规范之间的规定冲突问题。同时，行政备案概念在法律文本中并不统一，"报告"②"报送"③"备案登记"或"登记备案"④等常常与行政备案具备相同的含义。总的来看，行政备案法律规范呈现出法律法规少、规章居中、规范性文件主导的格局，具备中央性法律规范少、地方性法律规范多、规范性文件数量绝对、效力层级偏低

---

① 目前仅有《广州市行政备案管理办法》专门对行政备案作出规定，但其位阶较低，属于地方政府规章。

② 例如，《出口食品生产企业备案管理规定》第 28 条规定："出口食品生产企业有下列情形之一的，责令改正，给予警告：(一) 未按照本规定保存相关档案或者提交年度报告的；(二) 发生食品安全卫生问题，未按照本规定及时向所在地检验检疫部门报告的；(三) 未按照本规定办理变更或者重新备案的。"

③ 例如，《电影剧本（梗概）备案、电影片管理规定》第 9 条规定："拍摄重大革命和重大历史题材影片，需报送剧本立项审查，按照广电总局关于重大革命和重大历史题材电影剧本立项及完成片的管理规定办理。"

④ 例如《对外贸易经营者备案登记办法》《国家知识产权局关于地理标志专用标志官方标志登记备案的公告》《工业和信息化部办公厅关于进一步加强软件企业认定和软件产品登记备案工作的通知》等法律规范不分区别地对备案与登记进行了并列适用。

的特点。为了更清楚掌握行政备案法律规定的状况，笔者将以名称中含有“备案”的33部行政法规和规章为样本（参见表1）[①]，选取“规范领域”“法律效力”“监督管理”作为核心要素，展开分析。

表1 名称中带有“备案”的行政备案法律规定

<table>
<tr><th>名称</th><th>效力位阶</th><th>备案事项</th><th>规范领域</th></tr>
<tr><td>《企业投资项目核准和备案管理条例》</td><td>行政法规</td><td rowspan="7">投资项目</td><td rowspan="18">经济领域</td></tr>
<tr><td>《外商投资项目核准和备案管理办法》</td><td rowspan="2">部门规章</td></tr>
<tr><td>《企业投资项目核准和备案管理办法》</td></tr>
<tr><td>《山东省企业投资项目核准和备案办法》</td><td rowspan="4">地方政府规章</td></tr>
<tr><td>《西藏自治区企业投资项目备案暂行办法》</td></tr>
<tr><td>《成都市固定资产投资项目登记备案规定》</td></tr>
<tr><td>《山西省企业投资项目备案暂行办法》</td></tr>
<tr><td>《国际货运代理企业备案（暂行）办法》</td><td rowspan="9">部门规章</td><td rowspan="3">对外贸易</td></tr>
<tr><td>《出口食品生产企业备案管理规定》</td></tr>
<tr><td>《对外贸易经营者备案登记办法》</td></tr>
<tr><td>《化学工业部直属企业、事业单位企业产品标准备案管理办法》</td><td rowspan="2">产品标准</td></tr>
<tr><td>《冶金企业产品标准备案规定》</td></tr>
<tr><td>《专利实施许可合同备案办法》</td><td rowspan="2">知产合同</td></tr>
<tr><td>《商标使用许可合同备案办法》</td></tr>
<tr><td>《商业特许经营备案管理办法》</td><td>特许经营</td></tr>
<tr><td>《贵阳市商品房销售网上备案管理规定》</td><td rowspan="2">地方政府规章</td><td>房屋销售</td></tr>
<tr><td>《新疆维吾尔自治区提价申报及备案管理暂行办法》</td><td>价格</td></tr>
</table>

① 笔者在统计时，去除了地方政府发布的改变管理方式的目录决定，因为这类地方政府规章只是单纯罗列了具体项目名称，再无其他实质性的规范内容。总计有5部，分别是《广州市人民政府关于保留下放取消行政许可备案事项的决定》(2016)、《广州市人民政府关于取消调整保留行政审批备案事项的决定》(2013)、《广州市人民政府关于公布保留取消调整行政审批备案事项的决定》(2010)、《吉林省人民政府关于公布2004年省级取消的行政许可项目和调整为事后备案的项目目录的决定》(2004)、《吉林省人民政府关于公布2003年省级行政审批制度改革在省政府及其部门文件中取消和转为备案的行政审批类项目目录以及废止的省政府规章目录的决定》(2004)。

（续表）

<table>
<tr><th>名称</th><th>效力位阶</th><th>备案事项</th><th>规范领域</th></tr>
<tr><td>《电影剧本（梗概）备案、电影片管理规定》</td><td rowspan="13">部门规章</td><td>电影剧本</td><td rowspan="15">社会领域</td></tr>
<tr><td>《出版物进口备案管理办法》</td><td>出版物</td></tr>
<tr><td>《地方环境质量标准和污染物排放标准备案管理办法》</td><td rowspan="2">环保</td></tr>
<tr><td>《建设项目环境影响登记表备案管理办法》</td></tr>
<tr><td>《保健食品注册与备案管理办法》</td><td rowspan="4">食药</td></tr>
<tr><td>《中医诊所备案管理暂行办法》</td></tr>
<tr><td>《药品研究机构登记备案管理办法》</td></tr>
<tr><td>《进口药品国内销售代理商备案规定》</td></tr>
<tr><td>《宗教活动场所主要教职任职备案办法》</td><td rowspan="2">宗教</td></tr>
<tr><td>《宗教教职人员备案办法》</td></tr>
<tr><td>《非经营性互联网信息服务备案管理办法》</td><td rowspan="2">互联网</td></tr>
<tr><td>《互联网 IP 地址备案管理办法》</td></tr>
<tr><td>《房屋建筑和市政基础设施工程竣工验收备案管理办法》</td><td rowspan="2">基础建设</td></tr>
<tr><td>《成都市房屋建筑和市政基础设施工程竣工验收备案管理规定》</td><td rowspan="3">地方政府规章</td></tr>
<tr><td>《乌鲁木齐市林业植物检疫备案管理办法》</td><td>检疫</td></tr>
<tr><td>《广州市行政备案管理办法》</td><td colspan="2">综合</td></tr>
</table>

（二）行政备案规范领域

从上述 33 部法律规定中可以看出，行政备案的规范领域可以分为经济领域和社会领域两类，而且两个领域的法律规定数量基本相同。[①] 具体来看，采取行政备案的事项包括投资项目、对外贸易、产品标准、特许经营、环境质量、宗教场所等 16 个项目，广泛涉及投资领域、基础建设领域、互联网领域、卫生健康领域等具体领域。其中，投资领域的行政备案法律规定数量最多，法律效力层级最高，规定也最为完备。总的来看，行政备案的规范领域较为广泛。

① 经济领域的行政备案法律规定为 17 部，社会领域的行政备案法律规定为 15 部。

（三）行政备案法律效力

检视行政备案的法律效力，实质上是分析行政备案对备案申请人的影响。行政备案申请人没有完成备案会面临两种情况：其一，丧失从事其他活动的资格。这种情况下，行政备案通常会与后续行为捆绑，是备案申请人从事后续活动或获得其他资格的前提性条件。例如，《出口食品生产企业备案管理规定》第6条规定："出口食品生产企业未依法履行备案法定义务或者经备案审查不符合要求的，其产品不予出口。"出口食品生产企业的行政备案行为事实上构成获得产品出口许可的前置性条件之一，备案未完成同时意味着产品出口许可条件未完成。其二，补正材料后继续申请备案，或者承担相应法律责任。如果备案申请人因为材料不齐全、无法完成备案的，应该在补齐材料后继续申请行政备案，备案完成后只需要履行信息更正和配合行政机关后续监督的义务。如果备案申请人故意未备案，则会接受相应法律责任，如受到信用惩戒、警告、罚款等行政处罚。再进一步分析，事实上存在两种法律意义上的行政备案类型，分别是行政审批意义的行政备案和信息告知—收集意义上的行政备案，前一种行政备案会对备案申请人的权利义务构成实质影响，后一种行政备案仅仅是赋予备案申请人形式上的、程序性的义务，不会造成实质影响。二者数量基本相当。[①]

（四）行政备案监督管理

对行政备案的监督管理区分备案机关和备案申请人两个监管对象，分别采取不同的监管方式。对于备案机关的监管，主要采取上级行政机关监督的方式。根据我国行政机关科层制结构特点，上级行政机关可以对备案机关的行为进行内部监督、指导和纠正，从而确保行政备案行为的合法性。例如，《企业投资项目核准和备案管理办法》第45条规定："上级项目核准、备案机关应当加强对下级项目核准、备案机关的指导和监督，及时纠正项目管理中存在的违法违规行为。"监督过程中，发现备案机关存在违法违规行为

① 根据笔者统计，在33部法律规定中，行政审批意义上的行政备案法律规定有14部，信息告知—收集意义上的行政备案法律规定有19部。

的，可以作出给予行政处分的决定，构成犯罪的，需要受到刑事法律责任追究。对于备案申请人的监管，主要采取事后监管的方式。行政备案的事后监管主体具备多元化特征，至少包括主管部门、备案机关和其他负有监管职责的部门；事后监管方式具备灵活性特征，现场检查、抽查、在线监测等方式是上述33部法律规定中的“高频词”。例如，《企业投资项目核准和备案管理条例》第16条第1款规定：“核准机关、备案机关以及依法对项目负有监督管理职责的其他有关部门应当加强事中事后监管，按照谁审批谁监管、谁主管谁监管的原则，落实监管责任，采取在线监测、现场核查等方式，加强对项目实施的监督检查。”监管过程中，发现备案申请人在备案过程中存在弄虚作假、不及时备案等行为的，可以作出信用惩戒、责令改正、警告、罚款等决定。

二、实践运行考察

（一）行政备案制度的演进历程

行政备案制度先后经历了计划经济时代、改革开放初期，发展至今已经成为不断提升国家治理能力的重要手段，在推进法治政府建设、打造“小政府、大社会”进程中有着举足轻重的作用。回溯70多年演变史，行政备案存在三个明显的历史演进阶段。

行政备案作为行政管理手段之一，早在中华人民共和国法律制度初创时便已产生，只是彼时行政备案没有独立的法律地位和特定的法律内涵。在计划经济时代，政府配置资源的基本手段是计划与审批，几乎所有的资源都“是通过自上而下颁发计划控制数字，自下而上编制和呈报计划草案，自上而下批准和下达计划任务，实现管理”[①]。政府俨然成为“利维坦”，审批权则涵盖几乎所有的行政管理领域。不论是行政备案还是行政登记、核准等，本质上都被行政审批所吸纳，而没有自己独立的品格。该阶段，行政备案主

---

① 苏东斌主编：《“制度人”假设——从计划经济到市场经济》，社会科学文献出版社2007年版，第188页。

要在社会组织管理、招工与就业、生产安全、工商发展、交通运输、文物保护、劳动保障、特种行业、体育事业、教育事业等方面进行规范，涉及范围广。值得注意的是，该时期涉及内部行政备案的法律规范数量要多于外部行政备案法律规范，而这一数量上的差异随着改革开放决定的作出开始发生变化，最终演变为外部行政备案法律规范数量远远领先，成为备案的主要形态和为行政相对人所一般熟知的备案类型。①

随着改革开放决定的作出，社会主义市场经济体制逐渐确立并不断发展完善，政府与市场关系已经发生变化，由政府高度集中向市场配置转变，过去那种命令、计划式行政管理方式很难适应市场经济发展的需要。在此背景下，政府必须转变职能，改变传统管理方式，由事先"审批"式管控向事后"监管"式转变，由此引发一场旷日持久的行政审批制度改革，并不断推动行政备案由幕后走向台前。行政备案开始作为政府主动转变职能方式的姿态活跃在行政管理领域。该阶段，行政备案法律规范呈现出数量上增加、内容上丰富、规范领域上扩充的特点。

时间进入 21 世纪，运行 30 多年的计划经济逐步退出历史舞台，但是以该体制为基础建立起来的管理体制并未完全终结。"过去那种以消灭市场、竞争和自由为目的的审批管理制度与新的经济体制不可避免地发生激烈碰撞，并日渐成为新体制建设的制度障碍。"②甚至有学者提出："中国能否成功地实现从计划经济向市场经济的顺利转轨，在很大程度上取决于行政审批制度改革成功与否。"③基于行政审批与计划体制的密切关系，国务院一开始便将行政审批制度改革的目标确定为"建立与社会主义市场经济体制相适

① 事实上，备案最早出现在 1949 年，是以内部行政行为性质正式迈入法律规范实践。1949 年 12 月 2 日，政务院第九次政务会议通过、中央人民政府委员会第四次会议批准的《政务院及其所属各机关组织通则》第一次涉及备案，其第 7 条规定："……厅、司、局、处、室以下之处长、室主任、科长与其副职及其他工作人员，由各机关首长任免，并报告政务院备案。"在中华人民共和国早期的法律制度中，许多备案是作为内部行政行为存在，在人事调动、机构设置、行政区划调整和重大事项管理等方面发挥着作用。

② 王克稳等：《行政审批制度改革中的法律问题》，法律出版社 2018 年版，第 3 页。

③ 宋功德：《行政法的均衡之约》，北京大学出版社 2004 年版，第 313 页。

应的行政审批制度”,并强调“行政审批制度改革的效果如何,不仅要看减少了多少审批项目,更重要的是看是否通过改革实现了制度创新”。[①] 行政审批制度改革的创新举措之一便是审批制改备案制。作为行政审批制度改革的替代性手段,行政备案开始彻底摆脱行政审批的牢笼束缚,具备独立法律地位,其内涵不断明确,作用开始革新,并与放松管制、转变职能相联系,成为推动市场自由与社会自治的典范。

(二)行政备案的实践样态

21 世纪初行政审批制度改革兴起,并呈现出中央推动、地方探索的改革路径。在地方先行先试中,行政备案制度探索成为主要改革模式,广州市和上海市的经验尤其值得关注。

广州市在行政审批制度改革中充当着“试验田”的先锋角色,在实践中积累了许多经验,在行政备案立法方面更是制定了我国第一部有关行政备案的专门性政府规章。广州市行政审批制度改革自 1999 年开始,先后进行了 5 轮行政审批制度改革,其中不少改革举措都走在了全国前列,贡献了独特的“广州经验”。尤其是《广州市行政备案管理办法》的制定,不仅标志着广州市备案探索实践取得了制度化成果,而且为全国行政备案制度建设提供了优秀范本。该部规章的出台,进一步强调了行政备案的独立法律地位,从某种程度上而言,标志着行政备案制度化时机的成熟。广州市在行政审批制度改革中妥善处理了审批与备案的关系,主要表现为五种形态:对实质为审批的备案事项作出取消、下放决定;对实质为审批的备案事项作出转移决定;对实质为审批的备案事项作出下放决定;部分审批项目调整为备案;备案事项调整为其他管理模式(如转移至中介组织或行业组织)。[②]

上海市作为我国改革的“排头兵”,在审批制度改革中同样取得了诸多成绩。2001 年上海市人民政府印发的《上海市人民政府关于本市行政审批

---

① 参见《国务院召开行政审批制改革工作会》,载《中国法律年鉴》2002 年第 1 期。

② 参见《广州市人民政府关于第五轮行政审批制度改革取消、调整和保留行政审批、备案事项的决定》。

制度改革的通知》(以下简称《通知》),标志着上海市正式拉开行政审批制度改革帷幕。《通知》明确了改革的指导思想和应遵循的基本原则,并确定了行政审批事项清理的四类主要措施:"凡不符合政企分开和政事分开原则,影响市场在资源配置中发挥基础性作用、妨碍市场开放和公平竞争的审批事项要全部取消;可以用市场机制运作代替行政审批的事项要实现转移;按照权责相应、管理重心下移原则,可以由区县政府负责的审批事项实现下放;可以用告知承诺、事后监管等手段进行管理的事项应取消审批。"在第一轮审批制度改革取得阶段性胜利的背景下,上海市并未松懈,而是在不断总结经验教训的基础上,持续深化审批制度改革。从 2000 年上海市建委先于中央进行行政审批改革开始,至今上海市先后对行政审批事项开展了 7 轮大规模集中清理和自 2014 年以来的 19 次较小规模清理实践。在这些改革实践中,行政备案改革始终贯穿,在创新行政执法、优化营商环境中发挥着重要作用。上海市行政审批制度改革中备案与审批的关系表现为三种:对实质为审批的备案事项作出取消决定;审批项目调整为备案;备案事项调整为其他管理模式(如实施"告知承诺")。

通过分析行政备案实践探索的"广州模式"和"上海模式",同时结合国务院改革实践,可以发现行政备案作为行政审批制度的替代性手段,在改革中受到了高度重视,随着改革的推进,其数量在不断增加,适用领域在不断扩大。行政备案在行政审批制度改革中主要有以下四种形态:

第一,名为备案实为审批的事项被取消、下放或转移。例如,2002 年发布的《国务院关于取消第一批行政审批项目的决定》,对根据《公安部关于改进和加强消防产品监督管理工作的通知》(公通字〔1997〕67 号)设定的消防产品备案,作出了取消决定。再如,根据《上海市人民政府关于公布本市第二批取消和不再审批的行政审批事项的通知》,中小学校长一级及其以上职级和高级会计师任职资格等审批项目，转由专业机构承担。[①] 有学者统计，在2002年到2017年期间，国务院共作出取消和调整21个审批项目的决定，其中126个曾以备案面目出现。[②]

第二，备案改为许可。这种情形相对较少。例如，2007年发布的《国务院关于第四批取消和调整行政审批项目的决定》中，制式无线电台（站）强制备案被调整为行政许可项目。

第三，审批调整为备案。备案作为行政审批制度改革的主要替代性手段，许多审批项目均改为了备案管理方式。例如，2003年发布的《国务院关于取消第二批行政审批项目和改变一批行政审批项目管理方式的决定》中，房屋建筑工程和市政基础设施工程竣工验收核准被改为了告知性备案。再如，《广州市人民政府关于第五轮行政审批制度改革取消、调整和保留行政审批、备案事项的决定》将企业年度检验调整为备案。据统计，自2002年11月到2017年12月，国务院取消和调整行政审批项目的决定中，共有29项转为备案或告知性备案。[③]

第四，备案调整为其他管理模式。目前实践中主要有行政机关日常管理、行业自律管理和告知承诺管理三种模式。例如，根据《广州市人民政府关于第五轮行政审批制度改革取消、调整和保留行政审批、备案事项的决定》，共有18项备案事项被取消，其中有1项被调整为按行政确认进行规范管理，有2项被调整为由主管部门加强监管，有6项被调整为行政机关部门职责性管理工作。根据《广州市人民政府关于公布保留取消调整行政审批备案事项的决定》，共有8项备案管理事项被调整为行业自律管理，如民办非职业技能培训学校章程备案，民办非职业技能培训学校理事长、理事或者董

---

① 此外，还有旅游区（点）质量等级划分与评定的审批、旅游涉外饭店星级的划分与评定的审批、内河旅游船星级的划分及评定的审批、环境工程设计资质的审核、大型医用设备使用评审、公路工程试验检测人员资质的审批、建设企事业单位关键岗位合格证书的核发。

② 参见朱宝丽：《行政备案制度的实践偏差及其矫正》，载《山东大学学报（哲学社会科学版）》2018年第5期。

③ 同上。

事长、董事名单备案，民办非职业技能培训学校取得合理回报比例备案，公布办学水平材料备案，这四项备案由广州市教育局备案管理调整为由市民办教育协会实施行业自律。[①] 值得一提的是，在这三种管理模式中，告知承诺管理模式是行政审批制度改革深化发展的最新产物，相比行政备案更加高效便民，主要存在于上海市行政审批制度改革实践中。例如，2014 年发布的《上海市人民政府关于公布本市第七批取消和调整行政审批事项目录的通知》，将对外贸易经营者的备案登记和外省市道路客运企业设立分公司的备案改为实行"告知承诺"，企业只需对提供材料真实有效性作出承诺即可，并进一步提出简化"行政审批告知承诺书"的要求。备案制改为告知承诺制是行政审批制度改革的新近模式，可以预测的是，在一定时期内告知承诺制将被更多地区关注和实施，且会成为行政备案制度的替代性手段，在治理实践中发挥重要作用。

（三）行政备案的效果评估

行政备案制度经过二十多年的建设发展，取得了诸多成绩。

首先，促进经济发展。影响经济发展的因素很多，其中包括客观上从事经济活动的主体数量和主观上的积极性两个方面。一方面，行政备案改事前审批方式为事后监管方式，事实上放宽了市场准入条件，使大量企业得以顺利进入市场，在客观上增加了推动经济发展的动力基数。另一方面，行政备案所蕴含的寓管理于服务的治理理念极大缩短了办事周期，与之相伴，经济主体的时间成本和金钱成本大幅降低，同时行政备案制度的效益性设计又降低了经济主体的制度成本。这些成本的降低为经济发展创造了更为良好的营商环境，极大激发了经济主体从事经济活动的积极性。

其次，提升行政服务质量。现代行政已经逐渐跨过以合法行政为最低限度的形式法治阶段，开始向更加重视行政质量的实质合法阶段发展，政府

① 此外，取得法律职业资格证书人员在律师事务所实习备案（含港、澳、台居民），由司法局备案管理调整为由律师协会实施自律管理；房地产中介服务人员资格证、注册证备案，由市国土房管局备案管理调整为由房地产中介类行业协会实施自律管理；专利实施许可合同备案，由市知识产权局备案管理调整为国家知识产权局专利局广州办事处实施自律管理。

行为的可接受性成为评价依法行政质量的重要指标。“在这种关系中，民众对政府行为的接受、承认、支持、同意或服从，并不是因为政府行为强制性暴力后盾的威慑效应而发生的被迫忍受，并不是因为利害关系或机会主义考虑而出现的阳奉阴违，也不是因为得过且过或‘事不关己、高高挂起’的习惯性顺从，而是出于对政府行为正确性和适宜性的内心认同与肯定。”[①]在行政审批制度改革中，行政机关尝试改变传统行政管理中以政府为中心的立场，站在市场和社会发展的角度重新选择更为灵活和便捷、干预性更低的行政备案作为新型执法手段，会为当事人和行政机关创造一个建立在尊重行政相对人主体地位基础上的交流互动平台，从而极大提升相对人满意度和行政服务质量。

最后，推动行政审批制度改革进一步发展。行政备案是行政审批制度改革的产物，作为行政审批的替代性手段，其在减少政府干预、充分尊重市场方面具有重要意义，其在行政管理实践中的良好运行反过来会推动实现行政审批制度改革的目标。

但是，这些成绩只是初步的，行政备案在运行中还存在诸多问题。行政备案内涵的不确定导致备案与许可、登记等行为混淆，其法律性质的模糊致使因备案引发的行政纠纷在进入司法救济渠道时堵塞不畅，设定依据的不规范造成设定过多、过滥现状，实施程序的不健全诱发行政乱作为危机。这些具体问题的背后隐藏着更深刻的矛盾，那就是以政府垄断与管制为主导的计划经济已基本向以市场决定与政府治理为目标的市场经济转型成功的现实，与事后监管体制并未完全建立之间的矛盾。质言之，由管制理念变迁到治理理念的现代化，政府不仅要解决好管什么的问题，更要解决好怎么管的问题，而后者更能体现政府的治理能力。行政备案作为转变政府职能，更好理顺政府、市场与社会健康关系时代发展的必然产物，如何理清自身概念性质及功能定位，如何在划清自己边界的前提下处理好放松与监管之间的

---

① 沈岿：《因反思、开放而合法——探索中国公法变迁的规范性基础》，载《中国社会科学》2004年第4期。

关系，如何坚守依法行政与追求效能原则之间的有机平衡，这些都是行政备案摆脱行政审批改革的应急性举措质疑与更好发挥事中事后监管作用所需解决的首要问题。行政备案制度仍需在探索中不断完善，最终完成法治化建构。

第二节 行政备案的法理分析

行政备案作为法律概念自中华人民共和国法律制度构建之初便已存在，后伴随20世纪90年代行政审批制度改革的开始以独立姿态进入法律实践视野，直到2004年《行政许可法》出台后才成为行政审批的替代性手段，正式获得独立法律地位，并随着简政放权力度的加大、审批制度改革的推进，逐渐上升为与行政许可这一事前监管手段地位并列、价值并重的事中事后监管手段。但是，行政备案存在概念模糊、性质不清和功能混乱的问题，必须借助公法理论对行政备案进行法理剖析，重新厘定其定位。

一、行政备案的概念

行政备案概念在法律中未有权威界定，在法律文本中与备案具备相同含义的还有“报告”“报送”“备案登记”或“登记备案”，在实践中则经常与核准、登记、许可、审批等概念混淆。受研究角度和立场影响，理论界也并未形成统一认识，主要形成了广义说和狭义说两种[①]。广义说将行政备案理解为法律规范中存在的所有类型，并将行政备案分为许可式备案、确认式备案和监督式备案；[②]狭义说则认为行政备案是发生在行政机关和相对人之间的、单纯以信息收集为目的的行为，并不具备许可性质。从规范性角度分析，许可式备案其实是名为行政备案、实为行政许可，并不是行政备案的规范类

---

① 此外还有最广义说，认为行政备案包括内部行政备案和外部行政备案两种。

② 参见刘云甫、朱最新：《行政备案类型化与法治化初探——一种基于实在法视角的探讨》，载《湖北行政学院学报》2010年第2期。

型，毋宁说是行政备案的异化。概念作为理解事物的起点，如果是模糊不清的，必然会成为清楚认知整个事物的障碍，导致“盲人摸象”现象。为此，必须对行政备案的概念进行界定。

（一）从词源学角度来定义

“对一个概念下定义的任何企图，必须要将表示该概念的这个词的通常用法当作它的出发点。”[①]根据《现代汉语词典》的解释，“备案是指向主管机关报告事由，存案以备查考”。许多学者对备案概念的界定都建立在日常含义基础之上。例如，有观点认为：“行政备案是指公民、法人或其他组织依法将与行政管理有关的具体事务的相关材料向行政主体报送，行政主体对报送材料收集、整理、存档备查的一种程序性事实行为和行政法律制度。”[②]还有观点认为，行政备案是相对人事后用书面形式向行政机关提供有关信息的行为。[③] 虽然这两种观点对行政备案的性质存在行政事实行为与行政告知行为之差异，但在核心含义上的理解趋于一致，折射出备案概念的日常含义。但是，要明确作为法律概念的行政备案含义，仅仅停留在词源学考察上是远远不够的，毕竟法律是对现实生活的高度抽象与提炼。因此，必须探究立法原意，借助法律文本对行政备案含义进行追本溯源。

（二）从立法原意角度来定义

第一部行政备案法律规范出现于中华人民共和国成立之初。中华人民共和国成立后，为了发挥工人阶级在新民主主义建设中的主体作用，必须明确工会组织在新民主主义国家政权下的法律地位与职责。为此，1950 年中央人民政府委员会专门制定了《中华人民共和国工会法》，该法第 3 条规定：“……凡工会组织成立时，均须报告中华全国总工会或其所属之产业工会、地方工会，经审查批准后，转请当地人民政府登记备案。”通过分析该部法律可知，中华全国总工会（或其所属产业工会、地方工会）拥有审批工会组织成

---

① 〔奥〕凯尔森：《法与国家的一般理论》，沈宗灵译，中国大百科全书出版社 1996 年版，第 4 页。

② 朱最新、曹延亮：《行政备案的法理界说》，载《法学杂志》2010 年第 4 期。

③ 参见马太建：《如何把握行政许可的界限》，载《行政与法》2004 年第 8 期。

立事项并最终同意的决定权，出于行政管理目的，政府只享有获知相关信息的权力。工会组织与政府之间是一种简单的告知—获悉关系，在这种关系下，行政机关不享有实质审批权，是作为信息获悉单位而存在，并需要对相关信息予以保存，以便后续监督管理。由此可见，备案最初是作为外部行政备案，以信息报送之法律含义出现在法律制度中。这种法律用语使用规则后来为许多法律规定所延续，并成为传统。例如，1952 年 8 月发布的《工商业联合会组织通则》第 19 条规定："工商业联合会章程、委员名册，应于成立或改选后十五日内呈报政府主管机关备案。"1979 年 1 月发布的《国营水产养殖场财务管理试行办法》第 10 条第 2 款规定："为确保年度计划的实现，水产养殖场应编制季度财务收支计划，报主管部门备案……"1988 年 11 月发布的《中华人民共和国企业法人登记管理条例施行细则》第 42 条第 2 款规定："企业法人在国外开办企业或增设分支机构，应向原登记主管机关备案。"2007 年 5 月发布的《农民专业合作社登记管理条例》第 23 条规定："农民专业合作社修改章程未涉及登记事项的，应当自做出修改决定之日起 30 日内，将法定代表人签署的修改后的章程或者章程修正案报送登记机关备案。"这三部法律规定中的备案显然是由行政相对人向行政机关报送相关信息之意。

其实，除了外部行政备案，即便是司法机关备案、行业团体备案、作为内部行政备案的立法备案和重要行政决定备案，也均是以"信息报送"含义进行适用。例如，最高人民法院发布的《最高人民法院关于人民法院出台重要改革措施报批与备案工作的通知》（法〔2003〕68 号）规定，地方各级人民法院出台重要改革措施在获得同意之后，必须向最高院报送备案。中国证券投资基金业协会发布的《私募投资基金管理人登记和基金备案办法（试行）》（中基协发〔2014〕1 号）第 11 条规定，私募基金管理人应当在私募基金募集完毕后，通过私募基金登记备案系统进行备案。1949 年 12 月 2 日发布的《政务院及其所属各机关组织通则》首次以法律的形式对内部行政备案作出规定，要求"厅、司、局、处、室以下之处长、室主任、科长与其副职及其他工作人员，由各机关首长任免，并报告政务院备案”，此处的备案同样表现为程序上之“报告”含义。

纵览备案法律制度的演进过程，尽管行政备案法律规范数量持续增长、内容不断丰富、适用领域不断扩大，但作为法律概念的行政备案核心含义始终如一。法律文本中的备案以“信息报备”的面孔出现后，便被后续法律规定沿用，成为法律规范术语使用传统。2010 年广州市政府颁布的《广州市行政备案管理办法》更是对此含义作出了目前最为权威的重申。该法第 2 条明确指出，行政备案“是指行政机关为了加强行政监督管理，依法要求公民、法人和其他组织报送其从事特定活动的有关材料，并将报送材料存档备查的行为”。

（三）从行为性质角度来定义

如果说通常用法和立法原意决定了行政备案的核心含义，那么行为性质则对于完整概念还原具有画龙点睛之效，因为“概念是对各种法律事实进行概括，抽象出它们的共同特征而形成的权威性范畴。每个概念都有其确切的法律意义（即与权利与义务相联系）和应用范围（领域、场合）”[①]。此处的“共同特征”之抽象很大程度上取决于事物的性质。对于行政备案性质究竟为何，目前理论界与司法实践争议较大。笔者则将备案定性为作为事中事后监管手段的新型规制手段。[②]

以行政备案的性质为导向，笔者认可行政备案的核心内涵在于“信息报送”，重塑行政备案概念为：为了加强事中事后监管，行政机关依法要求公民、法人和其他组织完整、如实报送其从事特定活动的有关材料，并对其所提交材料的真实性负责，行政机关将报送材料存档、公示、共享和备查的行政行为。以此概念为基准，行政备案概念包括四个基本要素：第一，行政备案的主体为行政机关和公民、法人及其他组织；第二，行政备案的对象为与行为人所从事活动相关的材料；第三，行政备案存在适用范围，仅限于特定

① 张文显：《法哲学范畴研究》（修订版），中国政法大学出版社 2001 年版，第 57 页。

② 关于行政备案的性质，详见下文论述。

活动;第四,行政备案中的权利义务关系表现为:备案申请人在享有获得备案证明的权利时,负有依法提交材料的义务和保证材料真实性的义务,行政机关负有备案信息的审查、收集保存、向公众公示、同有关机关共享以及后续监管的职责。

二、行政备案的性质

(一)关于行政备案性质的五种学说

行政备案概念不统一直接引发性质认定争议。学理上,有关行政备案的性质认定主要存在以下五种学说。

1. 行政许可说

该学说认为行政许可行为具备多种形式,除了最为典型的证照形式,还包括批准、核准、登记、审查、检验、监督、备案等,这些行为本质上是具有许可性质的非证照行为。[①] 行政许可性备案确实在我国法律规范中存在,如《出口食品生产企业备案管理规定》第6条规定:"出口食品生产企业未依法履行备案法定义务或者经备案审查不符合要求的,其产品不予出口。"在该条中,行政备案构成产品出口的必要条件,实质上是对备案申请人或物出口资格的限制,是典型的行政许可形式之一。但是,这种观点并未区分行政许可与行政备案的关系,只是简单将行政备案作为行政许可的形式之一,不仅忽略了行政备案在行政管理实践中的独立作用,同时也不符合《行政许可法》立法精神和行政审批制度改革目标。行政审批制度改革的重要举措之一便是审批制向备案制的转变,这背后蕴含着简政放权、重塑政府与市场关系的深刻时代内涵,而行政许可与行政备案作为"放管结合"的典型,理应在社会治理中充分彰显各自作用,弥补传统管理思维下刚性有余、柔性不足的弊端。倘若将行政备案割裂地认定为具有许可性质的非证照行为,是对行

① 参见张尚鷟主编:《走出低谷的中国行政法学——中国行政法学综述与评价》,中国政法大学出版社1991年版,第198页。

政审批制度改革的逆流。

2. 行政审批说

该学说认为广义的行政审批包括审批、审核、核准、备案四种。[①] 这种观点主要侧重于备案的效力理解[②]，具备明显的时代特色。在计划经济条件下，大部分手段具备浓厚的政府管制色彩，直接或间接以行政审批的面貌出现在管理实践中，这其中当然包括备案在内。但是，在全能政府向小微政府过渡、管制理念向治理理念转变的现代，备案不宜也不该继续佯装为审批，于是21世纪初行政审批制度兴起之时便再三强调清理、规范包括备案在内的诸多行政审批项目。此外，深究行政备案与行政审批的关系，不难发现"行政审批说"在本质上与"行政许可说"类似，区别仅在于概念范畴大小，很明显，行政许可是行政审批的下位概念。因此，将行政备案认定为行政审批具备历史局限性，不符合改革趋势，实际上难以克服与行政许可说类似的缺陷。[③]

3. 行政登记说

该学说认为行政备案属于行政登记三种类型之一的备案式登记[④]，原因在于行政登记并不总意味着行政审批权的行使，在某些情况下还可以适用于为达到知悉有关情况而作出备案要求的情形。[⑤] 此类备案行为可以在法律规范中得到印证，如《中华人民共和国城市房地产管理法》第45条第2款规定："商品房预售人应当按照国家有关规定将预售合同报县级以上人民政

---

① 参见张步洪编著：《中国行政法学前沿问题报告》，中国检察出版社2003年版，第277页。

② 参见朱最新、刘云甫：《行政备案管理制度研究》，知识产权出版社2012年版，第14页。

③ 关于行政许可与行政审批关系，笔者认为行政许可属于行政审批的一种规范形式，此外还有不规范的非许可行政审批项目。虽然行政审批制度改革明确要求清理非行政许可审批事项，将其调整为政府内部审批事项，今后不再保留"非行政许可审批"这一审批类别，但是实践中变相设定审批现象依旧存在，其中有不少便为非行政许可审批。具体可参见《国务院办公厅关于保留部分非行政许可审批项目的通知》(国办发〔2004〕62号)、《国务院关于清理国务院部门非行政许可审批事项的通知》(国发〔2014〕16号)。

④ 另外两种登记类型为确认式登记和许可式登记。

⑤ 参见崔卓兰、吕艳辉：《行政许可的学理分析》，载《吉林大学学报(哲学社会科学版)》2004年第4期。

府房产管理部门和土地管理部门登记备案。”但是，这并不代表行政备案隶属于行政登记，事实上，二者存在部分重叠关系。行政登记性质复杂，学界争论较大[①]，但主要可分为两类：许可性登记和非许可性登记[②]。非许可性登记又包括两种：一是作为事实行为的非许可登记，该类登记具有信息披露的作用[③]，意义在于为行政行为的作出提供信息与事实依据；二是作为法律行为的非许可登记，该类登记主要涉及对民事权属与民事关系的法律确认。作为事实行为的非许可登记的主要功能在于信息收集，与行政备案主要功能重合，为此有学者主张该类登记实际上就是备案，目的是便于信息披露和行政机关事后的行政监督与管理。[④] 但是，笔者对此并不认同。

这是因为，许多行政行为都会产生信息收集与披露作用，并不能因为行政备案主要功能在于信息收集，便一刀切式将具备此种功能的其他行政行为进行粗糙分割、简单吸纳为行政备案形式而人为扩张行政备案的外延。相反，应该在尊重行政登记的前提下明确行政备案的内涵，划定各自适用范围，保证二者在各司其职的基础上推动我国信息共享机制的完善。对于作为法律行为的非许可登记，其经常与备案连用出现在法律规范中，成为行政确认式备案规范类型，并引发了学理上的“备案式登记”和“登记式备案”之争。对于此类行为，笔者更倾向于将其认定为行政登记行为，毕竟行政备案的主要功能在于信息收集，贸然扩充功能恐稀释备案在事中事后监管体系中的独特性，甚至引发“不能承受之重”，而行政登记的多重属性则可以完美兼容此类备案。为了更好契合此类备案性质，可以将具备确认意义的法律规范中“备案”“登记备案”或“备案登记”等表述统一为“登记备案”。

---

① 目前学界针对行政登记的性质形成了四种观点，分别是行政许可行为、行政确认行为、准法律行为和多重性质。分别参见杨景宇：《关于〈中华人民共和国行政许可法（草案）〉的说明》，http://www.npc.gov.cn/wxzl/gongbao/2003-10/30/content_5323224.htm，2020 年 7 月 1 日访问；罗豪才主编：《行政法学》（2005 年版），北京大学出版社 2005 年版，第 232 页；阎尔宝：《不动产物权登记、行政许可与国家赔偿》，载《行政法学研究》1999 年第 2 期；张弘、唐爱军：《行政登记行为辨析》，载《行政与法》2006 年第 6 期。

② 参见李昕：《论我国行政登记的类型与制度完善》，载《行政法学研究》2007 年第 4 期。

③ 参见陈端洪：《行政许可与个人自由》，载《法学研究》2004 年第 5 期。

④ 参见陈雪娇：《论备案制度及其法律性质》，载《五邑大学学报（社会科学版）》2005 年第 2 期。

4. 行政告知说

该学说认为备案是一种告知性行为，是相对人不需要事前获得行政机关准予其从事特定活动的资格，只要事后用书面形式向行政机关提供有关信息。[①] 行政告知说与我国行政审批制度改革相符。在审批改备案的初期，为了与实践中大量存在的"名为备案，实为审批"的项目区分，国务院特意选取"告知性备案"的表述，以突出备案的核心内涵，将部分审批项目调整为告知性备案，例如《国务院关于取消第二批行政审批项目和改变一批行政审批项目管理方式的决定》(国发〔2003〕5 号)、《国务院关于第三批取消和调整行政审批项目的决定》(国发〔2004〕16 号)、《国务院关于第六批取消和调整行政审批项目的决定》(国发〔2012〕52 号)总共将 8 项审批项目改为告知性备案。[②] 这种观点基本把握了行政备案的"信息提供"特征，但是缺乏深入论证。同时，行政告知行为本就是一种不规范的表述，难以说明行政备案的法律性质。

5. 行政事实行为说

该学说认为行政备案行为不以产生特定法律效果为目的，而仅仅产生了事实效果。"事实行为是以某种事实结果而不是法律后果为目的的所有行政措施。"[③]行政备案不以产生特定法律效果为目的，作为一种程序性行为，"备案只是行政处罚等行政公务行为的前置性程序行为，其本身也不对相对人权利义务产生直接影响"，"本身不具有审批或许可性质"[④]，因此属于事实行为。这种学说为多数观点所支持[⑤]，但依旧存在问题。一方面，学理

① 参见马太建：《如何把握行政许可的界限》，载《行政与法》2004 年第 8 期。

② 分别为房屋建筑和市政基础设施工程施工招标投标情况的书面报告核准、房屋建筑工程和市政基础设施工程竣工验收核准、设立营业性演出场所审批、地方软件登记办事机构设立审批、出版物出租单位设立审批、电子出版物复制单位(含磁盘、只读类光盘等)改变名称审批、危险化学品登记、举办国际教育展览审批。

③ 〔德〕哈特穆特 · 毛雷尔：《行政法学总论》，高家伟译，法律出版社 2000 年版，第 391 页。

④ 朱最新、刘云甫：《行政备案管理制度研究》，知识产权出版社 2012 年版，第 23—24 页。

⑤ 参见朱最新、刘云甫：《行政备案管理制度研究》，知识产权出版社 2012 年版，第 13 页；徐景波：《完善我国行政备案制度的构想》，载《江汉大学学报(社会科学版)》2015 年第 1 期；张红：《论行政备案的边界》，载《国家行政学院学报》2016 年第 3 期。

上的认定与司法实践中的做法存在偏差。比如，在“陈智等诉海口市物价局上诉案”[①]中，法院认为物业服务收费的备案登记不属于行政事实行为，但在“西双版纳博森旅游房地产开发有限公司与莫三连商品房预售合同纠纷案”[②]中，法院认为“商品房购销合同”的备案登记行为属于行政事实行为。另一方面，行政事实行为与行政法律行为的界分标准本就模糊，再加上行政备案属于新型行政活动，传统的行政行为性质二分法已经无法对行政备案性质作出精准而又全面的解释。

此外，还有“监督说”[③]和“立法说”[④]，将备案作为立法的重要环节和具有监督功能的行为。但是，这两种学说实际上指向行政立法备案，而非本章研究对象。

总的来看，上述五种学说大都具备法律规范依据，与行政备案在法律文本中呈现出的许可式备案、确认式备案、告知式备案、登记式备案形式表现出一致性。但是，这种一致只是简单化对应关系，甚至是不健康关系。所谓法律规范与理论研究的相互对应与佐证，仅是片面的、表面的描述，无法准确说明行政备案的内涵，不是对行政备案本质特性的准确反映。行政备案的各种性质根源于行政备案的变异和不规范表现所设置的重重迷雾和陷阱，而非行政备案的原本面貌。

就行政许可说与行政审批说而言，作为行政审批制度改革的标志成果之一，《行政许可法》公布的重要意义便在于规范行政许可，厘清其与行政审批的关系。行政备案作为行政审批的替代性手段，明显区分于行政许可与行政审批。行政告知说基本掌握了行政备案的信息报备核心含义，但仅停留在事实描述，忽视了备案行为中行政机关的作用。仅从行政相对人角度出发，行政备案确实是简单的告知性行为，但是，行政备案并非单方性行为，行政机关是备案行为的重要参与方。对于行政相对人而言，按时将有关信

① 参见海南省海口市中级人民法院(2015)海中法行终字第66号行政判决书。

② 参见云南省西双版纳傣族自治州中级人民法院(2016)云28民终249号民事判决书。

③ 参见应松年主编:《行政法学新论》,中国方正出版社1999年版,第232页。

④ 参见曹康泰主编:《中华人民共和国立法法释义》,中国法制出版社2000年版,第221页。

息报备是法定义务，同时构成一种程序性负担；对于行政机关而言，及时作出备案决定、准确记录备案信息，亦是行政机关的法定职责。因此，行政备案行为绝非简单地以行政相对人为主体的告知性行为，而是一种涉及行政管理内容的行政行为。行政登记说尽管察觉到实践中备案与登记关系密切的情况，但是陷于“自说自话”中，如果将视野从行政登记转变为行政备案，该学说的论证思路似乎可以完全用以“备案式登记”自证。事实是行政备案与行政登记的功能重合并不能用作否定二者独立性的证据，作为政府规制体系中的重要手段，二者的关系必须重新梳理，但前提是在共存中寻找个性，从而划定各自疆域。行政事实行为说则囿于传统的行政行为性质划分的桎梏中，难以完整关怀到行政备案作为新型活动的特性。

倘若更进一步分析上述观点，不难发现，虽然学者对行政备案的性质产生了观点较量，但是这些观点均是建立在传统的行政行为形式论分析范式之上的。而传统行政行为形式研究范式具备不足，行政行为形式在面对参与、合意、协商、合作等元素的新型行政活动时开始捉襟见肘，于是建立在此基础上的学说自然存在缺漏。

受德国行政法的影响，我国行政法体系是建立在严格公私法划分、以行政行为为基本概念的基础上，“行政行为以其概念的精致、构造的均衡和逻辑的严密而具有教义学上的‘制度化功能’‘衔接性功能’‘储藏性功能’，对行政法的体系化发挥了至关重要的作用”，发挥着支撑行政法体系和理论的阿基米德支点作用。[①] 因此，在面对行政备案时，学者们习惯于将在实践与规范中呈现出多重面向的行政备案活动，精准提炼和高度抽象为具体行政行为类型，通过形式化的努力实现法律依据、规范构成、程序运行和监督救济的法治化。但是，随着社会生活的复杂化，单纯以行政机关作为行政任务唯一实现主体的时代开始隐去，私人大量参与行政活动，公私二元对立结构被打破。此种背景下，一味追求行政行为形式化，将会成为行政行为概念不

① 参见章志远：《迈向公私合作型行政法》，载《法学研究》2019 年第 2 期。

能承受之重，甚至“有发生概念崩塌风险，且最终将使其丧失作为法治国家规律的工具性格”。[①] 在行政备案活动中，私人总是参与一方，是以参与—协商为主要特征的典型公私交融型行政活动，必须依靠新的方法论达成明确性与可预期性要求。

（二）行政备案的再定性

构建事中事后监管机制成为当前中国行政审批改革的一项重要议题，在中央主导、央地良性互动生成模式中，事中事后监管在实践中形成了诸多手段类型，行政备案隶属其中。然而，事中事后监管作为一个政策性概念，在法解释学上缺乏精确定义，导致具体内涵模糊，难以对行政备案性质作出清晰释明。必须借助公法原理，从行政过程论视角出发，通过政府规制理论重新解读行政备案。

1. 政府规制理论的引入

政府规制理论发轫于 20 世纪 60 年代至 70 年代的美国经济学界，在 70 年代之后，逐渐被美国行政法学界关注。政府规制理论引入我国后，发生了概念分歧，实践中“规制”“管制”“监管”混用。“规制”与“管制”多见于理论研究，后者尤其为学者所青睐，实务界则对“监管”更为偏好，但是三者实际上都来源于 regulation 一词，只是因研究立场而引发翻译差异。事实上，规制这一概念的内涵和外延均在不断扩张，“这种扩张的背后，是对治理概念的全新理解，即治理包含了对人之行为的综合性控制，无论该行为是由公主体抑或私主体做出的，也无论该行为是依据公法抑或私法机制做出的”[②]。规制理论关注“管制国家”的目的与对象，以及“新公共时代”“官僚政府”“公共利益”等对公共生活与公共秩序具有重要价值的课题[③]，“它是一个不曾有

① 参见赖恒盈：《行政法律关系论之研究——行政法学方法论评析》，元照出版公司 2003 年版，第 248 页。

② Colin Scott, Regulation in the Age of Governance: The Rise of the Post Regulatory State, in Jacint Jordana and David Levi-Faur eds., *The Politics of Regulation: Institutions and Regulatory Reforms for the Age of Governance*, Edward Elgar Publishing, 2004, pp. 145—174.

③ 参见董炯：《政府管制研究——美国行政法学发展新趋势评介》，载《行政法学研究》1998 年第 4 期。

着体系建构的雄心，却对真实世界行政过程有着超强解释力的理论”[①]。传统行政法学更多是“静态的各个击破式的割裂研究，却忽略了每一个现代行政过程都是由一连串节点组成的，都是为了实现某一特定政策目标，所进行的环环相扣的不同行政活动形式的链接与耦合”[②]。政府规制理论以政府监管的整个运行过程作为研究的起点与核心，是对行政行为理论缺陷的强有力弥补。

2. 三层次分析路径

一般而言，规制分析的路径为：① 规制的正当性；② 可选择的规制手段；③ 规制效果评估。[③] 美国学者约瑟夫和西德尼将规制分析方法具体概括为四个方面：一是市场分析，即市场是否会产生与经济或其他社会价值不一致的结果；二是政策争点，即哪种规制方法（制度和工具）会产生更为一致的市场和社会结果；三是对策，即哪种规制方法正在被使用；四是系数，即评估其他各种规制方法的功效和政治可行性。本章则选取三层次分析路径对行政备案这一新型规制手段进行分析。[④]

首先，关于规制理由。政府介入市场必须具有正当性，包括经济上的正当性和非经济的正当性两种。当市场不能以一种有效的方式运行，基于市场失灵，政府获得干预市场以纠正“市场失败”的经济正当性理由；若政府干预市场是为了解决市场运作的不公正、不合理或与其他社会价值不符的问题，便构成政府介入的非经济的正当性。[⑤] 在中国，经济上的正当性是政府采取行政备案手段介入市场的正当性理由。随着改革开放决定的作出，中国的经济体制从计划经济开始逐步向市场经济过渡，并最终发展成为独特

① 张永健：《论药品、健康食品、食品之管制》，台湾大学法律研究所2003年硕士论文。

② 朱新力、宋华琳：《现代行政法学的建构与政府规制研究的兴起》，载《法律科学（西北政法学院学报）》2005年第5期。

③ 该规制分析过程由Breyer法官提出。See Stephen Breyer, *Regulation and Its Reform*, Harvard University Press, 1982.

④ 参见〔美〕约瑟夫・P. 托梅恩、西德尼・A. 夏皮罗：《分析政府规制》，苏苗罕译，载方流芳主编：《法大评论》（第三卷），中国政法大学出版社2004年版，第225—257页。

⑤ 参见董炯：《政府管制研究——美国行政法学发展新趋势评介》，载《行政法学研究》1998年第4期。

的社会主义市场经济体制。与此相伴,政府对市场的管制模式从高度集中式政府主导模式转变为自由灵活式市场优先模式。不断减少政府干预成为市场经济体制改革主题,反映到行政体制改革中,“全能政府”变为历史概念,为“服务政府”理念所替代。转变政府职能过程中,行政审批制度发挥着重要作用。但是,以放松监管为主线的经济体制演变史,并不意味着政府的完全退出。市场失灵永远存在,尤其是在我国市场经济体制尚不健全的今天,不完全竞争、外部性、信息不对称、公共性等依旧是引发各类问题的根源。在“放管结合”中,处理好有所为和有所不为才是符合现代市场经济发展的最佳行政。因此,为了创造健康稳定的市场经济体系,预防潜在的市场失灵问题,必须进行政府监管。

其次,关于可供选择的规制手段。在现行经济体制下,既然政府介入市场是必需的,那么选择何种介入手段则是首要问题。一般来说,政府在面对经济运行机制时,有四种选择:第一,什么也不做,完全交由市场或者社会自决;第二,鼓励自我规制,采取类似市场的机制来影响交易行为;[①]第三,采取以许可为核心的命令—控制式手段;第四,用其他非许可的方式实施监管(但这并不排除信息登记的要求)。[②]

鉴于我国市场经济体制尚存在诸多问题,“什么也不做”不仅会放任市场失灵,而且会构成事实上的行政不作为,这种不负责行政不符合法治政府的要求。与之相反,依靠严格的申请—审批模式实现“准入”控制的强干预性许可手段也会产生巨大风险。排除和限制竞争、成本过高、权力滥用是许可制度的沉疴痼疾。也正因如此,我国开始行政审批制度改革,取消和下放了一大批行政审批项目,建立行政许可制度规范审批项目的设置,通过简政放权给市场减负。在诸多行政审批制度改革手段中,行政备案无疑发挥着重要作用,将取消的行政审批项目改为行政备案即是典型。例如,在《国务

---

① 例如对于不鼓励的行为征税——污染税,对扶持的行为提供补贴——小微企业税收优惠政策。

② 参见 Colin Scott:《作为规制与治理工具的行政许可》,石肖雪译,载《法学研究》2014 年第 2 期。

院关于取消第二批行政审批项目和改变一批行政审批项目管理方式的决定》(国发〔2003〕5号)中,房屋建筑和市政基础设施工程施工招标投标情况的书面报告核准和竣工验收核准两项审批项目,被调整为“告知性备案”。

此外,鼓励自我规制也是实现社会良好治理的重要方式。规制主体的多元化已经成为现代社会治理的趋势,越来越多非政府主体开始参与政府治理活动,社会治理不再是政府一家之事,这些职能已逐渐可以由非政府主体承担[①]。我国《行政许可法》第13条即体现了行政机关简政放权、支持自我规制的决心。《国务院关于深化行政审批制度改革加快政府职能转变工作情况的报告》中明确要求,通过发挥行业协会作用和制定行业从业标准,加强对取消下放的审批事项的监管。但是,在社会主义市场经济体制不够健全、法治有待进一步加强完善的背景下,自我规制作用的空间十分有限,就规制主体而言,政府仍然占据着重要地位。[②] 相比之下,用其他非许可的方式实施监管更切合实际。正是基于上述原因,作为非许可方式的行政备案成为行政机关的最佳选择,其作为行政审批的替代性手段,被广泛适用于政府规制领域。

最后,关于效果评估。作为转变政府职能的重要举措,行政备案在提高行政效能上发挥着传统规制手段望尘莫及的作用。“行政不仅要具备形式合法性,而且需要体现民主性和理性。”[③]在现代行政目标不断从形式合法性向实质合法性转变过程中,成本收益分析的运用必不可少。成本收益分析是检验政府规制手段资源配置效率和行政规制优化的有效方法,可以有效提高现代行政的可接受性。众所周知,“在规制体系中,采取许可的一个核心目的是为了掌握哪些人在哪里从事什么特定活动”,“与实现此目标相关的替代手段,一种相较于许可而言更为宽松且成本更低的方式,就是信息登

---

① See Colin Scott & Fabrizio Cafaggi & Linda Senden, The Conceptual and Constitutional Challenge of Transnational Private Regulation, *38 Journal of Law & Society 1 (2011)*.

② 参见Colin Scott:《作为规制与治理工具的行政许可》,石肖雪译,载《法学研究》2014年第2期。

③ 王锡锌:《依法行政的合法化逻辑及其现实情境》,载《中国法学》2008年第5期。

记、备案制度。实行备案制度,就是放松对准入条件的控制,但是加强对经营者在登记时提供企业名称、经营范围、联系方式等信息准确性的要求”。[①]质言之,相比行政许可,行政备案在降低成本、提高效率等方面具备明显优势。具体而言,一方面,因为市场准入控制的减少,转而以信息提供为特征的事后监管措施,行政备案可以大幅减少相关主体进入某一活动或取得相关资格的手续要求,从而减轻市场负担,助推高效便民原则的落实。另一方面,实施行政备案可以在降低行政机关人力、时间、精力等方面成本耗费的同时,达到规制效果,从而获得事半功倍的效果。因此,行政备案是政府面对市场失灵硬性需求不得不介入市场时,所选取的较为经济和科学的规制手段,其顺应了规制缓和要求,是最佳行政理念的典型代表。

(三)小结

通过上述分析可知,行政备案作为事中事后监管手段,本质上是优化政府与市场、政府与社会关系背景下诞生的,广泛适用于政府规制领域(同时包括经济规制领域和社会规制领域)的新型规制手段,与其他规制手段相比,具备减轻市场负担、优化行政效能、助推高效便民的优点,更切合我国治理实践,是转变政府职能与实现放管结合目标推动产生的政府主动求变之创举。

三、行政备案的功能

行政备案是行政机关为了稳定市场秩序、防范市场失灵采取的事中事后监管手段,是合作行政、服务政府理念指导下的中性行政行为,具备独特的规制功能。

(一)信息收集功能

信息是作出行政决策、行政执法和行政监管的基础和事实依据。信息

---

① 参见 Colin Scott:《作为规制与治理工具的行政许可》,石肖雪译,载《法学研究》2014 年第 2 期。

化时代的到来，改变了日常生活方式，也对政府行政职能的履行提出了新的要求。云存储、大数据处理方式带来的信息暴增，改变了行政管理事项的单一化、相对静止的特质，行政机关必须学会在巨大信息洪流中筛选关键数据，准确把握多元化和易变性监管对象动态；新型交互方式对物理距离的突破，打破了传统“属地”管辖原则限制，某一区域的行政机关需要将职能触手延伸至“域外”。在大数据时代，谁掌握了数据，谁就掌握了财产。对于行政机关而言，只有掌握了最全面的信息，才能在监管对象多元化、复杂易变化和广泛化的趋势下，实现行政的精准作为、及时作为和主动作为。对于规制体系而言，合规性信息的收集总是规制制度的核心功能。[①] 作为规制手段，行政备案的基本运行机制为行政相对人主动提交材料——备案机关予以接收保存。以收集并保存公民、法人和其他组织从事相关活动的基本信息为主要目的，以信息的真实性和完整性为基本要求，且适用领域广泛，决定了行政备案制度恰好可以满足大数据时代对信息掌控力提出的广泛性、全面性和准确性要求。在这种意义上，信息收集是行政备案的应有功能，或称“原生性功能”。同时，如果说“巧妇难为无米之炊”，那么事实依据就是行政活动的原材料支撑。一方面，信息收集是信息公开的必要阶段，信息收集功能是信息公开功能的前提。另一方面，客观事实是行政执法启动的事实要件，信息收集则是获得事实依据的手段，行政备案信息收集功能的发挥，可以为行政机关提供充足的规制事实依据。因此，鉴于信息是行政机关一切活动的事实基础，因此在功能定位上，信息收集功能占据基础性地位，是其他功能的基础。

（二）信息公开功能

几乎所有涉及备案的法律规范，均要求监管部门将备案信息予以公示，既符合政府信息公开要求，也是解决市场经济条件下“信息不对称”的必然要求。行政备案是行政机关及时掌握社会及市场主体活动情况的重要途

---

① 参见 Colin Scott：《作为规制与治理工具的行政许可》，石肖雪译，载《法学研究》2014 年第 2 期。

径，同时也是其他参与方获取信息的主要渠道。根据《政府信息公开条例》第2条，政府信息一般包括两种，分别是行政机关在履职过程中制作的信息和获取的信息，备案信息属于后者，依法应当公开。在行政备案法律关系中，备案信息公开是作为备案主体一方的行政机关的法定义务，几乎所有行政备案法律规范均对备案信息公开作出了规定。例如，《外商投资项目核准和备案管理办法》第26条要求："各级项目核准和备案机关要切实履行核准和备案职责，改进监督、管理和服务，提高行政效率，并按照相关规定做好项目核准及备案的信息公开工作。"《非经营性互联网信息服务备案管理办法》则将"公开"确立为行政备案的基本原则。在信息公开领域"基本法"和备案法律规范"一般法"的双重法规范框架下，信息公开成为行政备案制度的规范功能，对法治政府建设、信息披露制度健全和公民监督举报权保障具有重要意义。"公开公正"政府的建设必须依赖信息的及时公开；根源于信息不对称市场问题的解决，必须借助政府准确公布信息和确保信息披露；公民公权力监督权和私人违法举报权的有效实现，建立在对信息知情权的保障和违法事实的真实掌握之上。

（三）行为监管功能

行为监管功能是行政备案的核心功能。行政备案制度的设计目的在于为政府介入市场提供途径，从而实现政府对市场运行中可能存在的风险进行事前预防，对已经发生的问题作出及时回应和有效解决，最终达到保障市场经济平稳运行的目的。行政备案是政府发挥事中事后监管的手段，不同于行政许可的规制原理，是以控制准入的方式保证具备相应资格的行为人从事特定活动，通过告诫一些人不要尝试进入市场，或是驱使其他人设法取得相应资质以获得许可，实现对潜在市场竞争者的强有力规制。[①] 行政备案规制目的的实现并不在于事前控制，相反其对事前的准入要求较低，甚至不关心准入控制，而以容忍的态度允许尽可能多的行为人从事特定活动，并将

① 参见 Colin Scott：《作为规制与治理工具的行政许可》，石肖雪译，载《法学研究》2014年第2期。

监管重心放置于行为过程，利用日常巡查、随机检查等方式实现规制。也就是说，行政备案制度采取“先宽后紧”的规制策略，以提高对行政机关监管能力要求为条件，换取减少对市场主体的干预，降低制度交易成本和规制成本，更好平衡减少市场干预和保证有效规制之间的关系。更进一步分析，这种事后监管方式，实质上是政府在转变职能过程中创新履职方式、提升治理能力的要求与体现。

第三节　目前行政备案存在的问题

在学理上，行政备案是发生在行政相对人与行政机关之间，通过信息收集、公示和备存以实现事中事后监管目的的行政行为，它是规制缓和背景下，政府转变职能、以治理代替管理理念指导下的新型监管手段。但是，在行政备案实践中，仍存在诸多不规范问题，蚕食着行政备案制度所承载的政府治理现代化和科学化预期目标与功能。这些问题主要表现为变相设定许可大量存在、行政备案设定过多过滥和监管虚置、备案程序失范、法律责任缺失等，其中行政备案的设定和监管问题尤为突出。

一、实践中变相设定许可大量存在

从应然层面来看，理想的行政备案应是区别于行政许可的新的政府规制手段，其具备自己独特的功能和专门的适用领域，本质上属于弱强制性、事后性行政行为，是提升政府治理能力的创新之举。但是，实践中许可和备案常被混淆使用，存在大量的许可式备案。例如，《出口食品生产企业备案管理规定》第 6 条规定：“出口食品生产企业未依法履行备案法定义务或者经备案审查不符合要求的，其产品不予出口。”《对外贸易经营者备案登记办法》第 2 条第 2 款规定：“对外贸易经营者未按照本办法办理备案登记的，海关不予办理进出口的报关验放手续。”这两部专门针对特定领域制定的备案规定，本应只要求当事人按规定提交完整材料便可完成备案，但实际上却将备案作为后续活动的前置性条件，发挥了许可的作用，事实上构成了实质上的行政许可。许可式备案以备案法律规范形式存在，实际构成对当事人取得特定资格或从事特定活动的限制，是名义上的备案、实质上的许可。它以设定依据广泛、存在强制性前置备案要求、采取实质审查标准、会对当事人权利义务产生实质性影响为特点。[①] 许可式备案在法律规范中大量存在，会产生诸多弊端。通过有效规避《行政许可法》的规制，许可式备案在事实上赋予了行政机关许可设定权，从而导致并有可能进一步加剧行政许可权力扩张和行政许可过多介入市场领域。这不仅违背了放松管制的改革初衷，会重新导致市场与政府关系的过分紧张，同时也会使新兴的行政备案制度陷入泥淖，制约事后监管作用的发挥，甚至引来“制度不适、废弃使用”的灭顶之灾。

“伪备案、真许可”问题的存在有理论和实践两个方面的原因。在理论方面，行政备案自身内涵、定位的不明确，为行政审批扩张留下空间，成为行政审批的替代性术语。行政备案充当行政审批手段现象自法律制度初创便存在。彼时，行政备案尚没有独立的法律地位，几乎停留在法律文本之中，而无实质规范性作用。这种法律含义的空白性和规范作用的静默性，与当时不规范的立法技术相结合，造成了行政备案在行政立法中的“无意”适用结果。备案被其他相对成熟的法律概念不断吸收，如备案登记、备案审核，其中尤以在适用范围更广、更为强势的行政审批中最为明显。在某种意义上，行政备案甚至成为行政审批的下位概念，事实上发挥着行政审批的作用。2001 年 11 月国务院行政审批制度改革工作领导小组印发的《关于贯彻行政审批制度改革的五项原则需要把握的几个问题》(国审改发〔2001〕1 号)中便明确指出此问题：“目前，行政审批的形式多样、名称不一，有审批、核准、批准、审核、同意、注册、许可、认证、登记、鉴证等。”在历次审批项目清理中，有许多即是备案形式的审批事项，例如国务院第一批清理项目 789 项，其

① 参见张博：《法治政府视野下的行政许可式备案：特征、成因与弊端》，载《南海法学》2017 年第 4 期。

中包括涉及 10 个部门的 26 项以备案为名称的审批事项。[①] 正是基于此种考量，笔者在法理分析部分着重分析了行政备案的概念、内涵和功能，企图从这三方面明确行政备案的独特性，彰显其独立的法律地位。借此，可为消除因概念模糊引发的混淆使用问题提供理论依据。

在实践层面，行政审批制度改革的不彻底，遗留了许多许可式备案。行政审批制度改革已持续二十多年，取得了许多突出成效，但是诞生于计划经济体制下的行政审批与市场经济体制的天然矛盾并未得到实质性解决，传统管理体制并未被根本撼动，行政管理创新仍是现代行政重要议题。正如有学者描述道："在中央，部委对改革的响应多是表面的，通过核心项目不报、废弃项目作出'膨化饼干'的方法"，使"改革中被取消的审批事项大多是一些含金量很小、基本没有或者没有太多寻租价值，甚至是一些废弃不用的审批事项"；在地方，"地方响应中央的改革，更多是落实在层层开会与文件的层层转发上，具体到执行上则是层层'跑冒滴漏'，中央改革的政策与文件难以真正落实到基层，基层的行政审批大多仍在原有的体制内运转"。[②] 行政审批在"上有政策、下有对策""弃车保帅"策略下，成效受到制约，影响到了规范行政审批设定、防止变相设定审批改革目的的实现。例如，《国务院办公厅转发监察部等部门关于深入推进行政审批制度改革意见的通知》（国办发〔2008〕115 号）便注重强调"防止出现以备案、核准等名义进行变相审批"。但是，由于行政审批制度改革的不彻底，导致非许可行政审批项目清理不彻底，变相设定审批项目屡禁不止，实践中仍有许多名为备案、实为许可的事项。这些披着"备案"外衣的许可反映在法律规范中，便是大量的许可式备案类型依旧堂而皇之地制约市场自由、制造交易成本，却很难受到司法审查。

---

① 具体涉及公安部、人事部、建设部、信息产业部、外经贸部、人民银行、海关总署、税务总局、工商总局和药品监管局这 10 个部门，参见《国务院关于取消第一批行政审批项目的决定》，国发〔2002〕24 号，2002 年 11 月 11 日发布。

② 参见王克稳：《我国行政审批制度的改革及其法律规制》，载《法学研究》2014 年第 2 期。

二、行政备案设定过多过滥

作为事中事后监管手段,行政备案虽然改变了传统规制手段的事前严密控制型模式,但是对于相对人而言,依旧属于“负担性行政行为”。行政机关的信息收集策略,暗含着对行政相对人依法、按时提供符合形式的信息的要求,这种要求所包含的时间及形式要素,构成了典型的程序义务。为了推动高效便民原则的实质性落实,事实上减轻市场交易成本、提高行政效率,理应控制行政备案的设定依据和适用范围。但在实践中,行政备案却存在着“过多”“过滥”问题。在行政审批制度改革中,备案最先出现在房屋建筑和市政基础设施领域,作为招投标书面报告审批和竣工验收核准项目取消后的替代性监管手段,而今备案已几乎适用到行政管理的各个领域,覆盖面极其广泛。以上海市自贸区改革为例,为了打造国际化、便利化的营商环境,上海市人民政府发布了《中国(上海)自由贸易试验区外商投资准入特别管理措施(负面清单)》,决定在负面清单以外的领域,按照内外资一致的管理原则,统一实行外商投资项目实行备案制。随后,负面清单管理模式被相继适用到金融服务业、跨境服务贸易等领域。自贸区普遍实行负面清单模式,行政备案作为特别管理措施(负面清单)之外的行政审批改革手段,对推进放管服改革具备重要意义。但与此同时,在政府规制存在多种手段的情况下,不考虑其他规制手段,采取“一揽式”备案代替审批模式,是否完全符合规制手段选择的合理性与最优性,值得商榷。

行政备案设定过滥、适用过多问题的原因主要有二:

第一,设定依据缺乏统一规定。在备案立法实践中,法律、法规、规章和规范性文件都可以作为法律依据。地方政府出于便捷、经济的目的,通常会选择制定要求相对较少、发布周期较短的规章或规范性文件的形式对备案作出规定,于是效力层级较低成为行政备案设定依据的普遍状况。根据上海市政府法制办课题组研究,截至2017年7月,上海市共有46部法规、74部规章涉及行政备案,而且多数行政备案规定无直接上位法依据,数据显示，行政备案具有直接上位法依据的，不到总数的十分之一。[①] 值得注意的是，上海市备案规定统计尚不包括数量庞大的规范性文件，由此可见行政备案设定依据的混乱性和低位阶性。这种立法选择直接引发了备案激增后果。此外，此种低阶立法行为是否可以通过《中华人民共和国立法法》的合法性评价，同样值得思考。

第二，行政备案适用范围模糊，边界不清。凭借优越于传统行政监管手段的灵活性、弱强制性、低成本性，行政备案被视作行政审批制度改革、政府职能转变的"利器"，广泛适用到行政管理各领域，在投资体制改革中普遍实行的负面清单以外备案代替审批制的做法，可见一斑。可是，公权力具备天然的扩张性，不计范围的后果是"备案热"带来扩张危机，正如学者所形容的，"行政备案正成为一个什么都可以往里放的大筐"[②]。具体来看，行政备案设定事项缺乏统一规范，一方面导致行政备案与其他监管手段交叉或重合，登记型备案、许可型备案层出不穷，即便是同一监管事项，不同地区或不同行政机关也会采取包括行政备案在内的不同手段，可见备案适用范围没有在实务中达成共识；另一方面诱发行政备案过分挤压甚至完全排斥其他监管手段的适用空间，成为继行政审批手段之后的"一枝独秀"。尽管备案具备诸多优势，但规制讲求针对性和最佳性，行政备案并非万能金钥匙，适用所有事项。一味追求备案代替审批，会陷入形式主义，最终难逃功能异化窠臼，而演变为新一轮改革对象。

三、行政备案监管虚置

行政备案在实施中同样存在许多问题。第一，备案信息的完整性、准确性和真实性问题。信息完备、准确是行政备案监管功能发挥的基础条件，同时也是最重要的条件。离开了信息，备案就如同巧妇做无米之炊，寸步难

---

① 参见李平等:《行政备案制度研究——以本市地方性法规、政府规章为样本》，载《政府法制研究》2017 年第 12 期。

② 胡小飞:《关于加强和改进行政备案工作的调研报告》，载《机构与行政》2016 年第 6 期。

行，难以发挥任何功效。但在实践中，因为后续监管的缺失，导致备案信息常常出现缺失、过旧、伪造等问题，严重影响经济和社会管理，并容易诱发风险。例如，在税收优惠备案领域中，因为对信息真实性后续监管的匮乏，税收执法监督中发现了“限制性行业违规享受税收优惠、企业擅自扩大研发费用扣除范围、即征即退增值税事后监管不到位、信用等级低的纳税人不当享受税收优惠、资格发生变化的农村金融机构错误享受税收优惠”等问题。[①]第二，监管主体难以识别。实践中，备案机关与主管机关往往不是同一主体，在这种情况下，对于实行备案制的事项，究竟由谁来承担监管责任？是备案机关，还是主管机关？如果备案机关同时承担监管职责，那么针对实践中多备案部门并存或者委托社会组织进行备案的情况，该如何进行监管？尤其是对于委托主体，其本身并不具备行政主体身份，又该如何履行监管这一行政职责？如果由主管机关进行后续监管，也同样存在部门多头引发的主辅责任划分，甚至是互相推诿式的“三个和尚没水吃”问题。例如，《成都市固定资产投资项目登记备案规定》第3条同时将成都市计划委员会、成都市经济委员会及各区（市）县计委（计经委）、经委确立为行政主管部门。此外，在相关信息由备案机关保存的情况下，如何确保其监管便利度和实效性，也是必须予以正面回应的问题。

实践中呈现出的信息真实性难以把控、监管主体难以识别难题，实际上源于政府监管模式变化而对后续监管提出的更高要求，无法及时被行政备案所满足。相较传统规制手段，备案制度功能发挥的核心机理在于“准入宽、监管强”，是政府监管模式由“重审批、轻监管”向“宽进、严管”转变的产物。这种监管方式的变革，实际上是对政府监管能力提出了更高的要求。不像事前监管手段，因为有严格的准入条件限制，是获得政府许可进入相关领域的主体，所以实际上是已经通过层层筛选、一路过五关斩六将而最终取得选拔资格的“完美”获胜者，其已经达到行业标准，具备良好的自治机制，并且拥有较高

① 参见马念谊、黄浦林：《税收优惠“审批”改“备案”下的税收执法监督思考》，载《财政监督》2019年第7期。

的自律意识，这些“良好”品质使政府在后续监管时可以稍微放松警惕。反观行政备案，仅仅是对关键信息做了收集，而没有事前的“严选机制”，这就决定了政府在面临进入相关领域群体数量急速扩张的客观现实时，必须转换监管方式，建立严格的后续监管体制。因此，对于备案制度而言，后续监管体制的健全与否，会对备案成效产生核心影响。尤其是监管主体的不明确和监管方式的单一化，会进一步加剧这种美好预期与不佳现实之间的落差。

第四节　行政备案的法治化

在现代高度有机化的社会中，“如果行政行为和决定将会从根本上影响到许多公民、特别是穷人的福利和幸福，那么行政行为对个人自由和财产的干预就不得超出民选立法机构授权的范围……授权范围之内的行政决定，也应以正当的方式作出。如果没有保证这一点的手段，那么生活将变得使人无法忍受”[①]。立法的随意性与概念的模糊性导致行政备案实践乱象丛生，严重制约着备案功能的发挥，甚至异化为强权干预的避风港，对合法权益造成侵害，为此必须对行政备案制度进行法治化建构。

一、进一步推进行政审批制度改革

行政审批制度是理清政府与市场（社会）关系、转变政府职能和创新行政管理、提升政府治理能力的重要手段。为了防止实践中备案逐渐异化为行政许可、功能错乱为审批滋生温床，必须通过明确行政备案与行政许可、行政审批等的概念差异，实现理论上的泾渭分明；借助清理现存备案法律规范，剔除许可式备案，实现法律制度上的“去伪存真”；依靠废除非行政许可行政审批项目，根除备案变异的生存条件。

---

① 〔英〕彼得·斯坦、约翰·香德：《西方社会的法律价值》，王献平译，中国法制出版社 2004 年版，第 50 页。

（一）明确行政备案与行政许可及行政审批的概念差异

行政备案与行政许可均是行政审批制度改革的产物，要想区分三者的概念差异，必须首先对行政审批概念进行精准分析。行政审批是诞生于计划经济体制下的主要行政管理手段，适用范围极其广泛，几乎所有事项都需要经行政机关审查核准后才能施行。在当时，行政审批并无统一的概念，存在形式多样，以登记、备案、年检、监制、认定、审定以及准销证、准运证等形式设置审批事项十分普遍。[①] 直到 2001 年，国务院行政审批制度改革工作领导小组印发《关于贯彻行政审批制度改革的五项原则需要把握的几个问题》，首次以国务院政策的形式对行政审批概念作出了界定。根据《关于贯彻行政审批制度改革的五项原则需要把握的几个问题》，行政审批的核心内涵在于"必须经过行政机关同意"，从这个意义上看，行政许可属于行政审批的下位概念。2004 年生效的《行政许可法》则进一步确认了二者的上下位概念关系。该法第 3 条第 2 款对适用行政许可的例外事项作出规定，即"有关行政机关对其他机关或者对其直接管理的事业单位的人事、财务、外事等事项的审批，不适用本法"。由此可以直接推断出，由行政许可法所调整的部分事项亦属于行政审批。至此，行政许可与行政审批的关系得到了立法确认，行政许可属于行政审批的一种，这也是学界通行观点。[②]

至于行政备案，正如本章第二节所分析的，行政备案机关形式审查的特性决定了行政备案的实现不以行政机关的同意为要件，据此明显可知，行政备案明显区别于以行政许可为典型的行政审批。行政备案与行政许可和行政审批的区别，除了行政机关审查方式的不同，还包括以下几方面：① 规制作用发挥的时间，前者在事后，后者集中于事前。② 对行政相对人权利义务的影响，前者并无直接影响，只会产生程序上的义务；后者会直接同时对当事人的实体和程序权利义务造成影响。③ 产生背景不同，前者是诞生于服

① 参见温家宝：《在全国深入推进行政审批制度改革工作电视电话会议上的讲话》，http://news.xinhuanet.com/ politics/2011-11/16/c_111169798.htm，2020 年 5 月 11 日访问。

② 参见王克稳：《我国行政审批与行政许可关系的重新梳理与规范》，载《中国法学》2007 年第 4 期；应松年：《行政审批制度改革：反思与创新》，载《人民论坛・学术前沿》2012 年第 3 期。

务政府时代的，以行政相对人和行政机关互动交流、相互协商为基础的新型规制手段；后者诞生于干预行政时代，是以命令—控制、服从—配合为核心模式的传统规制手段。

（二）逐步清理现存备案法律规范

为了正本清源、还原行政备案原貌，必须对现行备案法律规范进行全面清理，通过修订、废止的方式提升行政备案制度的规范化、制度化。具体来看，要注意从清理主体、清理对象、清理路径三方面有序推进。

在清理主体上，应该区分中央与地方两个层级的备案法律规范。对于中央性法律规范，由国务院组织清理比较合适。具体操作时，可由国务院各部委对各自制定的备案规章、规范性文件进行自评自查，列出需要清理的事项，统一报国务院。国务院法制部门负责集中评估，可以通过自行评估或邀请（委托）专家学者评估的方式，最终确定应予清理的事项。对于地方性法律规范，由地方政府担任清理主体，具体操作方法同中央性法规一样。值得注意的是，为了破除由地方利益引发的变相设定许可等弊端，对于地方人大制定的地方性法规，在地方人大自行评估结束后，必须上报国务院进行再次评估清理。

在清理对象上，主要包括许可式备案和其他不规范备案两类。鉴于许可式备案助长权力扩张和干预市场经济的弊端，应该将其作为清理重点，并及时转化为行政许可。针对实践中存在的登记式备案、确认式备案和附条件备案，可能会与行政备案功能不符（如确认式备案）、相互重叠（如登记式备案），甚至发生冲突对立（如附条件备案），进而影响监管效能发挥，因而同样应该进行清理。

在清理路径上，遵循逐步推进、最终实现全面清理的步骤。出于维护法的平稳过渡、给予当事人适应期的目的，对于不规范的行政备案，纳入清理名单后可以设置一定的过渡期，过渡期结束后再宣布所采取的修订或废止措施正式生效。例如，可以在清理决定作出后设置一年的过渡期，过渡期内该法律规范依旧有效，一年之后清理决定正式生效。此外，还可以采取分类清理的方式，对经济性规制领域和社会性规制领域分别采取有针对性的标准和方法。[①]

（三）严格规范非行政许可审批项目

非行政许可行政审批是一个统称概念，并不特指某一类审批手段，而是指行政许可以外的其他类型行政审批，其溯源于行政审批制度改革，至今仍存在于法律制度之中。虽然非行政许可行政审批被限定为内部审批范围，但是实践中其外延在不断扩张，涵盖了许多外部行政审批项目而成为诸多行政许可类行政审批的避风港。行政机关仅需将本属于行政许可的项目从外观上重新包装一番，便可以借助备案、登记等外衣，凭借非行政许可审批的名号“四处招摇”，从而遁入法律真空地带，脱逃规制。为了从根本上杜绝“冒名”备案、“伪”备案现象，必须铲除其生存根基，严格规范非行政许可行政审批，将其关在行政机关内部审批的制度笼子里。

二、规范行政备案的设定

在放管服改革和优化营商环境的双重动力下，行政备案成为行政监管的重要选择，为各地政府所追捧，掀起“备案热”。“备案热”需要冷思考，必须重视“人人皆可设、事事皆可管”问题，有必要从设定依据、设定原则和设定边界三个方面搭建起备案制度基本框架。

（一）规范设定依据

行政备案有减轻负担的作用，但这并不意味着负担的完全取消。行政相对人必须按要求提供信息，并通过申请变更保持信息的准确性。这种法定要求下的信息提供和信息变更，属于程序性义务，是负担性行政行为，对此必须进行控制。根据《中华人民共和国立法法》第 82 条，减损公民、法人和其他组织权利或者增加其义务的规范，必须由法律和法规作出规定，没有上

---

① 参见朱宝丽：《行政备案制度的实践偏差及其矫正》，载《山东大学学报（哲学社会科学版）》2018 年第 5 期。

位法依据，地方政府规章不得设定。反观我国行政备案制度改革，是在国务院主导下依靠国务院政策文件的形式予以推动，而无直接立法依据，所以这场改革又被称为“政府自我革命”。在严格形式法治主义之下，实践中大量存在的以地方政府规章设定备案的做法或许会面临合法性质疑，但在作出进一步评价时，不能忽视其背后隐藏的转型时代深刻的时代基因。

中国改革路径是“试点先行、逐步推广”，地方往往承担着改革试点的重任。改革要求变化、突破，法治需要稳定、统一，扩大地方立法权限是缓解二者张力的有效措施，毕竟相较高位阶立法行为的复杂性、高成本和长周期，地方立法更加灵活，成本相对较低和便捷。同时，“立法权是治理体系中权力配置和利益分配的本源”[①]，立法权的配置关乎国家治理能力与效率高低。“国家不可能事无巨细地解决各种地方性问题，进一步扩大地方立法主体的范围，合理界定地方的立法权限，让地方根据自身实际情况进行立法，有利于形成在中央领导下、发挥地方主动性、积极性的共治格局，从而促进国家治理体系和治理能力的现代化。”[②]因此，在进一步深化行政审批制度改革的现实需要和提升国家治理体系、能力现代化的背景下，应该赋予政府规章备案设定权，法律、法规和规章均有权设定行政备案。当然，为了规范行政备案的设定，应该鼓励地方政府先制定专门的“行政备案管理办法”，待行政备案经验积累丰富、适用相对成熟时，由国务院制定统一的“行政备案管理条例”，对行政备案概念、主体、设定原则、适用范围、实施程序、监督管理、法律责任等进行统一规定。

（二）明确设定原则

在政府介入市场具备充分正当性时，接下来该考虑的问题便是规制手段的选择，即选择何种规制手段将产生更和谐的结果。这是政府规制最为核心的问题，因为一旦选择不当，就会产生“不相匹配”的结果。[③] 事实上，溯

---

① 徐向华：《国家治理现代化视角下的〈立法法〉修改》，载《交大法学》2014 年第 3 期。

② 马英娟：《地方立法主体扩容：现实需求与面临挑战》，载《上海师范大学学报（哲学社会科学版）》2015 年第 3 期。

③ See Stephen Breyer, *Regulation and Its Reform*, Harvard University Press, 1982, p. 191.

源我国行政审批制度改革的事中事后监管体制机制建设，也存在规制手段问题。早在2014年8月，《国务院关于深化行政审批制度改革加快政府职能转变工作情况的报告》中便提出要加强取消下放事项的后续监管："针对取消下放的审批事项，逐项研究提出相应的事中事后监管措施，包括告知性备案、发挥相关行业协会作用、制定行业从业标准、完善信用管理体系、定期不定期抽查和加大行政问责等，努力做到权力和责任同步下放，调控和监管同步强化。"由此可见，行政审批替代性手段至少包括备案、行业协会自治、信用监管、抽查和行政问责五种，而备案只是其中一种。可以这样理解，在规制手段最佳导向下，各种规制手段实际上处于相互竞争地位，而究竟谁能胜任，必须确立科学的评价标准。

为了适应复杂的社会关系，现代政府职能趋向多元，既保护公民权利，又促进政府效率，同时保护非商品性的价值。[①] 在"三位一体"政府职能下，经济性、效益性成为政府活动的目标追求。在行政活动法领域，为了增进监管效益，第十二届全国人大第四次会议批准的《中华人民共和国国民经济和社会发展第十三个五年规划纲要》特设"提高政府监管效能"一节。在全面推进依法行政过程中，国务院非常强调行政效率的重要性，2015年中共中央和国务院联合发布的《法治政府建设实施纲要（2015—2020）》明确将"廉洁高效"作为法治政府的建设目标之一。另外，在各个专门的行政监管领域，效率或效能的立法例更是不胜枚举。在此种背景下，行政效能原则逐渐演变为行政法基本原则。鉴于行政备案作为事中事后监管手段的新型规制手段特性，行政备案的设定除了需要严格遵循合法性原则和合理性原则外，还必须注重考虑行政效能原则。"因为就整个政府管制活动来讲，它不仅仅具有政治与法律意义，不仅仅是一个对权力进行划分、在权力之间达成制衡、为权利提供保障的过程，它同时也具有社会和经济意义，它还是一个讲究管

① See Peter H. Schuck, Regulation, Non-Market Values, and the Administrative State: A Comment on Professor Stewart, *92 Yale Law Journal 8* (*1983*). 转引自Colin Scott:《作为规制与治理工具的行政许可》，石肖雪译，载《法学研究》2014年第2期。

制的科学性、讲究对社会的合理调控、讲究官僚效率的实现的过程。”[①]

从一般意义上理解，行政效能原则即“当行政机关的制度建构旨在打造政府不可回避之干预或保障责任时，应该确保所设计的管理或服务制度达到效益最大化”[②]。具体来看，该原则对行政备案的设定包含三个方面的要求。

第一，制度建构的收益应具有正当性。“为避免仅仅关注投入与产出的比率，效能原则要求制度建构的产出应该具有价值可欲性，即制度建构的目标收益（有时是一个，更多时候是多个）不能破坏人类的基本价值。”[③]行政备案的设定目标必须围绕转变政府职能和推进行政审批制度改革，任何借助行政备案、变相加重行政相对人负担、逃避法律规制（如《行政许可法》）和司法审查的备案，均不能获得认可。

第二，制度建构的收益最优化。政府规制手段丰富多样，行政备案只是其中之一，要在具备竞争关系的手段中择出最优，必须进行成本与收益考量。在诸多手段中，选择可以实现监管目标的手段；或者在多种可以达成监管目标手段中，选择实施成本最小的手段。结合我国现阶段情况，直观来看，各种规制手段呈现出行政备案优于行政审批、更加鼓励市场自治和社会自治发展趋势。

第三，程序设计的效益最大化。备案程序必须以“便捷高效”为机理。一方面，备案程序应尽可能简便，转变立场以当事人为视角，秉着“行政机关内部专业化、复杂化流程构造，当事人简单化、轻松化过程体验”精神设计相关程序。例如，行政机关可以通过事先培训、预演，对备案全流程、各细节熟稔于心，在此基础上出台备案指南和格式化表格下载服务，为当事人提供清晰、简单的流程指引，当事人只需按指南完成相应步骤、提交相应材料，便可在最短时间完成备案义务。另一方面，充分利用信息化技术，转变传统纸质

---

① 董炯：《政府管制研究——美国行政法学发展新趋势评介》，载《行政法学研究》1998 年第 4 期。

② 沈岿：《论行政法上的效能原则》，载《清华法学》2019 年第 4 期。

③ 同上。

化、线下面对面操作程序，实现材料形式、通知模式的电子化，从而节省路程、排队时间和书面材料打印费等成本。这不仅可以提升当事人备案体验感，也可以便捷行政机关在材料接受、审查、结果通知等方面的操作手续，提高行政效率。

（三）划定设定边界

所有的规制手段都会给商业带来负担[1]，行政备案设定过多、管控过宽，同样会给市场增压，助推行政扩权，毕竟真理往前走一步变为谬误的界限问题，同样存在于法律制度之中。因此，必须厘定行政备案的边界。对此，有学者提出，介于行政许可和不需要政府监管之间的事项，属于行政备案范围。[2] 有学者以对国家和社会利益的影响性作为标准，认为行政相对人从事的事项，只有与国家或公共利益有重大影响时，才需要备案。[3] 还有学者在分析行政审批制度时，提出分类改革建议，主张将备案作为市场进入类行政审批的替代性制度。[4] 本章认为，备案适用范围的确定，必须要遵循从一般到具体、从反向排除到正向列举的路径，即除了要遵循行政效能原则作为基本原则指导下的竞争性行政规制手段这一科学选择外，必须首先处理好行政备案和行政审批、其他事中事后监管手段、行政备案和社会（市场）自我规制之间的关系，在实现行政备案与其他规制手段“领地”泾渭分明的基础之上，再进一步考虑可予设定行政备案的事项。

首先，《行政许可法》第 12 条和第 13 条采取正反列举相结合的方式划定了行政许可的适用范围，其中第 13 条事实上确立了处理行政许可与其他规制手段关系的一般原则，指明了一般意义上的规制手段的适用顺序，即“社会（市场）自治——事后规制手段——行政许可（或行政审批）”，具体来看包含两项子原则：社会（市场）自治优先于其他规制手段；事后规制手段优先于

---

① 参见〔英〕安东尼·奥格斯：《规制：法律形式与经济学理论》，骆梅英译，中国人民大学出版社 2008 年版，第 345 页。

② 参见张红：《论行政备案的边界》，载《国家行政学院学报》2016 年第 3 期。

③ 参见郭庆珠：《法治视域下行政备案的规范化思考》，载《南都学坛》2019 年第 3 期。

④ 参见王克稳：《论行政审批的分类改革与替代性制度建设》，载《中国法学》2015 年第 2 期。

事前规制手段(如行政审批)。这种一般性原则在规制领域具备普遍性指导意义,这可以从公共政策和学理研究两方面验证。一方面,中共中央、国务院文件多次强调要改变政府主导、发挥市场决定性作用和推进社会自治。例如,在行政审批制度改革之初,国务院行政审批制度改革工作领导小组专门印发《关于贯彻行政审批制度改革的五项原则需要把握的几个问题》,提出:"凡是通过市场能够解决的,应当由市场去解决;通过市场难以解决,但通过中介组织、行业自律能够解决的,应当通过中介组织、行业自律去解决;即使是市场机制、中介组织、行业自律解决不了、需要政府加以管理的,也要首先考虑通过除审批之外的其他监管措施来解决。只有在这些手段和措施都解决不了时,才能考虑通过行政审批去解决。"另一方面,在学理研究中,加快市场经济建设和社会组织发展是政府转变职能的主要方向,已经成为共识且被普遍认为是我国行政管理体制和政府机构改革的有益经验。[①] 这是因为,从效率角度看,总体上市场组织效率优于政府作为一种等级组织的效率。[②] 加强事中事后监管则是政府转变职能的重要途径。[③] 基于上述原因,通过社会(市场)自治可以保证市场健康运行、维护社会秩序、保障社会公平的,政府不应介入,当然也不能设定行政备案。

其次,在确需政府干预的领域,行政备案绝不是唯一的规制手段,科学的规制体系应该是金字塔型,强制措施严厉程度从高到低排列,分别为超罚式命令型监管、酷罚式命令型监管、强化型自我监管、自我监管,其中超罚式命令型监管数量最少,依次递增,自我监管则是政府监管采取最多的手段。[④] 对于行政备案而言,这种金字塔规制体系至少包含两层含义:一是各种规制

---

① 参见张文明、杨秀清、冯云生:《精简·统一·效能——中国政府机构与行政管理体制改革》,广西师范大学出版社1998年版,第153—162页。

② 参见刘世锦:《经济体制效率分析导论——一个理论框架及其对中国国有企业体制改革问题的应用研究》,上海三联书店、上海人民出版社1994年版,第113—114页。

③ 参见石亚军:《当前推进政府职能根本转变亟需解决的若干深层问题》,载《中国行政管理》2015年第6期。

④ 参见刘鹏、王力:《回应性监管理论及其本土适用性分析》,载《中国人民大学学报》2016年第1期。

手段不论其效力强弱，均有存在的必要，在各自适用范围内发挥重要作用，因此，行政备案需要充分尊重其他监管手段。行政备案与事前监管手段并非水火不容关系，对于已经确立行政许可、行政确认等事前监管方式的事项，不能再行设定行政备案。二是事中事后监管手段的性质定位，并不意味着在需要采取事中事后监管领域中的备案适用优先性。以信息收集功能为例，行政机关若能依靠更便捷高效的手段获得信息，就不需要再给行政相对人设定信息备案义务。在信息掌控中，政府实际上已经通过各种手段（如行政许可）附带获取了大量存在于工商、食药、质检、教育、交通等领域的信息。但是，由于政府事权和部门管辖权的划分，以及各自为政问题的普遍存在，导致这些信息基本封闭在各部门内部，形成“信息孤岛”，而难以为事中事后监管提供流动性信息来源。正是为了应对信息重复收集问题，2016 年国务院印发《政务信息资源共享管理办法》，要求建设数据共享交换平台。政府信息共享平台可以实现信息的充分流动与利用，是既有制度资源整合优化下的信息收集机制构建，相比行政备案新制度构建所需的各种成本，显然在同样可以实现事中事后监管的目标下，信息共享机制更符合成本效益考量和治理能力提升要求。因此，在行政机关可以通过信息共享机制获得信息的领域，不能设定行政备案。与此原理相类似，行政检查和行政调查同样具备信息收集功能，对于可以通过行政检查和行政调查等手段进行监管的事项，不应设定行政备案。

最后，行政备案的设定在明确负面清单后，需要对正面清单作出梳理。行政备案适用领域非常广泛，无法依靠传统的规制手段即划分法，将其认定为专属于某一领域。在我国，行政备案可以同时适用于经济性规制领域和社会性规制领域，对于前者作用更为明显。受社会关系复杂易变性对监管手段提出的高灵活性需求影响，规制对象很难逐一列明，也会存在挂一漏万风险，于是原则性描述、概括性规定成为说明具体规制手段适用范围的主要方式，作为新型规制手段、尚不成熟的行政备案更是如此。究竟哪些事项需要设定行政备案，或许《行政许可法》和《广州市行政备案管理办法》可以提供思路。参照《行政许可法》第12条和《广州市行政备案管理办法》第6条、第7条，本章认为行政备案的适用范围包括：① 涉及国家安全、公共安全、人身健康、生命财产安全的事项；② 涉及加强经济调控、保护生态环境、加强公共管理的事项；③ 涉及实现公共服务职能，保护公民、法人和其他组织合法权益的事项；④ 涉及开展行业管理、引导社会组织的事项；⑤ 法律、法规和规章规定的为了更好开展事中事后监管的其他事项。

三、强化行政备案的后续监管

简政放权时代下，构建美好生活不再是政府一家之事，包揽式行政再难凭借一己之力承担行政职能重任，社会治理呈现出私人广泛参与行政任务实现过程、多主体共同承担治理责任的新图景，一幅自我规制和政府规制相辅相成、通力协作的公私合作治理新蓝图正在形成。在此背景下，以行政备案为代表的事中事后监管效能的发挥，同样需要行政机关、公民、法人以及其他组织共同参与、各负其责、通力协作，推进社会主义市场经济的进一步发展。

（一）明确“谁主管谁负责”监管原则

“放管结合”是推进放管服改革以及正确处理政府和市场、政府和社会之间关系的重要原则，也是政府角色逐渐退居二线过程中政府履职所需要解决的首要问题。毕竟，放松管制并不意味着政府责任的取消，相反对政府履行职责提出了更高要求，即由消极合法性迈向积极，作为目标下的最佳性和可接受性标准。在现代服务型政府构建过程中，各自为政壁垒被打破，多机关齐力实现行政目标成为常态，与此相应，传统“一事一机关一责”的责任划分体系难以适应与事后监管手段相匹配的履职主体多元化、履职方式合作化要求。由主管机关同时履行监管职责的一般职责分配标准，在面对事中事后监管事项时难以正常适用，为此需要确立新的责任划分标准。2015年10月，国务院印发《国务院关于“先照后证”改革后加强事中事后监管的意见》，将基本原则确立为：“坚持权责法定、依法行政，谁审批、谁监管，谁主管、谁监管，按照法律、行政法规、国务院决定，厘清各部门市场监管职责，推进市场监管法治化、制度化、规范化、程序化。”这份文件对“依法行政”概念赋予了新的内涵，将“谁审批、谁监管，谁主管、谁监管”作为判断行政机关监管职责的原则。随后，国务院又在《国务院关于印发“十三五”市场监管规划的通知》《国务院办公厅关于加快推进“多证合一”改革的指导意见》《国务院关于在全国推开“证照分离”改革的通知》等文件中，不断重申该原则。2019年9月，国务院印发《国务院关于加强和规范事中事后监管的指导意见》，对该原则从两个方面作了进一步阐述：“各部门对负责审批或指导实施的行政许可事项，负责事中事后监管”；“对已经取消审批但仍需政府监管的事项，主管部门负责事中事后监管”。该意见事实上成为事中事后监管改革的纲领性文件。

“谁审批、谁监管，谁主管、谁监管”归责原则，是伴随行政监管体制变化而产生的新原则。从字面含义理解，“谁审批、谁监管”是指依法享有审批权的行政主体，对其实施的行政审批事项进行事中事后监督管理；“谁主管、谁监管”是指依法享有行政管理权的行政主体，对其主管事项进行事中事后监督管理。由此可知，该原则具体包含两个层次的含义：第一层次含义为“谁审批、谁监管”，适用前提限于可以采取行政审批手段管理的事项领域。在该领域，对于已经采取行政审批管理的事项，由作出审批的部门负责事后监管。也就是说，享有行政审批权的行政机关在作出审批后，便同时获得相应监管权，此时审批机关与监管机关合二为一。换言之，审批的权力附带了主管的权力，“审批机关对审批事项的主管之所以是随附的，在于审批机关具有按照审批要件实施监管的优越性。如果将审批事项交由其他行政机关主管，会造成行政组织冗余和监管效率降低”[①]。第二层次含义为“谁主管、谁监管”，适用前提限于可以采取事后监管手段的事项领域。在该领域，对于采取事中事后监管手段的事项，由具备行政管理权的部门（主管部门）负责

① 湛中乐：《“谁审批、谁监管，谁主管、谁监管”是市场监管的基础性原则》，载《中国工商报》2016年1月26日第3版。

事中事后监管。

依上述分析，行政备案作为典型的事中事后监管手段，适用“谁主管、谁监管”原则应是理所当然。同时，该原则也得到了国务院的确认。《国务院关于加强和规范事中事后监管的指导意见》明确强调：“对审批改为备案的事项，主管部门要加强核查，对未经备案从事相关经营活动的市场主体依法予以查处。”因此，行政备案事项的监管职责由主管部门履行，而非备案部门。备案部门的主要职责在于信息收集，在获得相关信息后，要及时共享给主管部门，协助主管部门开展后续监管。主管部门可以依据所监管事项的特征、对公共利益及其他主体合法权益的影响程度，量体裁衣，分类提供相应监管方式。在日常监管中，发现违法情况的，应该及时作出处理并予以纠正；备案事项主管部门没有执法力量的，可以通过委托执法、联合执法等方式，会同相关综合执法部门查处违法违规行为。

（二）设立信息强制报告制度

行政备案制度的运行原理可以简单概括为“信息收集——行为监管——及时纠正”，三个环节紧密相连、环环相扣，缺失任何一个都将导致行政备案制度陷入瘫痪。三者之中，信息收集环节处于基础地位，起到“龙头”作用；信息收集的质量，关系整个行政备案制度的成效。如果行政相对人没有提供信息，行政备案制度便不能启动；如果行政相对人提供信息不完全或不真实，会诱发后续监管延迟或缺失风险。在一定意义上，信息就是行政备案制度的开启之钥、运行之轮。因此，必须将保证信息完整性和真实性作为备案制度构建的关键部分。具体来看，应该确立备案信息强制报告制度。

行政备案信息强制报告制度是指，行政相对人的活动属于备案监管领域的，必须按照规定的形式在规定的时间内向备案机关提供完整的、准确的信息，同时在完成备案后，如果备案信息发生变动的，必须及时向备案机关说明，并申请备案信息变更，否则将承担相应法律责任。信息强制报告制度实际上为行政相对人设定了分属两个阶段的两个义务：第一，备案申请阶段的信息提供义务，此时的信息只需符合形式上的要求，即是完整的、准确的。

只要行政相对人提供的信息符合法律规定的形式和内容，备案机关即应作出准予备案决定，而不应擅自审查信息的真实性，并以此为由拒绝备案。需要说明的是，此处的“准确”单纯指向资料内容与法律规定提交的内容在形式上一致，而不要求其内容真实。第二，备案完成后续阶段的信息变更义务，如果备案信息发生变化的，行政相对人必须及时向备案机关说明和提出申请，以保证信息的准确性。备案机关在接到申请后，同样是进行形式上的审查，审查无误后，作出准予变更的决定，并对信息进行更新。从本质上看，行政相对人在此阶段的义务，事实上并不构成新的义务，而是前一阶段义务的延伸。

任何制度功能的充分发挥，除了依赖社会个体的自觉遵循，还需借助法律制裁，拥有法律制裁的保障，就如同为制度装上了“利齿”，可以极大增强其权威性和约束性。行政备案制度也不例外，同样需要依靠法律制裁，确保信息报告义务的认真履行。因此，必须为信息报告义务设定相应的法律责任。具体来看，行政相对人应该承担法律责任的情形包括两种：第一，公民、法人或者其他组织故意不报送、逾期报送备案，或者故意不变更、逾期变更备案的；第二，公民、法人或者其他组织故意隐瞒有关情况或者提供虚假材料报送备案，导致备案信息不完整、不真实的。行政相对人有上述情形的，备案机关有权责令其限期报送备案或者限期提供真实材料，同时可以作出行政处罚，例如警告、罚款等。

（三）实施告知承诺制

在备案制度中，确保备案信息的真实性与准确性是制度完善需要解决的基本问题[①]，通过实施备案申请人签署告知承诺书的方式，则有利于解决此问题。备案申请人除了依法提交材料，还需要签署告知承诺书，将所提交材料列明，并承诺所提交材料真实，否则自愿承担法律责任。告知承诺书一式两份，备案机关备存一份，另一份由备案申请人张贴于经营场所，供其他人随时监督。在备案实践中，告知承诺制已经被适用，效果明显。《上海市

① 参见王克稳：《论行政审批的分类改革与替代性制度建设》，载《中国法学》2015年第2期。

食品贮存、运输服务经营者备案管理办法》规定，备案申请人在提交备案申请表时，必须同时签署告知承诺书，并给出了样表。不仅如此，告知承诺制凭借其较高的便捷性和高效性，已经作为行政备案制度的替代性手段，开始被适用于市场监管领域，许多省市均出台了相关规定。例如，《大连市人民政府办公厅关于印发市政府部门首批实行“告知承诺”行政审批事项目录的通知》明确将从事船舶代理、水路旅客、货物运输代理业务备案，以及道路客运企业设立省际、市际分公司备案，改为了告知承诺制管理方式。上海市作为改革的“排头兵”，为了进一步深化行政审批制度改革，强化事中事后监管，在 2018 年 4 月专门出台了《上海市行政审批告知承诺管理办法》。这是目前第一部专门性地方政府规章，是行政审批制度改革的又一个重要成果。

告知承诺制是“在简政放权和厘清政府边界的基础上，积极培育市场主体和民众自我治理能力的一次新尝试”①，是政府与市场良好信任关系的体现，是社会信用体系建构过程中的一种必然选择。因此，告知承诺制应与社会信用惩戒体系联动发挥作用，备案申请人虚假承诺的，可以列入失信名单，采取信用惩戒与行政责任相结合方式，对违法备案人作出惩罚。这种做法恰好体现了事中事后监管手段的“宽入、严管、重罚”精神，可以在降低准入门槛、节约相对人成本的同时，提高监管效率。

---

① 吴学安：《告知承诺制是“放管服”改革务实之举》，载《中国审计报》2020 年 1 月 6 日第 5 版。

第四章

行政登记

我国涉及登记的法律、法规、规章、规范性文件繁多，登记种类较为复杂，性质不一。目前无论是学界还是实务界，将凡是含有“登记”二字的行政行为都归属到行政登记，对行政登记的概念进行了泛化，针对不同种类的登记行为放在特定领域中研究其性质。该种思路其实是将行政登记作为一种灵活简便的管理方式或手段，其法律属性视具体情况加以识别，进而出现许可式登记、确认式登记、备案式登记、监督式登记等不同类别。根据笔者搜集、阅读的资料可看出，目前的主流观点是将行政登记作为现有行政行为类型的表现形式，这种观点更加注重从某一具体行政登记类型来分析。极少数学者认为应当将行政登记视为一种独立的行政行为类型，作为一个整体对待。登记已经成为公私法交融领域的重要未决问题，从北大法宝、中国裁判文书网上公布的行政登记案例可以看出，土地房屋、车辆船舶、结婚离婚等登记案件数量庞大，各类登记已经成为行政案件的主要诉因之一，因错误登记引起的行政赔偿案件也时有发生，而行政登记的本质属性模糊是造成问题的根本原因。本章将行政登记行为定性为一种独立的行政行为类型，然后结合权利归属与法律关系两类典型登记类型被引入司法实务界，分析行政领域与司法领域之间面临的登记难题，尽力为实务界在遇到此类案件时如何进行审查提供一种思路。

第一节 行政登记的实证分析

一、法律文本分析

为了充分了解我国行政登记的现状，笔者在北大法宝上通过分别输入“登记，法律，现行有效”“登记，行政法规，现行有效”“登记，部门规章，现行有效”三组关键词[①]，共搜索到 1 部有关登记的法律，26 部行政法规，105 部部门规章，经过筛选符合本章研究的有 1 部法律、22 部行政法规、74 部部门规章。为了便于论述，本章列举部分法律，且法律名称前不再冠以“中华人民共和国”七字。其中，涉及登记的法律为《户口登记条例》；涉及登记的行政法规有《不动产登记暂行条例》《企业法人登记管理条例》《合伙企业登记管理办法》《中国公民收养子女登记办法》《社会团体登记管理条例》《公司登记管理条例》《矿产资源开采登记管理办法》《矿产资源勘查区块登记管理办法》《船舶登记条例》《农民专业合作社登记管理条例》《企业名称登记管理规定》《事业单位登记管理暂行条例》《婚姻登记条例》《企业法人法定代表人登记管理规定》《外国人在中华人民共和国收养子女登记办法》《民办非企业单位登记管理暂行条例》《民用航空器国籍登记条例》等；涉及登记的部门规章有《应收账款质押登记办法》《个人独资企业登记管理办法》《企业法人登记管理条例施行细则》《渔业船舶登记办法》《动产抵押登记办法》《农药登记管理办法》《农药登记试验管理办法》《增值税一般纳税人登记管理办法》《机动车登记规定》《著作权质权登记办法》《专利权质押登记办法》《民用航空器国籍登记规定》《企业法人登记管理条例施行细则》等。对涉及登记内容的规定进行分析，可以看出我国现行行政登记制度的特点。

（一）登记语义使用不规范

我国现行有效的法律、法规、规章以及本章未统计的其他规范性文件中

---

① 检索时间为 2020 年 6 月 20 日。

涉及“登记”的内容很多,“登记”一词被广泛使用在不同的领域中。本章即使只统计了法律位阶较高的法律、行政法规和部门规章,也能充分反映出登记在我国法律规范中出现的频率很高,同时也能够反映出登记制度的重要性。目前,凡是涉及有关需要记载的事项都会在法律名称中冠以“登记”的字样,使用较为随意、模糊,对现行行政登记制度造成理解上的混乱。不同类型登记各作各的规定,规定分散、效力不一,对行政登记缺乏理论上的基本共识。有些登记行为通常以“登记管理办法”“登记管理条例”等法律名称直接表明,而有些在法律法规的名称中看不到“登记”的字样,但在具体的法律条文中有登记的规定,这样混乱的状态导致难以形成统一的登记制度。目前,因为对行政登记性质的把握不准确,没有对行政登记与其他相似制度作出明确的区分,导致大量法律、法规以及规章中立法语言不准确,不同规范性文件甚至同一法律文件不同法律条文中“登记”的含义不同。

(二)登记行为类型复杂

我国现行法律、法规、规章以及其他规范性文件中涉及行政登记的内容繁多,根据不同的实体法规定,登记行为的类型十分复杂,不同领域的登记行为性质不同,功能与目的不同,造成的法律效果也不尽相同。从登记的内容上看主要可以分为以下四种类型:(1)法律主体资格的登记,如《事业单位登记管理暂行条例》《社会团体登记管理条例》《合伙企业登记管理办法》等;(2)权利归属的登记,如《不动产登记暂行条例》《船舶登记条例》《著作权质权登记办法》《专利权质押登记办法》等;(3)法律关系的登记,如《婚姻登记条例》《中国公民收养子女登记办法》等;(4)法律事实的登记,如《民用航空器国籍登记条例》,还有本章未列明的排污登记、暂住登记等;(5)还有行政机关工作内部的一些登记流程,本章未作统计。不同种类的登记行为既有公法上的法律效果,又有私法上的法律效果。从功能角度看,有事前抑制功能的许可类登记,有简单公示功能的权属登记,也有作为行政管理辅助手段的事实登记。[1] 登记所涉及的领域非常广泛，针对不同申请事项，登记机关审查时所依据的实体法律不同，审查程序、标准、依据、原则各有特殊要求。

（三）登记行为性质不明确

从法律性质看，登记行为既有法律行为，又有事实行为，不同类型登记行为的审查方式、司法救济途径等都不一样。从上述统计的有关登记的法律规范中可以看出，有的登记表现为一种行政许可，如《个人独资企业登记管理办法》第9条规定："投资人申请设立登记，应当向登记机关提交下列文件：（一）投资人签署的个人独资企业设立申请书……"；第11条规定："登记机关应当在收到本办法第九条规定的全部文件之日起15日内，作出核准登记或者不予登记的决定。予以核准的发给营业执照；不予核准的，发给企业登记驳回通知书"。类似的还有《合伙企业登记管理办法》《外国企业常驻代表机构登记管理条例》《社会团体登记管理条例》《矿产资源开采登记管理办法》《民办非企业单位登记管理暂行条例》等。有的登记只是一种备案行为，如《民用航空器国籍登记条例》《企业名称登记管理规定》《增值税一般纳税人登记管理办法》等；有的是对法律权利、法律关系的登记，这类特殊登记在一定条件下会产生特定的法律效果，如《船舶登记办法》《婚姻登记条例》《中国公民收养子女登记办法》《不动产登记暂行条例》等，通说认为该类特殊登记属于行政确认行为。[2] 登记类型繁多、性质杂乱，我国现行有效的行政法规、规章规定又较为笼统，不能清晰辨别出登记行为的性质，导致行政登记行为性质无论在学界还是实务界一直处于混乱状态。

（四）登记审查方式不清晰

在具体事项的登记过程中，登记机关对登记事项采取何种审查方式不清晰，如有的采取形式审查、有的采取实质审查、有的要求尽到合理的必要注意义务，不同的审查方式中，行政主体意志的渗入程度、登记后果的责任

① 参见李昕、赵红宇：《登记行为的类型化分析》，载《上海政法学院学报》2006年第3期。

② 参见罗豪才主编：《行政法学》（新编本），北京大学出版社1996年版，第188页；姜明安主编：《行政法与行政诉讼法》（第二版），北京大学出版社、高等教育出版社2005年版，第284页；胡建淼：《行政法学》，法律出版社1998年版，第347页。

大小以及审查范围的程度与深度等都有很大的区别。例如,《民法典》第212条规定登记机构应当履行下列职责:“(一)查验申请人提供的权属证明和其他必要材料;(二)就有关登记事项询问申请人……申请登记的不动产的有关情况需要进一步证明的,登记机构可以要求申请人补充材料,必要时可以实地查看。”这些条款在一定程度上列举了登记机关审查的义务,提出了明确的要求,但无论是现场核查还是询问申请人都是在对材料进行单纯审查的基础上进行的,这只能说明仅凭申请材料还不足以达到登记的标准时,需借助其他辅助手段进一步明晰,故单从这些规定中能否推导出登记机关应当采取何种审查方式尚不明晰。审查方式区别的核心要义是登记机构是否需要对申请人的基础客观事实进行审查,从现行法律规定看,我们只能看出不同登记类型对登记机构审查义务的程度要求不同,询问申请人、实地勘察等方式都是继申请材料审查后的必要步骤。

二、实践运行考察

由于本章将行政登记制度的着眼点定位于行政争议与民事争议交叉的案件(以下简称行民交叉案件),因此笔者从北大法宝上选取了8个较有代表性的案例来阐述行政登记制度在司法实务中的运行情况,并对相关案例进行简单的归纳、统计,进而说明行政登记案件在司法实务中面临的问题。

(一)类似案件裁判结果的对比

表2 法院对登记案件的裁判结果

序号	案号	裁判要点	裁判结果
1	(2014)朝行初字第117号	被告尽到了查验、询问等在行政登记中合理、审慎的审查职责,因涉案结婚证是虚假的事实表明,被诉的房屋所有权转移登记行为合法性的基础存在缺失,应当予以撤销。	撤销登记行为
2	(2016)鲁01行终561号	原告未亲自到场也未委托代理人申请房屋权属登记的情形下,被告为原告颁发济房槐共字第006762号房屋共有权证的具体行政行为时主要证据不足。	撤销登记行为

（续表）

序号	案号	裁判要点	裁判结果
3	(2015)平行初字第147号	原告与第三人未将二人已经法院调解离婚的事实如实告知被告,而是以结婚证遗失为由申请补领结婚证,被告为原告与第三人补发结婚证,已经尽到了审慎审查义务。但鉴于原告与第三人已经法院调解离婚,被告为原告与第三人补发结婚证的行为缺乏事实基础。	撤销登记行为
4	(2014)甬慈行初字第2号	本案原告与第三人在离婚后,第三人叫他人冒用原告身份去婚姻登记处,持原告的第一代身份证共同向被告申请复婚登记。被告在原告没有亲自到场的情况下办理了结婚登记手续。该被诉行政行为违反了法定程序。	撤销登记行为
5	(2016)苏0281行初48号	被告提供的第三人申请材料中,除结婚登记申请书外,仅有婚姻状况证明,且婚姻状况证明落款时间晚于颁证时间,据此可认为被告在办理涉案婚姻登记过程中,第三人尚未提供婚姻状况证明,行政行为存在重大且明显违法情形。	确认无效
6	(2015)一中行终字第545号	被告对第三人提交的包括三份公证书在内的申请材料进行了审核,并就登记事项对第三人进行了询问,认为第三人提交的申请符合相关规定,已经尽到了审慎审查的义务。但由于公证书被撤销,因此被告就涉案房屋办理的转移登记丧失了合法存在的事实依据,应予撤销。	撤销登记行为
7	(2010)鼓行初字第14号	虽然房屋行政登记的基础关系无效,但登记机构已尽到审查义务,银行善意取得抵押权应予保护	驳回原告诉讼请求
8	(2013)温平行初字第31号	第三人将原告的房屋转移登记在自己名下,后用该房产向银行抵押贷款,并办理了抵押登记。被诉登记行为虽违法,但银行已善意取得了涉案房屋的抵押权。	确认违法

(二)行政登记案件在司法实务中存在的主要问题

1. 合法性的双重审查标准

行政登记案件在司法实践中主要存在两类情形,一类是仅针对行政行为合法性提出的诉讼,这里行政行为的合法性仅指登记机关作出登记行为时是否符合主体、权限、内容和程序等方面的规定；另一类是行政登记这类特殊的行民交叉案件往往涉及对基础民事法律事实的审查，要求登记结果符合客观的基础民事法律事实。这两类案件都涉及对行政行为的合法性审查，我们将前一类案件称为行政行为形式合法性审查案件，将后一类案件称为行政行为实质合法性审查案件。首先，行政登记案件是行政机关依法行政与保护民事主体合法权益交叉的案件，其合法性审查应当采取形式合法审查还是实质合法审查是第一大难题。其次，从法理上来说，行政行为的合法性不仅要在形式上符合法律规定，而且也要在实质上符合法律的内在精神，即符合法律目的、公正原则等。行政诉讼的主要目的是监督行政机关合法、合理行使行政权力，进而保护相对人的合法权益，在这类特殊的行民交叉案件中能否以实质合法标准来衡量行政机关是否实现了依法行政的目的，是行政登记案件面临的一大难题。司法实践中，行政登记案件经常会遇到形式合法与实质合法相冲突的情况，这给行政审判法官如何裁判同样造成了很大的困扰。

2. 法官裁判思路不同

第一，撤销判决的适用。适用撤销判决的情况通常有两种情形，一种是登记机关未尽到合理的注意义务导致登记行为本身存在违法，如表 2 中的案件 2、案件 4、案件 5 由于登记机关未认真审查申请人身份，导致申请人用虚假身份证明获得登记，该类登记行为是登记机关未依法履行法定职责，其主观上存在过错导致登记行为被撤销；另一种是登记结果与基础法律事实不符导致登记行为被撤销。《行政诉讼法》第 5 条、第 6 条规定了人民法院审理行政案件以事实为根据，以法律为准绳，对行政行为的合法性进行审查。因此，当事人对登记行为不服提起行政诉讼时，法院应当围绕被诉登记行为的合法性进行审查，即不但要审查登记机关是否对申请材料的数量和合法性尽到了合理的注意义务，还应当对基础民事法律事实进行审查，若登记机关作出的登记结果与基础法律事实不符，则属于登记机关作出行政行为认定事实不清，法院应当撤销登记行为。例如，表 2 中的案件 1、案件 6 突出表现了法官作出该类判决的思路，登记机关在作出登记行为时其实已经尽到合理的注意义务，按照形式合法性审查原则，登记机关作出的登记行为应当是合法的。但由于登记行为的合法性基础存在缺失，出现了实质不合法，最终导致登记行为被撤销。作出撤销判决的法官在审理登记案件时更加追求真实的客观基础事实，忽视了行政机关的审查方式，只要登记机关作出的登记结果与客观基础事实不符，登记行为就会被撤销。

第二，确认违法判决的适用。该类判决与民事善意取得制度相关，通常发生在不动产登记案件中，即虽然登记机关作出的登记结果与客观基础事实不符，但判决撤销将给公共利益造成重大损失或者损害善意第三人的利益。对于此类情形法院应当判决确认登记行为违法，并不是撤销登记行为。这是法院通过利益衡量、价值判断后的一种重要裁判方式，现行立法对不动产登记案件更加注重保护交易安全，从而阻断了原权利人对所有权的追及力。法院适用确认违法判决方式，不仅对登记行为作出否定性评价，同时保留了登记效果，为后续登记提供合法和正当性依据，保护基于信赖登记而善意取得人的合法权益。例如，在表 2 的案件 8 中，虽然登记行为的基础存在违法性，但银行已经善意取得争诉房屋的抵押权，撤销该抵押行为不仅有损登记行为的公信力，而且还会引起多重纠纷，不利于社会稳定，通过确认违法判决能达到利益最大化、纠纷最小化的结果。

第三，驳回诉讼请求判决的适用。登记机关在作出登记行为时只要尽到了形式审查义务就认为登记行为合法，即登记机构对申请人提交材料的完备性和真实性进行了一个正常理性人的注意义务即可。虽然申请人存在伪造签名、盖章或者其他虚假情形，但该情形需借助专业鉴定机构或具备专门知识人员才能发现，登记机构工作人员通过肉眼无法鉴别其真伪。此种情况由于登记机关已经尽到审查职责，因此即使登记结果错误同样应当判决驳回原告的诉讼请求，而非撤销登记行为或者确认登记行为违法。例如，在表 2 的案件 7 中，登记机关已经尽到审查义务，虽然登记结果与真实权利不符，但不能将该过错归于登记机关，否则有过度苛责登记机关之嫌。

第二节　行政登记的法理分析

一、行政登记的界定

“法律概念是法律思维的基本方式，它是通过对各种法律现象、法律事实的描述和概括，以穷尽列举所囊括对象特征的方式而形成的一般意义或抽象意义的概念。”[①]因此，在研究某一法律制度时，透析出该项法律制度的概念不仅能够从整体上把握其精髓，且有助于相似概念的辨析。

登记最初的概念是指把有关事项或东西登录记载在册籍上。例如，我国明代李颐的《条陈海防疏》中指出：“兵部量发马价，於密、蓟、永三道，每道二万两，听专备前项买马造器及海防杂办一应必需之物，详为登记。”事实上，登记最初并不是一个法律概念，最初始的目的就是将某个事实、某项信息甚至某项权利通过一定的方式予以记载，并将记载内容公布于众，起到公示的作用，对于登记的主管机构、所需登记的对象、登记的内容等都没有一个可以遵循的规则，当时的登记制度就是一种纯粹的记录。但随着社会经济的不断发展，登记这种单纯的作用逐渐被掩盖，更多被当成国家为了便于进行公共行政管理对某些特定事项采取的一种特殊手段，也就是我们现在通常所称的行政登记。

学界目前对行政登记的含义大致有广义和狭义两种学说。广义说认为行政登记既可以是由行政机关负责进行的一种事实情况统计，又可以是将申请人申请的特定事项在审查批准的基础上记载于簿册并发放相应证书，确认特定权利义务关系的一种法律制度和行为。[②] 此说是立足于整个法律体系，对涉及登记的所有领域从形式上作出的一种概括、归纳，而并未揭示

① 李振江主编：《法律逻辑学》，郑州大学出版社2004年版，第29页。

② 参见司坡森：《试论我国行政登记制度及其立法完善》，载《政法论坛（中国政法大学学报）》2003年第5期。

出行政登记的真正本质。我国现行有关登记的规定散见在各种法律、法规、规章、规范性文件中，凡是涉及登记程序的法律行为几乎都会在其法律名称上冠以“登记”二字，但这些登记有的只是行政许可或行政确认程序的一个环节，有的虽名为登记，实质却是行政许可或者是不具有任何法律意义的备案式登记。广义说更多是以现有法律文本作为定义的依据，虽说囊括了登记的所有类型，但某些登记类型并非真正意义上的行政登记，没有从本质上将行政登记的特有属性抽象出来。狭义说认为行政登记是指行政机关为实现一定的行政管理目的，根据法律、法规和规章的有关规定，依相对人申请，对符合法定条件的涉及相对人人身权、财产权等方面的法律事实予以书面记载，并引起特定法律效果的行为。[①] 该说以登记的目的、内容及法律效果对行政登记所涉及的范围进行了一定的限制，更能说明行政登记的本质，其具有现行行政行为类型所无法包容的特性。

笔者更赞成对行政登记进行一种狭义上的定义，行政登记并不归属于现行任何一种行政行为模式，有着不同于其他行政行为类型的价值、功能，应当将行政登记作为一种独立的行政行为模式进行研究。同时，2004 年 1 月 14 日最高人民法院颁布的《最高人民法院关于规范行政案件案由的通知》（法发〔2004〕2 号）将行政登记作为一种独立的行政案由，该规定为将行政登记作为一种独立的行政行为类型提供了法律依据。

二、近似制度的比较

由于我国现有法律规范未对行政登记从整体上进行一个统一的定位，而行政登记与行政许可或行政确认又时有交叉，因此理论界会出现许可式登记、确认式登记、备案式登记等，致使行政登记始终在行政许可与行政确认中游离，造成非此即彼的状态。但通过仔细对比，行政登记与行政许可、行政确认均存在明显界限，并不能相提并论。

---

① 参见戴涛：《行政登记侵权之诉研究》，载《行政法学研究》2001 年第 4 期。

1. 行政登记与行政许可的区别

行政许可是指行政机关根据公民、法人或者其他组织的申请,经依法审查,准予其从事特定活动的行为。可见,行政许可以禁止为前提,行政机关对行政相对人提出的申请进行审查后,只有符合条件的行政相对人才被赋予从事特定活动的权利和资格,是一种赋予权利的行为。行政许可是行政机关为实现预定的管理状态,通过普遍禁止的方式,仅允许具备特定条件的相对人从事相应领域的活动,如采矿许可。而行政登记虽然也是行政机关出于一定的行政管理目的,但其并不具有解除普遍禁止的性质,要求民事主体履行登记义务是为了实现对生产资料、社会关系等情况进行必要监控,并非赋权。

从行政机关的意思表示程度看,行政机关在行政许可中作出了意思表示,具有一定的自由裁量权,在特殊情况下,行政机关可以根据一定时期的市场经济、行政政策、社会秩序等具体情况进行衡量后作出是否许可的决定。许可制度是国家通过公权力的行使赋予行政相对人从事一定行为的权利或解除特定行为的不作为义务,其根据行政机关意思表示的不同产生不同的法律效果。而行政登记是一种羁束性行政行为,行政机关不能行使自由裁量权,只要行政相对人提交的材料符合法律、法规、规章、规范性文件要求的内容、形式、数量时,行政机关就负有登记的义务与职责。只有当申请人提交申请的材料不符合法律规范规定时,行政机关才可以作出拒绝登记的行为,此种情形下的拒绝行为并非是行政机关意思表示导致的结果,而是法律的强制性规定导致的。综上可以看出,对于是否予以登记,行政机关只需要考虑法律规范的相关规定,并不需要考虑法律规范之外的因素,无自由裁量的余地。

2. 行政登记与行政确认的区别

"行政确认是指行政机关依法对相对人的法律地位和权利义务进行甄别,给予确定或否定并予以宣告的具体行政行为。"[①]行政登记与行政确认从

---

① 张步洪编著:《中国行政法学前沿问题报告》,中国法制出版社 2003 年版,第 5 页。

法律效果看存在着高度的相似性，有些学者经常将权利、身份关系的登记视为行政确认，认为对这些事项进行登记的性质属于行政确认。行政确认的前提为有争议或存在不确定的法律问题，通过行政权的行使将处于模糊状态的法律事实、法律关系进行甄别、判断后，达到明晰的状态。因此，行政确认具有定分止争的作用，能够直接引起当事人权利义务的变化。而行政登记是登记机关根据法律规定对申请人提交的材料进行审查，只是对客观事实的认定与判断，目的在于对申请的权利或事实状态进行单纯的记载，并不具有对模糊不清、有待确定的事实加以判断的权力，是否予以登记并不直接影响当事人的实体权利义务。由此看来，行政登记并不等同于行政确认，不能将二者混为一谈。

三、行政登记的属性

（一）公法属性与私法属性之争

行政登记是由民事主体申请公权力机关对涉及自身人身关系、财产关系的私权利予以登记的行为，故导致了行政登记公法属性与私法属性的争议。“公法行为说”认为登记是行政机关在其职权范围内依法作出的一种具体行政行为，是一种公法行为。[①] “私法行为说”认为行政登记的对象是申请人的私权利，行政主体并非出于行政目的行使行政权，且登记行为最终产生的是私法效果，登记错误产生的责任属于民事侵权责任，而非国家赔偿责任，故应当属于一种私法行为。[②] 还有部分学者持“混合行为说”，认为登记行为产生公法与私法双重法律效果，故应当兼具公法与私法双重属性。[③] 该

---

① 参见王泽鉴：《民法物权》（第1册），中国政法大学出版社2001年版，第93页；王利明：《物权法论》（修订本），中国政法大学出版社2003年版，第136页；梁慧星主编：《中国物权法研究》，法律出版社1998年版，第199页；李晓敏：《论婚姻登记瑕疵——以郑松菊诉浙江乐清民政局一案为例》，载《呼伦贝尔学院学报》2008年第6期。

② 参见王洪亮：《不动产物权登记立法研究》，载《法律科学（西北政法学院学报）》2000年第2期；李明发：《论不动产登记错误的法律救济——以房屋登记为重心》，载《法律科学（西北政法学院学报）》2005年第6期。

③ 参见司伟：《论不动产登记与权属确认——兼论对〈物权法司法解释一〉第2条的理解》，载《法律适用》2016年第5期。

种学说其实并无实际意义，任何法律行为通过不同的标准都会产生不同的法律效果，如果仅仅因登记行为具有双重法律效果就将其简单划分为混合行为，显然不能揭示行政登记行为的本质属性。

目前"公法行为说"占据主导地位，笔者也认为行政登记应当是具有公法属性的。现代国家中出现了公法与私法之间的种种交汇、互动现象，如公法私法化、私法公法化，但二者仍然是在相互区分的前提下进行互动，而非简单的混同。[①] 实践中公私法行为常常交织在一起，经常出现公法中有私法因素，私法中有公法因素，行政登记恰恰是国家将公权力之手伸进私法自治的领域，从而影响私法关系的形成、消灭或者决定它的效力。确定行政登记行为是公法属性还是私法属性不仅要注重行为的构成要素，还应当注重行为的功能。

1. 构成要素

首先，从主体要素看，行政登记的主体是法定的行政机关。依职权法定原则，特定事项的登记工作由特定的行政主管部门承担，如不动产权利归属的登记，根据《不动产登记暂行条例》的规定由不动产所在地的县级人民政府不动产登记机构办理；男女双方自愿结婚、离婚的，根据《婚姻登记条例》的规定需共同到一方当事人常住户口所在地的婚姻登记机关办理；船舶所有权归属的登记，根据《船舶登记条例》的规定由各港的港务监督机构办理；等等。这体现了国家公权力对私人某些特定身份关系及特殊财产权利变动中的一种干预，从而更好地保护申请人的合法权益乃至公共利益。

其次，从权力要素看，行政登记是行政机关依法履行法定职责的行为。以行政职权是否积极主动行使为标准，可以将行政机关的行为分为依职权的行为和依申请的行为。行政登记是行政机关依据相对人的申请对有关法律事实、法律关系给予认可和证明。行政登记必须以相对人申请为前提，行政机关不能主动启动登记程序，要求相对人对涉及自己人身、财产权利进行

---

① 参见李洪雷：《行政法释义学：行政法学理的更新》，中国人民大学出版社 2014 年版，第 49 页。

登记。行政登记双方当事人法律地位不平等，登记过程中由当事人向登记机关提出申请，登记机关对申请人提交的材料进行审查后决定是否予以登记，并享有最终的决定权。因此，登记过程中真正由相对人参与的只是启动登记程序，使登记行为发生法律效果的核心原因是行政职权的行使。

最后，从效果要素看，行政登记虽然本身并不赋予相对人权利，但仍然能够直接或间接产生一定的法律效果。登记在私法上的公示公信效力来源于行政行为的效力，财产权利的归属状态、身份关系的状态都是通过行政行为的公定力、确定力得以实现的。通常情况下，登记行为一经作出就产生法律上的效果，无论该行政行为是否合法有效，一经作出就推定为合法有效，对整个社会产生拘束力。例如，对不动产的所有权登记而言，行政登记是物权变动生效的条件，因登记行为推定登记簿上的内容正确、真实具有使社会公众信赖其正确的法的效力，即使后来证明该登记错误，法律对信赖该登记而从事交易的人仍然承认其与真实物权相同的法律效果。

2. 功能分析

朱芒教授曾提出“功能视角中的行政法”，这也启发我们行政法学研究不能仅仅以演绎的方式或从制度内在的角度去关注法律制度，也要从功能的方面进行考察。功能的定位决定着某项法律制度的整体建构和细节设计，可见法律制度的功能定位极其重要。不同法律部门的功能各不相同，如民法的功能主要是调整平等法律主体之间的财产关系和人身关系；刑法的功能是为了惩罚犯罪、保护人民；行政法的功能随着政治、经济、社会、文化的发展不断变化，结合中国行政法的发展状况，传统“控权模式”的行政法理论越来越受到学者们的批评，新近行政法学的发展不再仅仅是着眼于控制行政权，更要提高行政的效能，不再仅仅是保障公民权利，同时也要推进公共利益。即使是同一法律部门，不同法律制度的功能也各不相同，如在行政法律制度中，行政处罚的功能是为了维护社会公共秩序，行政许可的功能则是为了赋予行政相对人某些特定权利。可见，功能的不同导致法的属性、效力的强弱乃至救济手段都不相同。行政登记是公权力与私权利交织在一起的行为，对行政登记的法律属性除了从行为本身的构成要素进行定性外，也应注重对制度内在功能的分析。

民法学界认为行政登记的功能是为了表明私权利的事实状态，维护社会公共秩序，应当属于私法属性。事实上，行政登记的真正功能是行政机关通过所获信息从宏观上对私权利进行调控，具有控制和监管职能。趋利避害与利己是人的本能，每个人都希望自己的利益最大化，如果仅仅依赖道德和个人素质促使民事主体作出合法性行为，这无疑是对社会公共秩序、公共利益的一个潜在威胁，加之我国国民目前诚信度普遍偏低，使得公权力的介入成为保护私权利的必要手段。如果没有公权的保障，没有公权这种超越于个人之上的公共力量通过强制手段使义务得以履行，私权是无法实现的。[①] "基于保护公共利益或者第三人利益的需要，国家有必要把权力之手伸进私法自治的领域，从而影响私法关系的形成、消灭或者决定它是否有效力。"[②]行政登记是将财产权属状态、身份关系状态进行公示，这种公示具有法律强制性规定，体现了国家行政机关对特定私权利的合理干预，明晰特定财产、身份关系状态，通过所获信息达到维护和保障社会市场经济秩序、家庭伦理秩序等。当然，国家赋予行政机关对民事主体特定财产、身份关系进行登记的权力，并非出于管制私法行为的目的，而是为了支撑私法自治。行政登记产生了私法效果，即保护私法权利，但这并不影响将登记行为界定为公法行为。

私法中之所以会出现公法制度或者出现公法与私法的结合，是因为民事主体从事的某些经济活动、建立的某些身份关系会因自由放任而破坏社会公共秩序，当涉及公共利益的时候，法律对于本属于个人相互间的法律关系不能仅仅依靠个体自身去调解，要加强公法要素在这些本属于私法主体法律关系之间的管控，"不单请求保护时依司法权加以之保护，同时还把那

---

① 参见熊文钊、郭晋：《论不动产登记行为的法律属性》，载《法治论丛（上海政法学院学报）》2007 年第 6 期。

② 章剑生：《行政不动产登记行为的性质及其效力》，载《行政法学研究》2019 年第 5 期。

义务看作公法上的义务，更进而依行政权去监督那义务的履行”[1]。不能以意欲保护的利益作为公私法属性的区别标准，公共利益与私人利益通常情况下是相互贯通的，即使是以保护公共利益为目的的法律制度，也不能舍弃个人利益的身影，公共利益终究还是要由具体的个人来享有。在行政登记程序中，行政机关对相对人所申请登记的事项享有最终的决定权，并非与相对人协商决定，是行政机关单方决定申请结果的行为。可见，行政机关对私权利通过法律强制性规定要求民事主体进行登记，更多是为了监管职能。综上，通过对行政登记构成要素以及功能的分析可以看出，行政登记应当具有公法属性。

（二）行政法律行为与行政事实行为之争

从上述分析可知，行政登记属于一种独立的行政行为模式，受民法法律行为理论的影响，有学者也将行政行为依照意思表示因素，分为法律行为、准法律行为和事实行为进行讨论。由于传统观点认为事实行为和准法律行为都不以发生法律效果为目的来定义，这就必然导致事实行为和准法律行为在一定程度上的重合，二者难以有一个明晰的标准加以区分。目前准法律行为在行政法学界的地位已经岌岌可危，传统上被纳入准法律行为类型之中的行为大多被归入其他类型之中，例如最具代表性的行政确认行为，现在在德国通说中已经被承认具有规制和法律行为性质，故准法律行为在行政法领域中没有过度引入的必要。此外，民法领域的意思表示注重主观意思，而行政法领域的意思表示更注重客观表示。行政行为是行政机关依据法律规定行使法定职权，履行法定职责所作出的相关行为，虽然在某些具体行政行为中，如行政处罚，行政机关工作人员根据事件的具体情形具有一定的自由裁量权，但该自由裁量权是在法律限定的范围内行使，工作人员的主观因素对最终行政行为的成立影响较小，故行政法上“意思表示”的内容是法定的，并不会随着具体人主观意思的不同而不同。在行政法领域内，所有

---

① 〔日〕美浓部达吉：《公法与私法》，黄冯明译，中国政法大学出版社 2003 年版，第 250 页。

主体的行为都是一种意思表示,当这种意思表示为相对人设定、变更或者消灭某种权利义务关系的内容时就构成行政法律行为,故行政法领域中不应完全套用民法领域中意思表示的核心内涵来界定行政法律行为和行政事实行为。

我国通说认为法律效果是行政法律行为成立的核心要素,如姜明安教授认为,具体行政行为必须是一种具有特定法律效果的行为,如果一个行为不具备这种法律效果,那么即使该行为是享有行政权能的组织或个人运用行政权所作的行为,也不是具体行政行为;①罗豪才、应松年教授认为,行政行为的要素包括主体要素、职能要素、法律要素;②叶必丰教授以法律效果作为行政法律行为的核心要素,在具体分析某一行为的性质时引入意思表示的概念,他认为,法律效果是指主体通过意志行为直接设定、变更、消灭或者确认某种权利义务关系,以及所期望取得的法律保护。③ 相较于意思表示要素,笔者更赞成通过法律效果来分析行政登记的性质。

首先,行政登记必然引起法律效果的变化。行政登记机关在主观上虽然没有与行政相对人建立一种行政法权利和义务关系的意思表示,但依据相对人的申请对涉及其人身权、财产权的法律事实予以登记后,必然引起相对人权利义务关系发生变化。例如,在不动产所有权的登记中,行政机关在审查材料认为符合登记条件予以登记后,相对人对特定不动产享有法律上认可的排他性的绝对支配权,所有权人外的任何第三人都要受到登记的约束,不得作出权利人行使物权的阻碍行为。再如,婚姻关系登记后对夫妻双方财产权、人身权都产生与婚前不同的权利义务,最直观如婚前一方的工资属于个人财产,登记结婚后则成了夫妻共同财产,同时在人身权上夫妻双方互负扶养义务。

---

① 参见姜明安主编:《行政法与行政诉讼法》(第五版),北京大学出版社、高等教育出版社 2011 年版,第 194 页。

② 参见罗豪才主编:《行政法学》,中国政法大学出版社 1996 年版,第 125—126 页;应松年主编:《行政法学新论》,中国方正出版社 2004 年版,第 124—125 页。

③ 参见叶必丰:《具体行政行为的法律效果要件》,载《东方法学》2013 年第 2 期。

其次,私法效果不能成为否认行政登记为法律行为的原因。虽然行政登记产生的法律效果最终是由民事相关法律引起的,是私法权利的变动,但行政主体并非无意思表示,行政登记也并非无行政法意义上的法律效果。行政登记程序中行政相对人向行政机关申请特定事项的登记是行使公法权利的一种表现形式,即请求权,该项请求权最终作用的对象为相对人私法上的财产权或者人身权。行政机关通过对相对人申请的材料进行法定审查并予以登记后,这些私权利将受到法律保护,进而产生行政法上的救济权利,如行政复议与行政诉讼。私法效果的产生不是行政行为性质发生变化的原因,反而证明了行政机关作出的行为会使相对人的权利义务发生变化,这种变化并不仅仅限于公法上权利义务的变化。任何具体行政行为的作出深层次都会影响到相对人的私权利,最终落实到相对人能够切实感受到的权益。

最后,行政登记行为与相对人私权利的变化之间存在一定的因果关系。私权利受到公权力影响的前提是行政机关对相对人作出了一定的行政行为,这种行政行为的作出引起相对人私法权利义务的变化。根据登记效力的不同,行政登记对私法关系产生的影响不同:对于强制要求登记的对象,行政登记是私法关系发生变化的有效因素,如不动产所有权登记、婚姻关系登记是法律的强制性规定,只有依法进行登记后,不动产所有权、婚姻关系才会发生相对人意欲的状态。对于非强制登记的对象,行政登记对私法关系产生附加效果,产生公信力,经过行政登记后对第三人产生对抗效力。如果未经登记,则无论是生效效力还是对抗效力都不复存在,行政登记行为是引起相对人私权利产生、变更、消灭的前提。

第三节　目前行政登记存在的问题

一、行政层面

(一) 登记公信力缺乏确定性

“公信力一词来源于德国法,是登记行为的效力核心,是以国家信用为基础，由国家机关担当登记行为的主体，登记程序由国家机关主导，登记结果之正确性由国家保证。”[①]行政登记是赋予国家通过登记对权利进行确定并担保真实的权力，公民有理由相信行政机关通过审查后登记的法律事实状态。公权力参与下作成的外观与实体关系通常会保持高度一致，从而具有高度的可信赖性。[②] 公信力是法律对行政登记效力的一种设定，相关法律事实一经登记公示，外界即可信赖公示的内容。登记簿上所公示的权利和身份应当推定为真实的权利和身份，即使外观公示的内容与实体权利存在冲突，对信赖该公示的善意第三人也应当加以保护，不能因登记程序瑕疵剥夺善意第三人取得的相应权益。从现行有关登记的法律规定和实务判决看，我国对登记是否具有公信力的规定比较抽象，而司法机关对行政登记的审查更加注重真实权利的保护，导致大量撤销判决的出现，这无疑削弱了登记的公信力。

（二）登记审查标准不明确

我国现行法律、法规对登记材料运用何种方式审查没有明确规定，实务操作也各不相同，导致行政机关对相对人提交的申请材料采取何种审查标准成为争议焦点。学界对登记机关的审查方式主要存在形式审查、实质审查、必要性审查、公证实质审查、折衷审查等观点。形式审查与实质审查是学理上最常见的区分，法律没有对这对概念作出明确界定。目前学界通常从登记审查的范围进行区分，认为形式审查仅审查登记申请在登记手续上是否适法，而实质审查在此基础上，还审查其是否与实体法上的权利关系一致，以及实体法上的权利关系是否有效。[③] 必要性审查不仅强调审查材料、手续是否齐备，还要对材料的瑕疵予以必要性识别；公证实质审查方式主要存在于瑞士等国家中，即登记机关的审查对象指向实质审查的实质内容，但在共同申请和公证介入的情况下，只要申请合法、证据确凿，就无须像法官

---

① 马栩生：《登记公信力：基础透视与制度建构》，载《法商研究》2006年第4期。

② 参见孙鹏：《民法上信赖保护制度及其法的构成——在静的安全与交易安全之间》，载《西南民族大学学报（人文社会科学版）》2005年第7期。

③ 参见张龙文：《民法物权实务研究》，汉林出版社1977年版，第42页。

那样进行裁判，而是进行格式化的流水线作业即可[①]；折衷审查将实质审查范围仅限于明显且不具真实性的少数情形。

无论哪种观点其实都是以形式审查为基础，对实质内容审查的程度、深度根据不同审查方式要求不同，登记行为违法性标准也不同。目前学界将形式审查的内容简单地界定为申请人提供材料数量上的齐全性和形式上的合法性，这种解读方式仅浮于表面，与立法目的不符。事实上形式审查并非只是从外观上对申请材料进行简单的核对，行政工作人员在对申请材料进行审查时，应当尽到一个常人标准，即一个智力中等的正常人所具有的判断能力标准。[②] 虽然法律只是简单地规定了进行登记时应当提供的材料，但审查人员应当尽到合理必要的审查义务，根据自己的专业能力、生活经验对这些材料的真实性、有效性、合法性作出尽可能准确的判断，如《婚姻登记条例》第5条规定了办理结婚登记需提供本人的户口簿、身份证。首先，申请人在申请结婚登记时从形式上要满足户口簿、身份证的外观要求，不能提供护照、驾照等作为识别个人身份的证件。其次，审查人员应当根据申请人的外貌、体型等外在特征判断其与提供的身份证、户口簿上所显示的人员是否为同一人，当然这里要求的审查程度较浅，一般通过肉眼就可以识别出来，不需要借助其他技术手段辅助进行深度审查。对于一些在材料上明显显示出的瑕疵错误，同样要求审查人员在形式审查过程中就能够审查出来。因此，笔者认为必要性审查与折衷审查事实上是对形式审查的深层次解读，并非脱离形式审查独立存在的审查方式。

通过上述分析可知，行政登记审查标准主要为形式审查与实质审查两种审查方式。实务中登记机关往往在行政登记诉讼案件中主张形式审查，而司法机关奉行实质审查标准，导致登记行为经常被撤销，登记机关对此非常不满。例如，在上述表2的案件3中，原告未将其与第三人已经法院调解

---

① 参见常鹏翱：《也论不动产登记错误的法律救济》，载《法律科学(西北政法学院学报)》2006年第5期。

② 参见章剑生：《行政许可审查标准：形式抑或实质——以工商企业登记为例》，载《法商研究》2009年第1期。

离婚的事实告知被告，被告对原告提交的材料进行审慎审查后，向原告补发了结婚证，后该案补证行为因缺乏事实基础被撤销。该案中的核心争议焦点是登记机关是否尽到了审查义务，以及审查标准如何确定，审查标准的确定不仅影响登记机关自身的权责，也影响着后续的司法裁判，故厘清登记机关的审查标准是首要问题。该案同时也反映出信息共享的重要性，实践中存在很多因信息掌握不准确导致行政行为违法的情况，对于该类情形简单以撤销行政行为达到依法行政目的稍有不妥。

（三）登记机关责任不明确

有权必有责，权责必统一。由于涉及登记的法律、法规对登记机关登记错误所负赔偿责任的规定较为笼统，因此登记机关应当承担什么性质的责任、承担责任的比例等都不明确。实践中，行政登记案件相对人一般仅对登记行为提起撤销之诉，很少一并要求登记机关负担赔偿责任。即使登记行为被撤销后，相对人也只是催促登记机关变更登记，对于登记机关登记错误的责任不再追究，这也是对登记机关赔偿责任未引起重视的一个原因。行政登记的最终决定权掌握在登记机关手里，为使这些重要权利不成为制度的牺牲品，登记制度有必要对这种外部性效果进行消解。[①] 行政登记往往涉及三方法律关系，登记错误必定会损害到一方当事人的权利，对信任登记内容而从事一定行为的当事人应当提供相应的救济措施，登记机关对错误登记应当负有赔偿责任，促使登记机关在登记过程中恪尽职守。登记机关在登记错误中究竟应当承担什么性质的赔偿责任，登记机关的赔偿责任与造成登记错误的其他行为人的责任之间是什么关系，具体赔偿份额如何划分，这些都是亟待解决的问题。

二、司法层面

（一）行政审查标准与司法审查标准的冲突

学界和实务界目前对形式审查的标准都只是从字面上进行了简单的阐

① 参见吕艳辉：《公私法交织中的不动产登记》，载《北方法学》2008 年第 5 期。

述，进而延伸出各种审查方式，将一些本应是登记机关在形式审查中所应履行的职责归入了实质审查的范畴，这类瑕疵诉讼并非是审查标准不明确导致的，而是对法律解读错误导致的，这也是导致当前行政登记应当采取何种审查标准混乱的原因之一。通过上述分析，我们在厘清形式审查和实质审查的概念后可知，在行政登记程序中，基础民事法律关系的客观状态是导致行政登记结果与司法审查结果冲突的真正原因。追求实质正义是诉讼的终极价值目标，故司法机关对行政行为合法性采取的是全面性审查原则，这就必然导致行政审查标准与司法审查标准的冲突。

实务中有相当一部分案件是登记机关尽到了合理的必要审查义务，但仍导致登记结果与客观真实权益不符，使司法机关陷入两难境地。从现行行政诉讼立法看，一项行政行为只有在符合认定事实清楚、证据确凿、适用法律法规正确、符合法定程序、不存在滥用职权或超越职权、处罚适当等条件时才会被司法机关认定其具有合法性。例如，在上述表格 2 的案件 1 中，原告申请登记的材料完备，被告尽到了查验、询问等合理、审慎的审查职责，但由于涉案结婚证是虚假的，最终导致登记行为被撤销，该案是典型的相对人伪造证件欺诈获得行政登记的情形。对于该类虚假证件，登记工作人员用肉眼很难识别，如按照形式审查标准登记机关已经尽到合理的必要审查义务。因此，有观点认为，由于法律对于行政登记的行为只规定了形式合法的标准，司法审查中就不能对被告要求过高，即只要被告尽到了形式审查的义务，其登记行为就应当被认定为合法[①]。按照该观点，登记机关的行为应当是合法的，登记结果与基础民事法律事实不符是由于当事人伪造证件造成的，并非登记机关未尽到合理的必要审查义务，故司法机关应当驳回原告诉讼请求。此种裁判方式导致真正权利人的权益无法得到救济，但撤销登记行为对登记机关又有失公正。司法机关在面对这类行政登记诉讼案件时应当采用何种标准才能兼顾双方的权益，消除这种冲突是目前的一大难题。

---

① 参见郭海云、袁玮：《论有限责任公司工商登记行政案件的合法性审查》，载中华人民共和国最高人民法院行政审判庭编：《行政执法与行政审判》（总第 15 集），法律出版社 2005 年版。

（二）审查路径不完善

司法实践中，行政登记案件的类型主要存在两种：一种是对登记行为本身引起的诉讼，如登记机关消极不作为，这类案件只需直接审查行政行为的合法性，按照行政诉讼程序进行即可；另一种则是存在行政争议与民事争议交叉的情况，且有相当一部分行政登记案件是由于对基础民事法律关系存在争议而引起的诉讼。《行政诉讼法》修改之前，由于行政争议与民事争议在诉讼请求、法律适用和审理程序方面均不同，导致二者无法合并审理，经常会出现互相推诿、互相中止或者民事、行政各审各的，导致矛盾判决的情况出现。为了避免裁判冲突和减少当事人诉累，2014 年《行政诉讼法》第 61 条规定，在涉及登记的行政诉讼中，当事人申请一并解决民事争议的，人民法院可以一并审理，这为行政登记案件所涉及的行政争议与民事争议合并审理提供了法律依据。2017 年通过的《最高人民法院关于适用〈中华人民共和国行政诉讼法〉的解释》第 137 条至第 144 条对一并解决相关民事争议的申请时间、立案方式、审理程序、裁判方式、收费标准等作出了更为详细的规定。

这些规定从表面上看为当事人减轻了诉讼负担，提高了司法效率，也避免了矛盾裁判的出现，但是实践中司法机关很少将相关民事争议纳入行政诉讼程序中一并解决，法官还是愿意将行政争议与民事争议分开审理。有些法官在审理行政争议过程中即使发现需要将民事争议一并解决，仍是会劝说当事人另行提起民事诉讼，并不愿在行政诉讼程序中一并审理。司法机关不愿将相关民事争议在行政诉讼程序中一并进行审查，主要原因是，即使行政争议与民事争议均由行政审判庭审理，还是会涉及先审理民事争议还是先审理行政争议的问题，在不同争议中如何实施举证、质证程序，当事人身份在不同争议中如何转换，如登记权利人在行政争议中是第三人，在民事争议中却为被告，这些程序上的具体冲突如何在一个庭审中处理。有些地方法院为了避免庭审中的混乱局面，在当事人提出一并解决民事争议的申请后，由行政审判庭对行政争议与民事争议一并审理，但是在具体操作上会分别开庭、分别审理。这种做法实质上与修法前没有本质上的区别，只是将民事争议换了一个审判机构来审理，由行政法官去审理民事案件，这种处理方式不仅增加了法官的负担，而且案件质量也难以得到保证。从立法规范上看，虽然现行法律对刑民交叉案件从立案到裁判都作了较为详尽的规定，但其实并未解决实际问题。行政登记中行民交叉案件的真正症结点，在于登记中涉及的民事争议是否有将其纳入行政诉讼程序中一并进行审理的必要，在行政登记案件中行政争议与民事争议是否真的具有关联性，民事争议与行政争议是否存在谁为前提谁优先的问题。

第四节　行政登记的法治化

一、行政层面

（一）明确登记公信力

“既然法律已赋予某些表征对特定财产的公信力，法律并不是一律地对真正权利人予以恢复或补救，特别是涉及第三人利益时，法律要平衡真正权利人和善意第三人的利益。”[①]我国设立了对民事主体的特定财产、身份关系予以行政登记的制度，理应赋予登记较强的公信力，如果登记公信力不被保障，则国家的权威也会受损。无论从现行政府管理制度还是从市场自我发展规律看，比起个人对权利的主张，登记机关所表征的权利可信度更强。例如，在不动产交易中，当事人更愿意与登记簿所记载的权利人进行交易，不会与主张为实际权利人的登记簿之外的第三人交易。如果登记公信力随时都有可能被推翻，国家花费大量的人力、物力、财力去设立登记制度的相关管理程序就丧失了正当化的基础。

行政登记的公信力是法律对行政登记效力的一种设定，社会公众可信赖该登记的内容，登记有错误也不能改变登记对权利和身份真实性的表述，即便登记结果与真实权利不符、实体上有瑕疵甚至错误，仍应视权利登记为

① 高富平：《物权公示与公信力原则新论》，载《华东政法学院学报》2001年第5期。

真实的。登记公信力与信赖利益的保护息息相关，善意第三人因信赖该登记的记载而选择作出特定行为，设定或取得的有关权利，国家有义务承担认可和保护责任。通过上述分析，登记机关在登记过程中要尽到合理的必要审查义务，因客观因素无法审查出登记的瑕疵与过错时，登记的公信力仍应当得到保障，保护善意第三人因对登记信息的信赖作出的引起自身权利义务发生变化的法律行为，这也是国家在登记中渗入公权力的权威性和强制力的必然结果。

（二）明确登记机关的审查标准

登记机关采取何种审查标准应当通过不同价值目标来衡量。首先，从行政登记的法律性质看。比较而言，行政登记的信息公示功能较简单，其监管功能色彩更重，但这并非要求登记机关对登记申请的审查必须达到与客观事实完全一致的标准，实践中认定登记违法的主要情形是登记原因的真实性与合法性有误，导致登记结果错误。从目前有关登记的法律规定看，法律并未赋予登记机关审查登记原因的职责，如果登记审查深入到登记原因的真实性与合法性范畴，则明显缺乏职权依据，从而可能构成滥用职权或超越职权。① 登记机关不同于纠纷解决机关，公权力之手伸入私法领域应当控制在合理的限度内，实质性审查会造成公权对私权过分干预、行政权僭越司法权的结果，不仅不能有效改善现行登记现状，反而会适得其反。② 有学者根据一些零星的法律规定推出行政机关在某一特定领域应当采取实质审查标准，如通过对《物权法》第12条中的“实地勘察”进行解读后，得出行政机关在不动产登记中应当采取实质审查标准，笔者认为该观点值得商榷：第一，该条法律规定对实地勘察的前提界定不明。该条法律仅仅规定当申请不动产登记的有关情况需要进一步证明的，登记机关必要时有权进行实地勘察，从字面意义上可以得出实地勘察是登记机关的一项权力，由登记机关视情

① 参见张晓丽：《形式与实质的融合——公司登记案件的审查标准》，载《山东审判》2011年第5期。

② 参见王利民、郭明龙：《逻辑转换与制度创新——中国不动产登记瑕疵救济模式的体制性调整》，载《政法论丛》2006年第5期。

况决定是否需要进行实地勘察。第二,“申请登记的不动产的有关情况需要进一步证明的”本身就是一个标准模糊的概念,在实务界行政工作人员很难判断涉及登记的不动产情况是否需要进一步实地勘察。第三,实地勘察只是登记机关在审查申请材料真实性、合法性、有效性时的一项措施,与实质审查标准并非同一概念,仅凭实地勘察不能直接推出是对基础事实的审查。

其次,从登记成本效益方面考量。现代国家不仅是一个公权力受到制约的有限国家,同时也应当是一个有效、有能、有为的国家。我国目前登记机关自身的管理力量和水平普遍偏低,如果奉行实质审查原则,要求登记机关对每一件登记申请都从申请材料的完备性、有效性深入到登记原因的真实性、合法性进行全方位审核和把关根本无法实现,不仅导致登记人员工作量超负荷,还会造成登记效率低下,不符合行政效能原则。登记机关工作人员并非全能,要求一个普通人对于只能通过专业技术手段才能够识别登记材料真伪、申请人行为能力的事项进行准确无误的审查有些强人所难。由此可见,将登记审查的标准确定为形式审查更加合理,登记机关只要在审查过程中尽到了合理的必要审查义务,就应当认定行政登记行为具有合法性。

（三）明确登记机关的责任

行政登记侵权是典型的跨学科法律问题,登记错误往往是行政侵权与民事侵权的竞合,这种混合侵权给权利人造成损害。学界关于登记机关错误登记应当承担民法上的侵权责任还是国家赔偿责任一直存在争议。这一争议的根源实际上是对行政登记行为性质的认识不同,本章通过对行政登记性质的阐述,认为登记行为应为行政行为,相应的侵权责任应当为国家赔偿责任,即行政赔偿责任。但行政登记的国家赔偿责任不同于传统行政行为的一般侵权责任,国家在行政登记中所起的作用是有限的。而实践中,行政登记案件只要基础民事法律关系被认为有误,登记行为必将被认定为违法。按照我国现行国家赔偿法的违法归责原则,无论登记机关是否尽到合理的必要审查义务、主观上是否存在过错,登记机关都将承担赔偿责任,这无疑是将公民个人的过错责任全部转嫁到国家头上。因此,有学者提出,我国国家赔偿制度中归责原则的单一性已不适应行政侵权行为多样化的发展趋势，难以有效解决日益复杂的行政侵权的归责问题，应汲取民事侵权立法中归责原则多元化的立法模式，建立多元化的国家赔偿归责原则，从而使国家赔偿责任更趋合理化。[①]

行政登记侵权案件中，登记机关的违法性应当采取结果违法还是行为违法是首要厘清的问题。从本质上而言，结果违法与行为违法二者所违反的是不同类型的法律秩序。[②] 结果违法即凡行为侵害他人权利者即属违法，只以损害发生的违法性为判断标准；而行为违法要考虑侵权人的主观状态，将合理注意的缺乏作为违法与否的判断标准，注意义务的违反是违法性的必要特征。如果行为人已尽到社会活动方面的必要注意义务，即使其行为造成侵害他人权益的客观结果，也不能被认为构成违法。[③] 行政登记侵权责任因行为和主体的因素兼具民事侵权和行政侵权的性质，如果按照结果违法理论，登记机关在登记错误时必定需要承担赔偿责任；如果按照行为违法理论，登记机关在尽到形式审查的义务时，即使登记结果违法也无须承担赔偿责任，不利于受害人权利的保障。因此，笔者认为，对于这种多因一果的行政登记侵权行为，应当按照以行为违法为主结果违法为辅的原则，来确定登记机关所应当负担的赔偿责任，具体情形如下：

（1）连带责任。申请人与登记机关工作人员恶意串通导致登记错误，这无疑构成共同侵权，给权利人造成的损害应当由登记机关与登记申请人承担连带责任。根据国家赔偿法的规定，登记机关赔偿损失后，可以向有故意或者重大过失的工作人员进行追偿，也可以依法向负有赔偿责任的申请人追偿。

（2）按份责任。因申请人与登记机关的共同过错导致登记错误的，应当按照各自的过错程度分担责任，在确定赔偿数额时，应当考虑行政机关在损

---

① 参见王克稳：《我国不动产登记中的行政法问题》，载《法学》2008年第1期。

② 参见杜仪方：《行政赔偿中的“违法”概念辨析》，载《当代法学》2012年第3期。

③ 参见朱新力、余军：《国家赔偿归责原则的实证分析》，载《浙江大学学报（人文社会科学版）》2005年第2期。

害后果发生过程中所起作用的大小。例如,申请人提供虚假材料获得登记,登记机关在登记过程中从直观上无法识别申请材料的真伪,需要通过与其他证据综合后才能够正确识别出来,但登记工作人员省略了后一步骤,这种因一般过失对材料审查不严而导致登记错误的,登记机关应当负次要的赔偿责任,申请人负主要的赔偿责任。而如果申请人提供的申请材料具有明显瑕疵或错误,登记机关因重大过失未识别出来的,此时登记机关应当承担主要的赔偿责任,申请人承担次要的赔偿责任。登记机关在对受害人进行赔偿后,可以向具有重大过失的工作人员进行追偿。

(3) 补充责任。“补充责任是指在不能够确定实际加害人或者加害人不能够承担全部责任的情况下,由补充责任人在一定范围内对受害人直接承担赔偿责任的责任形态。”[①]通过对登记机关审查标准的分析可知,登记机关采取形式审查标准,只要其尽到合理的必要审查义务,严格按照过错归责原则,即使登记结果错误,其主观上也没有过错,无过错则无责任。现实中有些申请人提供的申请材料制假技术非常高超,如果不借助专业技术,普通人很难辨别真伪,此时就不能对登记机关工作人员要求过高,只要登记工作人员已经尽到合理的必要审查义务,可认定其主观上无过错。但登记机关主观上无过错并不意味着其无须承担任何责任,毕竟登记结果错误导致权利人利益受损的事实存在,登记机关的行为在促使错误过程中起到了一定的作用。对于此类特殊情形,受害人应当首先向加害人主张赔偿责任,只有当受害人无法通过其他方式获得对自己权利的救济时,才可以按照结果归责标准通过国家赔偿的方式获得相应的补充赔偿责任,从而体现社会互助精神,实现社会性的利益均衡。

二、司法层面

(一) 有限的合法性审查原则

行政诉讼采取的是全面性审查原则,根据《行政诉讼法》第 70 条的规定,

① 王利明:《侵权责任法研究》(上卷),中国人民大学出版社 2010 年版,第 43 页。

行政行为在事实、证据、适用法律法规、程序、职权等方面缺少任一合法要件都会被认定为违法,都有可能被撤销。行政登记案件往往涉及对基础事实的审查,在我国以撤销判决为中心的现行行政诉讼判决体系下,只要登记的事实与基础民事法律事实不符就机械性地认为登记行为违法,即使是登记机关已尽到合理的必要审查义务也无法摘掉违法的帽子,经常出现因基础民事法律事实存在瑕疵而判决撤销登记行为,导致行政审查标准与司法审查标准、行政行为合法性与当事人信赖利益的冲突。法院对登记行为的审查标准直接决定了登记机关和行政相对人的权利和责任认定。由于行政登记产生公、私法双重效力,司法审查不仅要应对公法领域的审查标准,同时也应顾及私法效果的变动。如何权衡二者?在目前还将行政登记侵权通过行政诉讼途径解决的前提下,我们可以通过调整判决类型的适用达到监督行政机关依法行政和保护善意第三人合法权益的双重效果,不能一味贯彻实事求是、有错必究的原则。

信赖保护是法律安定性原则的要求与结果,在行政登记案件中,公民对登记机关作出的登记行为存在正当的信赖基础,撤销判决必然会损害信赖人的利益。因此,笔者认为,在行政登记案件中应当采取有限的合法性审查原则,此处的有限性是指对基础民事法律事实进行必要限度的审查,在对民事法律事实审查的基础上注重对信赖利益的审查,当第三人满足信赖利益的构成要件时,司法机关不能轻易作出撤销判决。而在行政法学理论上,行政行为的合法性与有效性是分离的,行政行为合法必有效,但行政行为有效并不一定合法。[①] 基于登记公示功能所必需的稳定性、公信度是其效力保障的核心,应当慎用登记撤销权。[②] 在行政登记侵权案件中,较之撤销判决来说,确认违法判决更应当被贯彻适用,确认违法判决在对行政登记行为作出适法与否评价的基础上,并未对现有的法律秩序一概否定,而是对于既定法

---

① 参见叶伟平、张静:《物权法背景下的房屋登记行政案件司法审查》,载《人民司法》2010年第11期。

② 参见李昕:《论我国行政登记的类型与制度完善》,载《行政法学研究》2007年第4期。

律状态的默许。一旦作出撤销判决,涉案的标的物在新的申请人申请登记之前将处于“无主”的状态,而这种状态并不利于善意第三人权利的主张与保护。[①]

（二）完善审查路径

理论界关于行民交叉案件有先行后民、先民后行、行政附带民事诉讼、民事附带行政诉讼四种审理模式。无论选择哪种具体模式,都应当遵循谁为前提谁优先的原则。所谓谁为前提谁优先,简单讲就是,如果行政行为是民事裁判的前提,那么案件应交由行政审判庭审理,反之亦然。[②] 关于行政登记案件中涉及的行政争议与民事争议的解决思路,笔者认为应当从以下几方面考量:

1. 登记行为是否为先决问题

在大陆法系国家中,行政诉讼和民事诉讼由不同的法院审理,一旦普通法院所审理的民事案件涉及行政问题,此时普通法院必须中止民事诉讼的进行,待行政法院对行政行为效力作出判决后,普通法院才可依据行政判决对民事案件作出裁判,从而导致行政行为效力成为民事诉讼的先决问题。在英美法系国家,由于行政诉讼和民事诉讼都由普通法院依照民事诉讼程序审理,普通法院可以行使充分的管辖权,即使在审理民事案件的过程中遇到行政行为的效力问题也可以自主作出判断。从这里可以看出,大陆法系国家更强调行政行为效力的拘束性,英美法系国家则更看重司法的自主判断性。我国既不同于大陆法系国家的二元司法体系,也不同于英美法系国家的一元司法体系,而是在一元司法体系下对行政诉讼和民事诉讼进行了职能分工,原则上行政案件由行政审判庭主管,民事案件由民事审判庭主管。但这种职能分工是同一法院系统内部的分工,在解决行民交叉案件时与域外国家也应当有所不同。

---

① 参见孙森森:《不动产登记错误的行政判决方式——以欺诈导致登记错误的行政案件为中心》,载《行政法学研究》2018年第2期。

② 参见黄学贤:《行民交叉案件处理之探究》,载《法学》2009年第8期。

登记行为的效力是否是登记案件中涉及的民事争议的先决问题[①]，即某个行政行为不是诉讼的主要标的，但是案件的正确解决有赖于该行政行为效力的先行解决，即行政行为具有先决性。具有先决性的行政行为必须是民事诉讼中不能回避的问题，该问题不解决必然会影响民事案件的最后处理结果。[②] 行政登记案件中登记行为的效力是否必然会引起民事案件的处理结果，这是关键问题所在。

首先，持肯定意见的学者通常是以行政行为的公定力作为论据，认为行政行为一经成立就被推定为合法、有效，未经有权机关依法定程序撤销前，任何国家机关、社会组织或公民个人应当给予承认和尊重。我们在解决登记中的行民交叉案件时，要关注行政登记中行政行为和民事法律关系的内在联系，即行政权是如何介入到民事争议中去的。在登记过程中，登记机关按照申请人的意思表示只对申请材料进行形式审查，其本身注入的意志微乎其微，自由裁量权很小，在登记过程中行政权介入民事权利的程度和强度相较于其他行政行为都显得很弱。形式审查登记行为的公定力，只能表现为推定登记机关作出形式审查登记行为所依据的材料符合法律规定的形式规定，而不能表现为推定形式审查登记所记载的权利状况是真实的。[③] 登记机关的形式审查标准削弱了登记行为的公定力。而公定力理论近年来遭到学界的质疑和批评，很多学者认为公定力体现了浓厚的强权色彩，不符合现代法治思想。[④]由于登记行为最终产生的也只是一种推定效果，这种权利推定必定与真实权利存在着一定的差距，尤其是实践中存在很多隐名登记、借名登记的情况，登记机关无法对这些事项进行一一审查，只能在审查当事人

---

① 在民事案件中，行政行为本身并不是案件的诉讼标的，但案件的正确解决有赖于行政行为效力问题的先行解决，在这样的情况下，行政行为就成为民事诉讼的先决问题。参见方世荣、羊琴：《论行政行为作为民事诉讼先决问题之解决——从行政行为的效力差异进行分析》，载《中国法学》2005 年第 4 期。

② 参见刘菲：《行政行为对民事审判的拘束效力研究》，载《北方法学》2011 年第 6 期。

③ 参见方世荣、羊琴：《论行政行为作为民事诉讼先决问题之解决——从行政行为的效力差异进行分析》，载《中国法学》2005 年第 4 期。

④ 参见王雅琴：《再论行政行为的公定力》，载《国家行政学院学报》2015 年第 5 期。

真实意愿的基础上作出决定。一旦真实权利人主张权利,必定导致登记错误,登记行为将面临被撤销。

何海波教授也曾提出,行政行为效力理论只是提供了一种讨论问题的视角,但它本身并不能提供解决问题的办法。法院在民事审判中不能无视行政行为的存在,不能完全否定行政行为的拘束力,不能总是抛开行政行为而直接对相关的争议作出裁判。但这种拘束力绝不是绝对的、单一的、"自我确认"的,而是相对的、多样的、情境的。[①] 实务中有些法院为了充分尊重行政行为的公定力,只要登记行为载体真实、形式符合法律规范就直接将该登记行为作为民事裁判的依据,导致大量错案的发生,并使案件陷入无限循环的诉讼程序中。登记机关对登记事项仅仅采取形式审查的标准,只要不涉及实质问题,法院就不能完全受其拘束,尤其在登记错误率如此之高的现实情形下,法院更应当发挥其自主性、能动性,尽可能实质化解争议,而不只是单单进行法律技术的诠释,作出判决看似符合法律规定,却没有真正解决争议。

实践中,有些法院只要当事人在民事诉讼程序中对登记行为的效力提出异议,民事法官就会向当事人释明对登记行为的效力应先通过行政诉讼解决或者主动将涉及的行政争议转由行政审判庭审查,民事审判庭彻底放弃对行政行为的审查权。众所周知,司法权对行政权有着一定的监督权力,这种监督权力往往体现为对行政决定的审查,虽然我国法律规定,行政案件应当由行政审判庭受理,但这并不意味着民事审判庭对行政行为就没有审查权,无论是行政审判庭还是民事审判庭审查行政行为,都是司法对行政行为的监督,不同种类诉讼的分类更多是法院内设机构的分工,其对外发挥的效果是一样的。内部职能的分工并不足以阻碍民事审判庭对行政行为的审查,况且登记行为在民事诉讼中只是被作为证据来对待。从证据审查的角度看,民事诉讼有权对其进行审查,只不过审查应当有限度:对于无效的行

① 参见何海波:《行政行为对民事审判的拘束力》,载《中国法学》2008年第2期。

政行为与形式审查行政行为,法院在民事诉讼中可以行使审查权。[①] 如果通过对整个民事法律关系的审查发现登记所推定的权利与真实权利不一致,此时民事法官应当采纳其他证据对案件作出判决,登记行为也只是一项未被采纳的证据而已,民事判决并没有直接对其效力作出评价,并不与行政行为的公定力相冲突,不存在越权的问题。因此,只要不攻击法效果,即使该行政行为的合法或违法在撤销诉讼以外的诉讼中成为问题,也不与公定力相抵触。[②] 法院放弃其司法审判的自主性,一味地全盘肯定登记行为的效力或者认为行政行为只能由行政审判庭审理都不符合常理。

其次,登记案件中,登记行为与民事争议所涉及的实质争议其实为相对人之间的民事实体权利义务的纠纷,其目的在于追求民事权利,并非对抗行政权力。[③] 在登记案件中,民事法律关系是行政机关作出登记行为的一个基础事实,而行政机关对这种基础事实又不负有实质审查的义务。更确切地应该说,为了尊重民事主体的意思自治,登记机关无权审查这种基础事实,所以登记行为推定的权利必然存在与真实权利不一致的情况。登记案件中的行民交叉案件,本质上仍然是民事主体之间的民事法律关系纠纷。例如,在离婚诉讼中,法院通常直接审查是否达到离婚要件,而不是要求当事人先向婚姻登记机关撤销婚姻登记,再对离婚诉讼进行审理。登记行为对民事法律关系起到公示、公信的效力,不是民事法律关系的构成部分,其本身是否合法无涉于民事法律关系是否成立、有效,不是民事法律关系成立的前提。综上,登记行为的合法性不是解决民事案件的必要条件,不构成先决问题。

2. 解决路径

《行政诉讼法》第 61 条规定,在涉及登记的行政诉讼中,当事人申请一并解决相关民事争议的,法院可以一并审理。将登记行为涉及的民事争议一

---

① 参见〔日〕南博方:《日本行政法》,杨建顺等译,中国人民大学出版社 1988 年版,第 55 页。

② 参见〔日〕盐野宏:《行政法》,杨建顺译,法律出版社 1999 年版,第 104 页。

③ 参见林莉红主编:《行政法治的理想与现实——〈行政诉讼法〉实施状况实证研究报告》,北京大学出版社 2014 年版,第 126 页。

并纳入行政诉讼程序中审理，是为了避免裁判冲突和减少当事人诉累，但从实施效果看并没有达到该条制定的立法目的。从审查标准看，登记机关对申请材料采取的是形式审查标准，这就必然要求司法机关在对行政机关作出的登记行为进行审查时，也应当遵循形式审查标准，但形式审查的登记结果又往往与客观真实权利不符，此时登记行为是应该驳回原告诉讼请求还是撤销登记行为？站在公法角度，行政诉讼是以行政行为的效力为主要的审查对象，行政机关作出的行政行为只有满足证据确凿、适用法律、法规正确、符合法定程序、合乎职权目的时才会被认为合法，但凡缺少任一要件都会被撤销或者被确认违法。因此，在行政登记案件中，有时并非是登记推定的权利与民事客观权利不符导致的。例如，在不动产登记案件中，登记推定的权利与民事客观权利一致，但由于登记机关存在违反法定程序或滥用职权的行为，同样会导致登记行为被撤销或确认违法。站在私法角度看，民事诉讼的主要对象为基础民事权利，判决结果不会因其他原因导致基础民事权利从有到无的情况发生。因此，即使将民事争议一并纳入行政诉讼程序中处理，也无法避免裁判的冲突，二者的审查对象存在着本质上的区别，一并审理制度是无法完全解决这种冲突的。

同时，一并审理制度也无法做到“案结事了”。通过上述对行政诉讼和民事诉讼审查对象的分析可知，即使通过行政诉讼程序一并审理民事争议，仍然无法回避单独审理时出现的冲突问题。行政争议和民事争议无论适用哪种程序审理，最终都要单独作出裁判。当事人对行政裁判和民事裁判中的任一裁判不服都可以单独上诉，上诉过程中同样会出现行政判决与民事判决冲突的问题，当遇到这样的情况时，诉讼其实又回到了起点。将时间作为衡量标准，认为一并审理制度必定会减少当事人诉累、提高诉讼效率的想法存在一定的误区，真正的效率是以彻底解决纠纷为必要条件的，如果争议无法实质性解决，司法效率则无从谈起。

《行政诉讼法》第 61 条以有限列举的方式确定了特定领域经当事人申请的行政诉讼一并审理民事争议制度，并建立了需以民事裁判为依据时中止行政诉讼的主动协调机制，这在较大程度上有助于缓解民事、行政诉讼程序分离造成的冲突。但是，该条所列举的关联纠纷现实中多为民事纠纷。有学者提倡采用民事附带行政诉讼解决登记行为中涉及的民事争议，即当事人对民事案件中涉及的行政行为的效力提出异议，法院不中止对民事案件的审理，民事审判庭在审理民事案件中完全独立地对案件有关的事实和法律进行判断，不受行政行为的拘束；如果行政行为的内容与法院民事裁判的内容相抵触，则行政行为自然失效。[①] 这种观点认为民事法律关系作为基础法律事实优先解决后，可以根据该结果确定登记行为的合法性。事实上，即使登记结果与民事判决相符，登记行为也可能因违反法定程序、审查要件等原因而被确认违法，但该违法判决并不意味着对实体权利的否认。根据民事裁判结果无法直接认定登记行为的合法性，登记机关在登记过程中采取的是形式审查标准，故只要登记机关的审查符合法律规定，就无法确认登记行为是违法的，这里与登记机关承担赔偿责任的思路不完全相同。因此，无论是采取行政附带民事诉讼还是采取民事附带行政诉讼途径，二者都无法完全回避判决的冲突。

司法的终极价值是实质性化解争议，裁判统一是化解争议的一种有效方式，但不能为了苛求裁判的统一性而违背理论基础，故笔者更加赞同通过单一的民事诉讼解决行政登记纠纷案件。有学者对仅依据单一的民事诉讼途径解决争议导致行政登记行为逃避司法审查产生顾虑，但这种担心是多余的，在民事诉讼中登记行为同样要受到司法机关的审查，只不过此时的审查并非是对登记行为进行直接审查，而是将登记行为作为民事诉讼过程中的证据进行附带性审查。

民事判决生效后，当事人可以持生效判决书到登记机关申请变更登记。有学者提出，该种解决方式虽然避免了行政裁判与民事裁判相冲突，但是这种方案需要行政机关对司法判决高度尊重才能得以实现，如果行政机关不

---

① 参见何海波：《行政行为对民事审判的拘束力》，载《中国法学》2008年第2期。

尊重司法机关的民事裁判结果，该种途径无法真正达到解决争议的目的。而司法是权利救济的最后途径，司法判决应当得到任何国家机关、社会组织与个人的尊重与执行，行政机关按照裁判结果变更登记，并非是司法机关代替行政机关作出判断，而是处理争议，只是此类争议行政行为发挥的作用较小，单独对登记行为作出评价不具有实质意义。此外，随着我国法治国家的建设，行政机关对司法机关判决视而不见的情况越来越少，无论是司法机关还是行政机关都是本着为人民服务的理念，并非争夺权力。综上，采取单一的民事诉讼途径不仅可以有效避免裁判冲突、维护司法的权威和统一，还可以实质性化解争议。

第五章

行政统计

行政统计是国家治理的基础，在国家行政体系中具有重要的法律地位，在行政决策、行政监督、权利保障、国际合作等诸多领域均起到不可忽视的作用。中华人民共和国成立之初即开展的全国性工业和人口统计，为实现社会主义三大改造作出了积极贡献。然而，与实践形成鲜明对比的是，行政统计在法学研究中长期遇冷。从目前刊发在中国知网上的研究成果来看，以行政统计制度为研究对象并发表在核心期刊上的论文仅有 27 篇，且没有一篇刊发在法学类期刊上。[①] 数量庞大的统计数据是一项极为重要国家资源，运用统计数据推动经济发展，完善对政府、企业、社会组织的监督，进一步提升国家治理体系和治理能力现代化水平，已经成为多数国家的国家发展战略。2018 年，为了构建新时代现代化的统计调查体系，进一步发挥行政统计在社会经济发展中的作用，第十三届全国人大启动《中华人民共和国统计法》（以下简称《统计法》）修改工作，并于 2019 年 10 月就《统计法（修正案）》向社会公开征求意见。值我国经济社会迅速发展之际，系统地开展对行政统计制度体系研究，充分回应时代的呼声，不但有助于推进我国行政统计制度体系科学化、法制化发展，而且对实现国家治理体系和治理能力现代

① 以"统计"为检索词，按照"篇名"方式检索，检索时间为 2010 年 1 月 1 日至 2020 年 8 月 20 日。

化也具有非常重要的意义。

第一节 行政统计的实证分析

一、法律文本分析

我国的行政统计规范体系由统计调查和统计监督两大部分构成，在立法上表现出三个较为明显的特点：一是立法层级跨度大，呈现出金字塔结构的多层级立法架构。二是立法内容差异化明显，展现出专门性规定与非专门性规定相结合的双线立法模式。三是在统计监督方面，专门性立法数量较少、层级较低，党内法规开始成为行政统计规范体系的重要组成部分。

（一）行政统计的立法层级

我国有关行政统计的立法时间较早，从法律到行政法规、地方性法规，再到部门规章、地方政府规章，不同层级的立法都存在大量成果，至今已形成一个相对完整的规范体系。

在法律层面，《统计法》是目前我国行政统计领域效力层级最高的规范，处于金字塔结构的顶端，是行政统计领域的基本法，也是该领域唯一一部专门性法律。该法于 1983 年由第六届全国人大常委会第三次会议审议通过，并先后在 1996 年和 2009 年经过两次修订。从内容上看，《统计法》共分为七章，主要规定了统计体制、统计主体、统计实施程序、统计数据使用和统计监督、违法责任等内容，构建了我国行政统计制度的基本体系，为我国行政统计事业奠定了法制基础。

在行政法规层面，当前有关行政统计的专门性行政法规共 9 部，除了最主要的《统计法实施条例》外，还有《全国经济普查条例》《全国人口普查条例》《全国污染源普查条例》《全国农业普查条例》《土地调查条例》《海关统计条例》《国际收支统计申报办法》《外债统计监测暂行规定》[①]。这些专门性的行政法规有很强的领域针对性,而且在内容上都结合所处领域的特点,对统计的实施主体、程序、对象、责任等方面作出了比《统计法》更为细化的规定。

在地方性法规层面,已有30个省级行政区制定了专门规定行政统计的地方性法规,只有黑龙江至今尚未制定相应的地方性法规。从法规的名称和形式上看,各地区的法规名称和形式不尽相同。在名称上,最普遍的名称为"统计管理条例",天津、内蒙古等十七个地区都采用了这一名称;北京、河北、上海、江苏等四个地区采用了"统计条例"的名称;西藏和陕西则采用了"实施《中华人民共和国统计法》办法"的名称;其余个别省份还有使用"统计工作管理办法""统计监督检查条例""统计工作监督管理条例""统计管理办法"等名称。在形式上,除西藏、陕西、山西、福建、海南五个地区外,各地区都以条例的形式进行规定。从法规的内容上看,各地区的法规基本一致,都基本参照《统计法》的结构,对统计机构人员的设置、统计项目的实施程序、统计资料的使用管理、统计违法的监督与责任等主要内容作出了规定。具体规定与《统计法》相比略有损益,但没有明显的区别。另外,一些较大的市也制定了自己的统计条例或规定,如长春市、淄博市、贵阳市、银川市、福州市等。

在部门规章层面,有关行政统计的部门规章在数量上显得十分庞大。每个国务院部门都有其主管领域的专门性规章,如自然资源部门的《矿产资源统计管理办法》、广电部门的《广播电视行业统计管理规定》、交通运输部门的《交通运输统计管理规定》、教育部门的《教育统计管理规定》、铁路部门的《铁路行业统计管理规定》、民族事务部门的《民族统计工作管理办法》、航空部门的《民用航空统计管理规定》、市场监督部门的《食品药品监督管理统计管理办法》、邮政部门的《邮政行业统计管理办法》、文化部门的《文化统计管理办法》、银保监部门的《保险统计管理规定》、体育部门的《体育统计工作

① 为了使法律名称不过于冗长,本章在列举法律法规时,法律名称前不再冠以"中华人民共和国"七字。

管理办法》、质检部门的《质量监督检验检疫统计管理办法》、证监部门的《证券期货市场统计管理办法》等，有上百部之多。这些专门性的部门规章，在内容和结构上与《统计法》相比没有较大的区别，都是结合相应领域的具体情况对行政统计作出了更为细化的规定，如统计工作在主管部门内部的具体分工、统计项目的具体内容、统计实施的具体机构等。

在地方政府规章层面，《统计法》颁行初期，部分省级政府曾先后出台了相应的行政统计规章，如北京市政府于1989年颁布《北京市统计工作管理暂行规定》。但进入20世纪90年代后，各省人大相继制定了行政统计的地方性法规，相应省政府规章被陆续废止，至今已没有行政统计的省级政府规章。目前尚存的有关行政统计的地方政府规章主要由设区的市政府制定，如无锡市、武汉市、西宁市、南京市、昆明市等，数量较少。

（二）行政统计的立法模式

从各种行政统计规范的具体内容来看，存在专门性和非专门性两种立法模式并行的样态。专门性规范是指对行政统计的实施作出具体、详细规定的立法，是行政统计实施的主要依据。非专门性规范是指在规范中有个别条款涉及行政统计的立法，条款内容普遍为对统计职责的规定，主要起着指引的作用。在数量上，非专门性规范远远多于专门性规范，立法层级越低，数量差异越大。

法律层面除了《统计法》之外，其他法律中也经常涉及行政统计的规定。当前涉及行政统计的其他法律共35部，覆盖领域广泛，包括《基本医疗卫生与健康促进法》《土地管理法》《消防法》《港口法》《老年人权益保障法》《义务教育法》《劳动法》《社会保险法》《职业病防治法》《节约能源法》《防沙治沙法》《循环经济促进法》《残疾人保障法》《电子商务法》《监察法》《标准化法》《中小企业促进法》《公共文化服务保障法》《慈善法》《反家庭暴力法》《就业促进法》《安全生产法》《预备役军官法》《人民调解法》《国防动员法》《海岛保护法》《银行业监督管理法》《海域使用管理法》《土壤污染防治法》《中医药法》《种子法》《矿产资源法》《水法》《草原法》。这些法律中涉及统计的规定从内容上看都属于职责性的规定，没有对统计的实施作出具体规定。例如，《土地管理法》规定国家建立土地统计制度①；《消防法》规定消防救援机构负责统计火灾损失②；《基本医疗卫生与健康促进法》规定国家组织居民健康状况调查和统计③。

在非专门性的行政法规中涉及行政统计的共47部，包括《企业法人登记管理条例》《民用运力国防动员条例》《自然灾害救助条例》《农业机械安全监督管理条例》《企业国有资产监督管理暂行条例》《志愿服务条例》《融资担保公司监督管理条例》《农药管理条例》《取水许可和水资源费征收管理条例》《国内水路运输管理条例》《旅行社条例》《对外承包工程管理条例》《公共机构节能条例》《粮食流通管理条例》《城镇燃气管理条例》《中央储备粮管理条例》《国务院关于通用航空管理的暂行规定》《民用建筑节能条例》《外汇管理条例》《草原防火条例》《森林防火条例》《抗旱条例》《工伤保险条例》《防汛条例》《民兵武器装备管理条例》《计算机信息网络国际联网安全保护管理办法》《传染病防治法实施办法》《海洋观测预报管理条例》《对外劳务合作管理条例》《机关事务管理条例》《行政复议法实施条例》《残疾人就业条例》《地方各级人民政府机构设置和编制管理条例》《信访条例》《计划生育技术服务管理条例》《收费公路管理条例》《乡村医生从业管理条例》《金融资产管理公司条例》《城市节约用水管理规定》《矿产资源法实施细则》《失业保险条例》《全民所有制工业交通企业设备管理条例》《矿产资源监督管理暂行办法》《国务院关于开展全民义务植树运动的实施办法》《海关总署试行组织条例》《气象灾害防御条例》《陆生野生动物保护实施条例》。这些行政法规中涉及的统计的规定从内容上看同样都属于职责性的规定，没有涉及统计实施的具体规定。例如，《农药管理条例》规定各级农业部门应当定期调查统计农业生产、销售、使用情况④；《国内水路运输管理条例》规定各级交管部门应当做好

① 《土地管理法》第28条。
② 《消防法》第51条。
③ 《基本医疗卫生与健康促进法》第70条。
④ 《农药管理条例》第40条。

水路运输市场统计和调查分析工作[①];《城镇燃气管理条例》规定燃气管理部门应当建立燃气事故统计分析制度[②]。

在地方性法规层面,非专门性的地方性法规已有上千部之多,既有省级法规和市级法规,也有经济特区法规,还有州县自治条例、单行条例,涉及行政管理的各个领域。这类地方性法规的规定在内容上与法律法规并无本质差别,都是针对行政机关的统计职责作出规定。例如,《河北省科学技术进步条例》规定科技部门应当会同统计等部门建立科学技术创新调查制度[③];《上海市地方金融监督管理条例》规定市地方金融监管部门负责开展与本市地方金融组织及其活动有关的调查统计[④];《杭州市电梯安全管理条例》规定市监部门负有统计电梯故障数据的职责[⑤];《厦门经济特区闽南文化保护发展办法》规定区文化部门负责收集、整理、统计辖区内闽南文化资源的基础数据[⑥];《酉阳土家族苗族自治县农村公路条例》规定交管部门负责统计交通建设项目基础数据[⑦]。

在部门规章层面,非专门性的部门规章更是多达数千部,涉及社会经济事务的各个方面。这类部门规章的规定在内容上都涉及统计职责和某一特定统计项目。有关统计职责的,如《市场监督管理投诉举报处理暂行办法》规定市场监管部门应当对所辖行政区域内的投诉举报信息进行统计[⑧];《农业行政处罚程序规定》规定农业行政处罚机关应当建立行政处罚案件统计制度[⑨]。有关具体统计项目的规范大多属于海关进出口领域,如《海关加工贸易货物监管办法》规定经营企业以加工贸易方式进出口的货物应纳入海

---

① 《国内水路运输管理条例》第 9 条。
② 《城镇燃气管理条例》第 39 条。
③ 《河北省科学技术进步条例》第 80 条。
④ 《上海市地方金融监督管理条例》第 5 条。
⑤ 《杭州市电梯安全管理条例》第 35 条。
⑥ 《厦门经济特区闽南文化保护发展办法》第 16 条。
⑦ 《酉阳土家族苗族自治县农村公路条例》第 15 条。
⑧ 《市场监督管理投诉举报处理暂行办法》第 34 条。
⑨ 《农业行政处罚程序规定》第 87 条。

关统计的事项之一[①];《海关出口加工区货物出区深加工结转管理办法》规定出口加工区企业加工生产的产品转入其他出口加工区、保税区等海关特殊监管区域企业深加工的,不需要作为海关统计的事项[②]。

在地方政府规章层面,涉及行政统计的非专门性规范同样不计其数,既有省政府规章,也有市政府规章,条款内容也都是关于特定行政主体的统计职责。例如,《宁夏回族自治区公共机构节能办法》规定机关事务管理机构应当会同住建部门对本级公共机构既有建筑的情况进行调查统计和分析[③];《济南市城市照明管理办法》规定照明管理部门应当组织实施照明能耗统计[④]。

(三)统计监督的立法特点

统计监督作为行政统计相对独立的部分,与行政统计调查相比,专门性立法数量较少,立法层级较低,基本为部门规章,制定主体以国家统计局为主。值得注意的是,随着党内法规体系的不断发展,党的机构制定有关统计监督的规范逐渐成为我国统计规范体系的重要组成部分。

目前有关统计监督的专门性立法屈指可数,共有8部,包括《国家统计局巡查工作办法》《统计违法违纪行为处分规定》《统计执法监督检查办法》《国家统计局统计执法"双随机"抽查办法(试行)》《国家统计局统计执法检查规范(试行)》《统计上严重失信企业信息公示暂行办法》《统计违纪违法责任人处分处理建议办法》《防范和惩治统计造假、弄虚作假督察工作规定》。其他有关统计监督的规定则以个别章节、条款的形式散见于《统计法》《统计法实施条例》及各部门各地区制定的各种统计管理规范中。其中值得一提的是,《统计违纪违法责任人处分处理建议办法》和《防范和惩治统计造假、弄虚作假督察工作规定》都是由党的工作机构制定颁布。

《统计违纪违法责任人处分处理建议办法》是党中央为了贯彻落实中央

① 《海关加工贸易货物监管办法》第20条。

② 《海关出口加工区货物出区深加工结转管理办法》第4条。

③ 《宁夏回族自治区公共机构节能办法》第9条。

④ 《济南市城市照明管理办法》第6条。

深化改革领导小组审议通过的《关于深化统计管理体制改革提高统计数据真实性的意见》进一步完善监督问责机制、严惩统计违法行为的要求，于2017年制定颁布。该办法规定了统计违纪违法行为发现、调查、行政处罚、案件移送的程序，明确了对领导人员、统计机构及有关部门责任人员、统计调查对象、统计检查对象等违纪违法行为的认定。《防范和惩治统计造假、弄虚作假督察工作规定》是党中央针对统计数据弄虚作假问题制定颁布的规范，该规定首次建立了我国统计督察制度，针对地方党政领导违法干预行政统计的行为进行规制，加大了对统计造假行为的打击力度。

二、实践运行考察

（一）行政统计的发展历程

中华人民共和国成立以后，中央人民政府政务院财政经济委员会即成立统计处，组织开展行政统计工作。1950年3月，政务院财政经济委员会发布命令，开展“第一次全国工业普查”，并根据毛泽东主席的指示，进行了工农业总产值和劳动就业两项调查，又在国民经济的主要领域开始建立统计报表制度。1952年8月，中央人民政府决定成立国家统计局，负责全国的行政统计事务。1953年1月，政务院发布《关于充实统计机构加强统计工作的决定》，开始构建全国统一的行政统计体制。随后，从中央到地方各级政府纷纷建立起专门的行政统计机构，逐步建立健全主要专业统计制度。1953年6月，国家统计局组织实施了“第一次全国人口普查”，并于11月发布了我国首份统计公报，即《中华人民共和国国家统计局关于第一次全国人口调查登记结果的公报》。

“大跃进”开始后，由于受“左”倾错误思想和“全民办统计”“统计大跃进”等口号的影响，行政统计工作遭到严重破坏。直到1962年4月，中共中央、国务院作出《关于加强统计工作的决定》，以及次年3月国务院颁发《统计工作试行条例》后，行政统计工作才得到恢复。1964年2月，中共中央、国务院发布了《关于进行第二次全国人口普查工作的指示》，开展“第二次全国人口普查”,但受到当时政治环境的影响,统计数据没有公布。“文化大革命”期间,统计工作再一次遭到严重破坏,各级统计机构中绝大多数遭撤并或撤销,大量统计资料被销毁,行政统计工作陷入基本停滞的状态。直到1970年4月,在周恩来总理的关怀下,统计工作才开始恢复。1978年3月,国务院批准恢复国家统计局,各地统计机构相继重建,行政统计工作进入新的发展阶段。[①]

党的十一届三中全会以后,行政统计工作在邓小平同志建设有中国特色社会主义理论的指引下,得到迅速发展。1980年,国务院批准《统计干部技术职称暂行规定》,加强统计人才队伍建设。国家统计局颁布《关于统计报表管理的暂行规定》,整顿行政统计工作中的弊病。1982年2月,国务院颁布《第三次全国人口普查办法》,决定进行“第三次全国人口普查”,并发布统计公报。同年,国家统计局编印了我国第一份《中国统计年鉴》。1983年12月,第六届全国人大常委会第三次会议审议通过《统计法》,行政统计工作正式步入法制化发展的轨道。1996年5月,第八届全国人大常委会第十九次会议对《统计法》作出一些重要的修改,行政统计工作得到进一步发展。2016年10月,十八届中央全面深化改革领导小组第二十八次会议审议通过《关于深化统计管理体制改革提高统计数据真实性的意见》,行政统计工作开始迈向改革创造的新时代。

(二)行政统计的实践方式

按照行政统计项目实施规模大小的不同,可以将统计项目划分为重大国情国力普查项目和常规统计项目。

重大国情国力普查又称重大国情国力调查,是国家周期性搜集整理国情国力相关数据信息的一种专项统计行为。重大国情国力普查是行政统计最重要的实践方式,是行政统计的基础内容。

重大国情国力普查依法由国务院统一领导,由依法成立的专项普查领

① 参见中华人民共和国国家统计局编:《中华人民共和国统计大事记1949—2009》,中国统计出版社2009年版,第80—86页。

导小组具体负责组织协调工作,并由国务院和地方人民政府组织统计机构与有关部门共同实施。普查期间所需的各项经费,由国务院和地方人民政府共同负担,会列入相应年度的财政预算。

当前我国的重大国情国力普查有“全国经济普查”“全国人口普查”“全国污染源普查”“全国农业普查”“全国自然灾害综合风险普查”“国家脱贫攻坚普查”六种具体形式。历史上还存在“全国工业普查”“全国第三产业普查”“全国基本单位普查”等多种形式。

“全国经济普查”是为了解第二产业、第三产业的发展规模、结构、效益等情况而设立的统计项目,是根据2003年发布的《国家统计局 国家发展和改革委员会 财政部关于调整国家普查项目和周期安排的通知》,由全国第三产业普查、全国工业普查、全国基本单位普查等三项普查合并而成。根据《全国经济普查条例》的规定,普查每5年进行一次;普查工作由国务院经济普查领导小组及其办公室负责组织实施,办公室设在国家统计局;普查主要对第二、第三产业单位基本属性、从业人员、财务状况、生产经营情况、生产能力、原材料和能源消耗、科技活动情况等进行统计;普查结果会以公报的形式对社会公开。自2004年开始实施以来,全国经济普查至今已经开展四次。2019年11月20日,第四次全国经济普查顺利完成数据采集和主要数据汇总工作,国家统计局和国务院第四次全国经济普查领导小组办公室召开新闻发布会,公开了统计相关情况与主要数据。

“全国人口普查”是国家为了全面查清我国人口数量、结构、分布、城乡住房等方面情况而设立的统计项目。根据《全国人口普查条例》的规定,普查每10年进行一次,每逢年份尾数为0的年份为普查年,每个普查年的11月1日开始实施;普查工作的组织实施由每次根据国务院人口普查通知临时成立的人口普查工作领导小组及其办公室负责,办公室设在国家统计局;普查的对象是在我国境内的自然人以及在我国境外但未定居的中国公民,但不包括在我国境内短期停留的境外人员;普查的内容主要包括普查对象的姓名、性别、年龄、民族、国籍、受教育程度、行业、职业、迁移流动、社会保障、婚姻、生育、死亡、住房情况等，普查结果会以公报的形式对社会公开。全国人口普查是我国现存最早的普查项目，自1953年实施第一次全国人口普查以来，至今已经开展七次。2019年10月31日，国务院发出《国务院关于开展第七次全国人口普查的通知》，决定成立人口普查领导小组，自2020年11月1日起开始依法开展第七次全国人口普查；2021年5月11日，第七次全国人口普查结果公布。

“全国污染源普查”是为了推进资源节约型、环境友好型社会建设而设立的统计项目。根据《全国污染源普查条例》的规定，普查每10年进行一次，由全国污染源普查领导小组及其办公室负责组织实施，办公室设在国务院生态环境主管部门；普查的内容主要有五个方面，包括工业污染源、农业污染源、生活污染源、集中式污染治理设施、其他产生排放污染物的设施等，具体内容会根据每年的普查方案进行调整，普查结果会以公报的形式对社会公开。2007年国务院发出通知，于2008年开展了第一次全国污染源普查。2016年国务院再次发出通知，决定于2018年开展第二次普查。2020年6月，生态环境部、国家统计局和农业农村部联合发布了《第二次全国污染源普查公报》。

“全国农业普查”是国家为了全面掌握我国农业、农村和农民的基本情况而设立的统计项目。根据《全国农业普查条例》的规定，普查每10年进行一次，尾数逢6的年份为普查年度；普查工作由国务院农业普查领导小组及其办公室负责组织实施，办公室设在国家统计局；统计对象包括农村住户、农村和城镇农业生产经营户、农业生产经营单位、村民委员会、乡镇人民政府，涉及农作物种植业、林业、畜牧业、渔业和农林牧渔服务业；统计的主要内容包括农业生产条件、农业生产经营活动、农业土地利用、农村劳动力及就业、农村基础设施、农村社会服务、农民生活，以及乡镇、村民委员会和社区环境等情况；普查结果会以公报的形式对社会公开。自1997年开展第一次全国农业普查以来，至今已开展三次。2017年12月，国家统计局公布了《第三次全国农业普查主要数据公报》。

“全国自然灾害综合风险普查”是国家为提升自然灾害风险防范能力而新设立的一种统计项目，是我国重大国情国力普查在适应国家治理能力现代化过程中进行的一次创新实践。2020年5月，国务院办公厅下发《国务院办公厅关于开展第一次全国自然灾害综合风险普查的通知》，决定成立国务院第一次全国自然灾害综合风险普查领导小组，负责普查组织实施中重大问题的研究和决策，于2020年12月31日开始普查。普查工作由根据国务院通知临时成立的国务院第一次全国自然灾害综合风险普查领导小组及其办公室负责组织实施，办公室设在国务院应急管理部；普查的对象是与自然灾害相关的自然和人文地理要素，统计内容包括主要自然灾害致灾情况、承灾体情况、历史灾害情况、综合减灾资源情况、重点隐患情况等。

“国家脱贫攻坚普查”是我国重大国情国力普查为满足国家社会发展的新要求而设立的一种特殊性极强的统计项目，是根据党的十九大决策精神，为加强对国家脱贫攻坚普查工作的组织领导和统筹协调，依照《中共中央国务院关于打赢脱贫攻坚战三年行动的指导意见》的要求开展的一项全国性统计调查工作。2019年10月，国务院办公厅下发《国务院办公厅关于成立国家脱贫攻坚普查领导小组的通知》，决定成立国家脱贫攻坚普查领导小组，负责国家脱贫攻坚普查组织和实施，办公室设在国家统计局。这是中华人民共和国成立以来第一次开展“国家脱贫攻坚普查”。“国家脱贫攻坚普查”具有极强的历史阶段性，是为了配合国家“打赢脱贫攻坚战三年行动”的任务而实施的普查项目，不具有一般普查项目所具有的周期性，理论上在国家脱贫攻坚任务顺利完成后基本没有再次实施的可能。

常规统计调查项目是对普查项目以外的统计项目的统称，泛指统计周期较短，以年、季度、月为周期或者是一次性的统计项目。与普查项目相比，常规统计项目的统计范围较小，往往是针对某一行业或某一地域范围，而且组织实施的机构和具体方式都与普查项目不同，项目名称主要由项目制定主体根据情况命名，不由法律法规确定。按照《统计法》和《统计法实施条例》对统计项目的分类，常规统计调查项目具体包括国家统计调查项目、部门统计调查项目和地方统计调查项目。国家统计调查项目是指全国性基本情况的统计调查项目，又分为重大国家统计调查、一般国家统计调查，其中如“全国1%人口抽样调查”“全国投入产出调查”“全国科学研究与试验发展资源清查”等都属于常规统计调查项目。部门统计调查项目是指国务院有关部门制定的专业性统计调查项目，如“国际收支统计”“主要污染物总量减排统计”“矿产资源统计”等。地方统计调查项目是指县级以上地方人民政府及其工作部门制定的地方性统计调查项目，如山东省科技厅的“创新型省份建设监测统计”[①]、三明市政府的“行政执法统计”[②]、湖南省民宗委的“内地西藏班和新疆班统计”[③]。

第二节　行政统计的法理分析

一、行政统计的法律属性

（一）行政统计的定义

法律中的“行政统计”是一个较为宽泛的概念，涵盖统计调查、统计分析、统计监督三个方面的内容。统计调查主要是指采集汇总相关信息数据；统计分析主要是指对信息进行分析并得出有效的结论；统计监督主要是指对统计机构和统计对象的调查、分析活动是否合法进行监督。其中，统计调查和统计分析是一个不可分割的整体，统计监督则是相对独立的部分。所以，从行政统计的基础作用而言，可以将行政统计定义为行政机关或法律法规授权的组织，根据法律、法规或规章确定的行政统计职权，按照《统计法》及《统计法实施条例》规定的程序，向个人或组织采集特定信息并作出分析

① 《山东省创新型省份建设监测统计报表制度》，鲁科字〔2020〕24号，2020年3月19日发布。

② 《三明市人民政府办公室关于建立行政执法统计年报制度的通知》，明政办〔2020〕2号，2020年1月8日发布。

③ 《湖南省民宗委办公室关于填报2017年〈内地西藏班和新疆班统计报表制度〉的通知》，湘民宗办通〔2018〕8号，2018年3月30日发布。

结论的活动。

信息是行动的基础,任何个人或组织都可能会对所需信息进行统计调查,但这样的活动并不都是法律意义上的行政统计。只有当统计调查活动具备主体、职权和程序三个要件时,才属于行政统计。第一个是主体要件。行政统计的主体应当是根据法律、法规授权成立的组织。简而言之,行政统计的主体可能是根据组织法成立的行政机关、行政机构,或是根据相关法律法规成立的事业单位、人民团体,而个人、企业、其他社会组织则不可能是行政统计的主体。第二个是职权要件。行政统计的实施应当体现为国家行政职权的行使,即对特定信息的收集应当以拥有法律、法规或规章的授权为前提,具体而言存在两个方面的要求:一方面是统计权的来源,必须是由法律、法规或规章授予。换言之,行政统计的实施依据不能是前述三种规范以外的规范。譬如,某县政府以规范性文件的形式授权县政府办公室实施统计调查,则不能认定为县政府办公室具有行政统计权,在行使行政统计权。另一方面是统计权的内容,必须是法律、法规或规章规定的事项。这意味着如统计局这样依法具有行政统计职权的主体对不属于法定事项的内容进行统计调查,也不能认定为在行使行政统计权。第三个是程序要件。行政统计的实施应当按照《统计法》及《统计法实施条例》规定的程序,经立项审批后再行组织实施,而不能随意进行。

符合行政统计三个要件的统计调查是一种具有法律约束力的行为,法律规定了行为相对人应当协助配合。行为相对人如果不履行协助配合的法定义务,如拒绝提供统计调查资料、提供虚假的统计调查资料、阻碍统计人员统计工作等,都会依法承担不同形式的法律责任。也正因如此,行政统计改变了统计主体与统计对象之间原有的权利义务关系。自统计调查被批准开始,统计主体产生了向统计对象获取信息数据的权力,而统计对象也产生了配合协助统计调查的义务。所以,行政统计行为不是一种事实行为,也不是准法律行为,它是统计主体对统计对象的一种主观要求,而非客观效果,是一种行政法律行为。

（二）行政统计的特点

从行为论的视角来看，行政统计作为一种行政行为，与传统的行政行为相比，存在以下三个特点：

第一个是行为对象的不特定性。行政统计对象的不特定性是指行政统计的对象，也就是行政行为的相对人一般而言是不特定的多数人。这一特点是基于统计概率的原理而产生，统计概率的原理决定了统计样本的大小与统计结论的准确程度呈正相关。所以，为了保证统计结论的有效性和准确性，行政统计的对象通常数量巨大，是由统计范围圈定的不特定多数人，譬如以某个行业的所有规模以上企业或某个地区的所有未成年男性等作为统计对象。在这一点上，与传统的行政行为相比，行政统计的具体性显得较弱，更带有一些抽象性。按照具体行政行为与抽象行政行为的理论划分，行政统计兼具两种行为的特点，即一方面行政统计是针对特定事项作出的影响行政相对人特定权利义务的行为，另一方面行政统计的约束力又具有一定程度上的普遍性。因此，难以用传统的分类标准对行政统计进行归类。

第二个是行为作成的聚合性。行政统计作成的聚合性是指一个行政统计行为是由无数个统计调查行为聚合而成。仅从整体的视角来看待行政统计时，每一个行政统计行为都以一个行政决定作为前提，一个行政决定对应一个行政行为，如同行政许可、行政处罚等行为一样。但从部分的视角来审视行政统计时，就会发现一个行政统计是由无数个具体到每一个统计对象的统计调查行为聚合而成，这些具体的统计调查行为共同对应着一个行政统计决定。而整体视野下的行政统计就像是一个抽象的外壳，并没有具体对应的统计对象，所有需要执行的内容都被分解到一个个具体的统计调查行为之中。只有当每一个具体的统计调查行为完成后，一个行政统计才算是作成。这与其他具体行政行为不同，如行政许可、行政处罚等行为，一个行为只针对一个行政相对人，没有可以进一步拆解的空间，整体之下不存在多个更为具体的行为。

第三个是行为实施的法定周期性。行政统计的实施一般具有法定的周期时间，会按照法定周期时间循环开展，不同的行政统计项目具有不同的周期时间。重大国情国力普查项目的周期时间通常由相关行政法规明确规定，如“全国经济普查”为每5年开展一次，“全国人口普查”为每10年开展一次。常规统计项目的周期时间由统计主体在制定统计调查方案中确定，相比于普查的周期时间而言较短，一般以一月、一季度或一年为基准开展一次，而且存在周期时间重叠的情形。譬如，在周期为一年一统计的项目中，会同时存在对同一统计事项开展一季度一统计或一月一统计的情况，这是普查项目所没有的。然而，行政统计的周期性不是绝对的，对于一些一次性的统计调查项目就不存在周期性的特点。

（三）行政统计与行政调查的关系

行政统计与行政调查都是行政主体向特定相对人采集信息的活动，两者存在一定形式上的共性，容易混淆。第一，从行政过程的视角来看，行政统计和行政调查都是行政机关为了作出行政决定而进行的前期步骤。第二，在内容上，两者都是对相关事实信息进行搜集分析，都是行政机关获取信息的一种活动方式。第三，从语言表述上来说，两者的称谓都含有“调查”一词。行政统计的法律表述为“统计调查”，从字面上看就包含行政调查的意义。

然而，行政统计和行政调查具有本质上的区别，不能等而视之。

首先，行政统计和行政调查的活动目标不同。行政调查一般具有固定且具体的行为目标，即搜集核实后续有关行政决定所需要的事实、信息，以满足行政行为所必需的合法性、合理性要件，是为某一特定的行政行为服务，与后续行政决定具有较强的对应性和接续性。与之相反，行政统计没有固定且具体的行为目标，整体上是为了反映客观情况，为其他行政活动的科学性提供支撑，并不为特定的某一行政行为服务，与后续行政决定缺乏明显的对应性和接续性。

其次，行政统计和行政调查在与其他行政行为的关联性上不同，或者说两者的结论对后续行政活动的影响不同。行政调查从某种程度上来说与其后续有关的行政行为是相互依赖的关系，两者不可分割。合法的行政行为要求事实充分、证据确凿，必须经过行政调查才可能实现，没有经过行政调查就无法进入作出决定的环节。也正因如此，行政调查的存在才有了意义，如果没有相应的行政行为作出，行政调查就失去了开启的基础。然而，行政统计与其他行政行为之间就没有相互依赖的关系。从法律规范层面来看，没有哪一项规定要求行政行为作出前必须先进行统计调查。虽然行政统计和行政调查都是行政决定的前期步骤，但这是从行政统计与国家宏观决策的先后过程上来看待，实际上后者的实现不必然以前者为前提条件，没有事先进行统计调查，同样可以完成行政决策。

最后，行政统计和行政调查的内容针对性不同。行政调查的内容具有很强的针对性，换言之就是解决问题的意志很明显，是针对一个待解决的问题探寻一个明确的答案，如某一食品是否达到国家质量标准，某车辆是否有闯红灯，需要征收补偿的人数有多少，等等。行政统计则相反，其内容主要是反映客观情况，不带有解决问题的意志。这并不是说行政统计是一个纯粹搜集信息的活动，它只是不像行政调查那样针对某一具体个案问题，而是为行政活动提供基础条件。

二、行政统计的主要类型

行政统计在国家治理中发挥着多重功能，这些功能的发挥主要通过统计数据和统计结论影响相关主体的行为，进而产生相应的法律效果来体现。按照行政统计的功能划分，可以将行政统计分为政务公开型、决策辅助型、行政监督型、应急管理型和外交支持型五种。

（一）政务公开型统计

政务公开型统计的主要目的在于反映国家经济社会发展的客观情况，从而保障公民对国家行政活动的知情权与监督权。行政统计是国家发展的“晴雨表”，是个人从宏观上整体认识与把握国家发展状况的重要工具，也是实现公民监督权的坚实基础。

行政统计数据是政府信息的重要内容之一，其反映了国家社会经济发展状况和国家行政活动的成效，是依法必须公开的内容。《政府信息公开条例》第20条明确规定，政府应当主动公开有关国民经济和社会发展的统计信息。除了《政府信息公开条例》构建的信息公开机制外，以《统计法》为核心的统计法律规范也针对统计数据的公开，为我国的行政统计工作建立起了一套相对完备的数据公开机制。根据《统计法》及其相关法律规范的规定，通过行政统计获得的数据资料应当由县级以上统计机构定期公布，政府行政部门取得的统计数据资料由该部门公布；统计数据资料坚持公开共享原则，除涉密数据或个人身份识别信息外，应当依法主动公开供社会公众查询；在公布统计数据资料的同时，还应当公布主要统计指标含义、调查范围、调查方法、计算方法、抽样调查样本量等信息，对统计数据进行解释说明，方便社会公众正确理解和使用统计数据；统计数据资料在正式公布前应当制定公布计划及日程表，提前向社会公告准备公布的具体内容、公布时间和公布渠道，保障社会公众能够方便及时获取统计数据；因特殊原因不能按原计划公布的，要提前告知。

除了为满足日常政务公开的需要而进行统计外，在一年一度的全国人大会议上，也要为了公布有关数据进行统计。在全国人大每年审查的国民经济和社会发展计划和计划执行情况的报告、国家的预算和预算执行情况的报告、政府工作报告等报告中公开的数据均是由行政统计提供。

（二）决策辅助型统计

决策辅助型统计是以为行政决策提供决策参考依据为主要目的进行的统计。行政统计是制定行政规划、作出行政决策的基础，能够把脉国家社会经济的各项状况，为实施经济调控、社会管理等众多行政活动提供重要依据和参考，增强行政决策的科学性。

2019年，国务院公布《重大行政决策程序暂行条例》，明确树立“科学决策”原则，要求行政决策坚持从实际出发，运用科学技术和方法，尊重客观规律；同时明确规定，决策承办机关应当在广泛深入开展调查研究、全面准确掌握有关信息的基础上拟订决策草案。[①] 该条例要求行政机关利用数据信息保证行政决策科学性，体现了运用统计数据来增加行政决策科学性的意思。

行政统计对重大行政决策最直接的影响方式是民意调查。根据《重大行政决策程序暂行条例》第 14 条的规定，除依法不予公开的决策事项外，决策承办单位应当采取便于社会公众参与的方式充分听取意见，而民意调查是听取意见的法定方式之一。民意调查是行政统计的重要内容之一，早在 2006 年，国家统计局就成立了社情民意调查中心，负责开展有关社情民意调查项目，各省、市统计机构也相继成立了民意调查中心。行政决策的科学性不仅体现在对自然规律的尊重上，也体现在对社会规律的尊重上。民意调查不仅加强了行政决策的民主性，同时也增加了行政决策的科学性，充分展现了行政统计在行政决策中的意义。

从地方个别省市的地方政府规章中可以看到，统计数据已经被规定为决策承办机关在拟定决策草案时应当使用的材料之一，如《西藏自治区重大行政决策程序暂行规定》《甘肃省人民政府重大行政决策程序规定》《沈阳市重大行政决策程序规定》《贵阳市人民政府重大行政决策合法性审查规定》《酒泉市人民政府重大行政决策程序规定》《庆阳市人民政府重大行政决策程序规定》。这些地方政府规章都规定，与决策有关的统计数据应当作为决策草案送请合法性审查时必须提交的材料之一。[②] 可见在地方层面，个别省市已经明确行政统计在行政决策中的法律地位，将行政统计的成果作为行政决策必不可少的依据之一。

（三）行政监督型统计

行政监督型统计是以监督行政活动、约束行政权力为主要目标进行的

---

① 《重大行政决策程序暂行条例》第 5 条、第 12 条。

② 《西藏自治区重大行政决策程序暂行规定》第 27 条、《甘肃省人民政府重大行政决策程序规定》第 31 条、《沈阳市重大行政决策程序规定》第 22 条、《贵阳市人民政府重大行政决策合法性审查规定》第 5 条、《酒泉市人民政府重大行政决策程序规定》第 33 条、《庆阳市人民政府重大行政决策程序规定》第 31 条。

统计。行政统计是控制行政权力的重要方式，与审计监督具有异曲同工之效，对促进依法行政具有十分重大的意义。统计监督作为行政统计机构的三大职能之一，一方面是指对统计活动的合法性进行监督，另一方面是指借助统计数据对其他行政活动的合法性进行监督。

统计监督是国家监督体系的有机组成部分，在社会主义市场经济发展中，行政统计对强化社会主义市场经济法律保障起到了不可忽视的作用，是完善发展市场经济监督制度和监督机制的重要内容之一。在2020年5月发布的《中共中央 国务院关于新时代加快完善社会主义市场经济体制的意见》中，统计监督与党内监督、监察监督、行政监督、司法监督、审计监督等一道被列为推动社会主义市场经济健康发展的重要力量。

在国有资产监管中，行政统计对约束企业中的国家工作人员起到重要作用。根据《企业国有资产监督管理暂行条例》的规定，国有资产监督管理机构可以通过统计、稽核等方式对企业国有资产的保值增值情况进行监督。按照最高人民法院《全国法院审理经济犯罪案件工作座谈会纪要》的规定，国有企业的董事、经理、监事、会计、出纳人员在进行管理、监督国有财产等活动时，属于从事公务，所以他们在管理国有资产时是在行使一种国家行政权力；对他们的监督，行政统计也是一种重要的方式。

此外，行政统计在控制行政财权、行政组织权方面，也有发挥作用的空间。例如，按照《机关事务管理条例》的规定，县级以上人民政府要对机关运行经费支出、公务用车情况进行统计，作为严格管理“三公”经费的依据。[①]再如，根据《地方各级人民政府机构设置和编制管理条例》规定，地方各级人民政府机构编制管理机关要定期向上级机构编制管理机关提交机构编制年度统计资料。[②]

（四）应急管理型统计

应急管理型统计是以应对突发公共事件为主要任务而进行的统计，在

① 《机关事务管理条例》第16条、第26条。
② 《地方各级人民政府机构设置和编制管理条例》第23条。

应急管理处置中发挥着不可忽视的作用。例如,在2019年年底爆发的新冠肺炎疫情中,行政统计就在疫情防控工作中已经展示出强大的资源效益和行政效用。行政统计用海量的统计数据,从疫情状况、人口迁徙动态、交通路况、复工复产情况等多个方面持续为政府和公众提供信息,帮助消除公众恐慌、稳定社会秩序,为政府的疫情防控、复工复产决策提供了重要的数据支持。

一方面,行政统计为扼制灾害扩大奠定了基础。疫情期间,"国务院联防联控机制"建立起临时的病例统计制度,作为防止疫情持续扩散蔓延的措施之一,对疑似病例、确诊病例,通过"国家卫生统计信息网络直报系统"或以传染病报告卡的形式向国家卫健委报告。[①] 利用这些统计数据,疫情防控机构能够清楚地了解到哪些地方风险高、哪些地方风险相对较低,从而引导人口流动方向,适当采取地区封锁措施,避免疫情扩散。

另一方面,行政统计为灾害处置的精确化管理创造了条件。随着复工复产需求的与日俱增,"国务院联防联控机制"要求各地依据人口、发病情况综合研判,科学划分疫情风险等级,明确分级分类的防控策略,制定差异化的县域防控和恢复经济社会秩序的措施。[②] 实行分级防控策略必须有人口数据、病例数据等疫情相关数据作为基础,如果没有相应的行政统计,就无法对各地进行风险等级的划分,实现分级防控。

(五)外交支持型统计

外交支持型统计是以辅助外交活动开展而进行的统计,是促成政府间国际合作、国际交往不可或缺的条件之一。行政统计不仅在国家对内的行政活动中发挥作用,也是国家开展一些外交活动的重要支撑。

例如,早在1973年,联合国统计局就向中国统计局致函,邀请其参加联合国统计局正在进行的《1974年联合国统计年鉴》编辑工作,希望得到善意

---

① 国务院联防联控机制《关于印发近期防控新型冠状病毒感染的肺炎工作方案的通知》,肺炎机制发〔2020〕9号,2020年1月27日发布。

② 国务院联防联控机制《关于科学防治精准施策分区分级做好新冠肺炎疫情防控工作的指导意见》,2020年2月17日发布。

合作，提供所需统计资料。[①] 又如，在国际贸易合作中，进行双边或多边贸易谈判时，各国均以各自国家（地区）编制的对外贸易统计数据资料为谈判依据，越来越多的贸易争端最终也都聚焦在贸易统计数据上。再如，一些国际组织对成员国亦有行政统计方面的要求，如在我国加入世界贸易组织的众多条件中，有一项即是要求我国向世贸组织承诺，从2002年开始，我国每年要向世贸组织提供海关统计数据。如果没有行政统计的支持，这些国际合作就很难开展。

三、行政统计的基本原则

（一）公益原则

行政统计的公益原则是指行政统计只能为服务经济社会发展等公益事业而进行，不得用于营利性事务。通过统计调查获得的统计数据资料应当依法无偿地向其他行政机关提供和向社会公众开放，供公众查询使用，不得据为己有，用作经营销售，更不得利用统计数据谋取不正当利益。

首先，行政统计活动的目的是公益性的，是为促进公共利益而存在的，是一种服务公益事业的行政活动。《统计法》第1条规定，行政统计的根本目的是了解国情国力、服务经济社会发展，促进社会主义现代化建设事业发展，明确了行政统计的公益性质。《统计法实施条例》第5条规定，“县级以上人民政府统计机构和有关部门不得组织实施营利性统计调查”，进一步说明了行政统计的公益性质，为行政统计的公益原则提供了最直接的依据。

其次，从行政统计主体与统计对象的交互过程来看，行政统计是以有利于国家发展或有利于社会公众等促进公共利益的名义进行的。以第七次全国人口普查为例，在宣传时国家就明确表示此次普查是为了“推动经济高质

① 参见高敏雪、穆旖旎：《〈中国统计年鉴〉：政府统计窗口建设的回顾与展望》，载《统计研究》2012年第8期。

量发展，促进人口素质提升”而开展。[①] 同时，宣传海报标语如“参与七人普、惠及你我他”“人口普查家家参与、美好未来人人共享”“摸清国家人口、惠及万家生活”等，也无不是以公共利益作为宣传点，体现着为国为民的意思。[②]

最后，行政机关向统计对象获取统计数据信息时是无偿的，不存在平等的经济利益交换关系。公众在统计调查中提供给行政机关的信息中有时或涉及个人隐私，或涉及商业秘密，总之都具有一定的经济价值。如果行政机关被允许以无偿的方式取得公众所有的具有一定经济价值的信息为自己谋取利益，则不仅侵害了公民的隐私权、财产权，动摇了行政统计的正当性，而且会使行政统计偏离本来的目标，从促进社会经济发展的工具演变为利用行政职权谋取个人利益的工具，最终丧失行政统计作用。

（二）有限原则

行政统计的有限原则包含两个层面的含义：一是在行政统计的实施层面，是指行政统计应当限制实施规模和实施数量，非必要情况不得开展统计。二是在统计数据的使用层面，是指行政机关通过统计调查获得的能够识别或者推断单个统计调查对象身份的统计数据资料在使用情形上受到法律的严格限制，只能被用于符合行政统计目的的情形。

行政统计的实施会产生巨大的行政成本，应当严格控制。按照《统计法实施条例》第 2 条的规定，统计资料能够通过行政记录取得的，就不得组织实施统计调查；通过抽样调查、重点调查能够满足统计需要的，就不得组织实施全面调查。这一规定体现了行政统计实施的有限性，不仅有助于改善统计泛滥的局面，也是对行政效率原则的贯彻。

对于统计数据而言，其使用也不是由行政机关任意处置，必须严格依法使用于符合统计目的的情形。根据《统计法实施条例》和《关于单个统计调查对象资料保密的规定》，不符合行政统计目的的情形具体有三种：第一种

① 参见林火灿：《人口普查为什么既要“查人”还要“查房”——国务院第七次全国人口普查领导小组办公室负责人答记者问》，载《经济日报》2019 年 11 月 15 日第 6 版。

② 具体参见国家统计局网站，http://www.stats.gov.cn/ztjc/zdtjgz/zgrkpc/dqcrkpc/dqcrk-pcxccp/，2020 年 7 月 9 日访问。

是除对统计违法行为惩处需要以外，统计数据用于行政机关对统计对象作出不利行政行为的依据，典型的如征收、处罚、许可等行为。第二种是统计数据用于竞争性考评活动，如等级评定、人事考核等。第三种是行政机关将统计数据用于为进行营利性的活动出具证明，如为企业申报名牌产品开具统计数据证明。

尤其针对实践中容易出现的行政机关利用相对人提供的统计数据对相对人进行处罚的情况，法律规范有明确的禁止。例如，《统计法实施条例》第30条规定："统计调查中获得的能够识别或者推断单个统计调查对象身份的资料应当依法严格管理，除作为统计执法依据外，不得直接作为对统计调查对象实施行政许可、行政处罚等具体行政行为的依据，不得用于完成统计任务以外的目的。"《全国人口普查条例》第33条第1款规定："人口普查中获得的能够识别或者推断单个普查对象身份的资料，任何单位和个人不得对外提供、泄露，不得作为对人口普查对象作出具体行政行为的依据，不得用于人口普查以外的目的。"《全国污染源普查条例》第35条规定："污染源普查取得的单个普查对象的资料严格限定用于污染源普查目的，不得作为考核普查对象是否完成污染物总量削减计划的依据，不得作为依照其他法律、行政法规对普查对象实施行政处罚和征收排污费的依据。"

四、行政统计的实施主体

按照《统计法》的规定，行政统计实行"统一领导、分级负责"的管理体制，实施主体呈现出条块分散的分布状态，可以分为同一行政层级的横向结构和不同行政层级的纵向结构两个方面。

在横向结构上，根据《统计法》的规定，享有行政统计权的行政主体包括一级政府、政府统计机构和其他有关行政部门。由于法律法规中并没有具体规定一级政府的行政统计职责，因此实际履行行政统计职权的主体只有统计机构和其他有关行政部门。政府统计机构即统计行政部门，包括国家统计局和地方各级统计局。国家统计局下设统计调查队，具体行使统计调查权和统计监督权。有关行政部门主要指政府工作部门，基于有大量法律、法规和规章的授权，一级政府工作部门均享有行政统计权。

在纵向结构上，从中央到地方，不同行政层级的政府、统计机构、统计调查队和政府工作部门都享有行政统计权，具体而言包括各级政府、县级以上统计机构、县级以上统计调查队、县级以上政府工作部门。地方统计机构受上一级统计机构和同级政府双重领导，各级地方统计机构均不设统计调查队，直接行使统计调查职权。各级统计调查队直属于国家统计局，根据《国家统计局直属调查队管理体制改革方案》的规定，现有省（区、市）调查总队31个，副省级城市调查队15个，市（地、州、盟）调查队318个，县（市、区、旗）调查队887个。各级调查队与同级人民政府统计机构的行政级别相同，作为国家统计局在地方的派出机构，除代表国家统计局具体行使统计调查权和统计监督权外，也可以接受地方政府及其有关部门委托行使地方统计调查权。

除了上述行政主体外，一些根据法律、法规设立的组织机构，也在法规、规章或其他规范的授权下取得了行政统计的职权，目前主要有行政机关的内设机构、临时设立的组织机构和事业单位三种。行政机关的内设机构主要是指行政机关为履行统计职责而专门设立的统计机构，如根据《环境统计管理办法》，县级以上环境主管部门应当设置专门的统计机构，并明确了统计机构的具体职责。临时设立的组织机构仅在普查期间具有行政统计权，普查结束后机构自行撤销，如《国务院办公厅关于成立第四次全国经济普查领导小组的通知》中就明确规定，“领导小组不作为国务院议事协调机构，任务完成后自动撤销”。事业单位主要是银行、保险、证券监督管理机构及其相关单位，如根据中国证监会制定的《证券交易所管理办法》，证券交易所可以根据监管需要，对其市场内特定证券的成交情况进行分类统计，并向市场公布。此外，根据《中国银行保险监督管理委员会职能配置、内设机构和人员编制规定》，中国银保监会具有履行金融业综合统计相关工作的职责。

五、行政统计的实施程序

按照《统计法》和《统计法实施条例》的规定，行政统计实行项目分类管理模式，一个完整的统计项目一般需要经过立项、审核、实施、公开四个环节。依据统计项目类型的不同，程序要求略有差异。

（一）统计项目的立项

立项是统计的第一个环节，统计项目首先要制定统计实施的具体方案。方案一般称为“某某调查方案”“某某调查制度”或“某某报表制度”，内容主要包括统计目的、统计实施机构、统计对象、统计范围、统计内容、统计时间、统计方法、统计表格及说明、统计数据使用等。重大国情国力普查项目由普查领导小组办公室拟定，普查领导小组审核同意。国家统计调查项目由国家统计局单独制定，或者由国家统计局和国务院有关部门共同制定。部门统计调查项目由统计对象的行政主管部门制定。地方统计调查项目由县级以上地方人民政府统计机构和有关部门分别制定或者共同制定。方案的最终确定还需要先后通过内部论证、征求意见和集体讨论等程序。内部论证主要是对统计项目的必要性、可行性、科学性进行论证，征求意见是向有关地方、部门、统计调查对象和专家征求意见，集体讨论则是统计方案最终要由制定机关按照会议制度集体讨论决定是否成立。

（二）统计项目的审核

立项完成后，进入审核环节。有的项目依法需要批准，有的只需要备案。申请批准应当以公文形式向审批机关提交《统计调查项目审批申请表》以及项目的《统计调查制度》和《工作经费来源说明》，如果是申请备案，则只需提交《统计调查项目审批申请表》以及项目的《统计调查制度》。一般国家统计调查项目报请国务院备案即可，重大国家统计调查项目和重大国情国力普查项目则需要报请国务院批准。统计对象属于制定机关主管的部门统计调查项目的，需要报请国家统计局备案；统计对象超出制定机关职权管辖范围的，需要报请国家统计局审批。省级人民政府统计机构单独制定或会同有关部门共同制定的地方统计调查项目，需要报请国家统计局审批；省级以下政府统计机构单独制定或会同有关部门共同制定的地方统计调查项目，需要报请省级人民政府统计机构审批；县级以上地方人民政府有关部门制定的地方统计调查项目，需要报请本级人民政府统计机构审批。

审核机关对需要审批的统计项目主要审查以下内容：(1) 是否具有法定依据或者确为公共管理和服务所必需；(2) 是否与已批准或者备案的统计调查项目的主要内容重复、矛盾；(3) 主要统计指标是否无法通过行政记录或者已有统计调查资料加工整理取得；(4) 统计调查制度是否符合统计法律法规规定，是否科学、合理、可行；(5) 采用的统计标准是否符合国家有关规定；(6) 制定机关是否具备项目执行能力。如果上述各项内容的结论都是肯定的，则审核机关应在二十日内作出批准的书面决定。如果上述各项内容的结论中有至少一项是否定的，则审核机关应当向项目制定机关提出修改意见，修改后符合条件的按时批准同意。修改后仍不符合条件的，作出不予批准的书面决定，并说明理由。二十日内不能作出决定的，经审核机关负责人批准可以延长十日，并应当将延长审批期限的理由告知制定机关。另外，如果统计方案在实施中需要变更或统计项目需要延期时，制定机关需要再次向批准机关或备案机关申请批准或备案。

（三）统计项目的实施

统计项目审核通过后，才能开始组织实施。统计项目的组织实施按照“谁制定、谁实施”的原则进行，统计机构会同有关行政部门共同制定的统计调查项目由统计机构组织实施。重大国情国力普查项目由国务院统一领导，各级政府组织，各级统计机构和有关行政部门共同实施。对于重大统计调查项目应当先行试点实施，以确保统计方案的科学性。

常规统计项目一般由统计对象定期向统计机构或行业主管部门报送需要统计的信息，再经统计机构逐级上报汇总后，报送至统计项目的制定机关。报送主要以网络系统的方式进行，辅以传真、电子邮件等方式。早在2004年，商务部就已经为省、市、县商务主管部门设立了网络直报系统，可以通过系统平台直接进行数据上报汇总。

普查项目的实施相较于常规统计项目更为复杂，大致可以分为宣传准备、数据采集和数据整合三个阶段。宣传准备阶段的工作主要包括宣传报道、普查区划分及绘图、普查指导员和普查员选聘及培训、编制清查底册、实施单位清查等。数据采集时，普查员会直接访问普查的统计对象并指导统计对象填报相关统计表格，表格经统计对象签字或盖章确认后，再由普查员收回。普查员执行统计任务时应当出示普查员工作证，“全国污染源普查”还要求至少有两名普查员一起执行。数据整合阶段的主要工作包括数据检查、审核与验收、数据汇总、数据质量抽查和数据评估。

（四）统计结果的公开

数据统计结束之后，还需要经过公开的程序才算最终完成了一个统计项目。统计数据作为政府信息的重要组成部分，除依法应当保密的外，按照“谁统计、谁公开”的原则，依法定期向社会公开，并供公众查询。国家统计局统计取得的全国性数据可以授权国家统计调查队公布，其中分省的数据可以授权省级政府统计机构公布。有关行政部门统计获得的数据，由统计方案确定的主体公布，一般是以本部门名义对外公布。常规统计项目的统计数据一般是以电子形式直接在行政机关的官方网络平台上公布，重大国情国力普查的统计数据除了以电子形式在网上公布外，还会由国家统计局专门以“统计公报”的形式刊发。已公布的统计数据按照国家有关规定需要进行修订的，县级以上政府统计机构和有关部门应当及时公布修订后的数据，并就修订依据和情况作出说明。除了统计数据外，主要统计指标含义、调查范围、调查方法、计算方法、抽样调查样本量等信息也应当一并公布，同时要对统计数据进行解释说明。另外，统计数据公布前，统计部门会制定数据公布计划及其主要统计信息公布日程表，提前向社会公告全年数据公布的具体内容、时间和渠道，从而保障社会公众能够方便及时获取数据。因特殊原因不能按原计划公布的，也会提前向社会发布公告。[①]

第三节　目前行政统计存在的问题

一、统计数据的质量问题

（一）统计实施主体相对分散

当前我国行政统计组织体系割裂化程度较高，统计实施主体相对分散，几乎任何行政部门都有行政统计权。基于地方政府对所属职能部门及下级行政机关的领导关系，各地行政统计工作频繁遭到行政干预，致使数据造假现象长期存在，严重破坏了统计数据的真实性。

早在2008年时，行政干预导致的数据不真实就已经较为突出，全国人大执法检查发现在行政统计中虚报、瞒报、伪造、篡改统计资料的违法行为约占全部统计违法行为的60%。[②] 2018年《全国人大常委会执法检查组关于检查〈中华人民共和国统计法〉实施情况的报告》显示，统计数据的虚报瞒报、拒报迟报、漏报重报、代填代报等统计造假等弄虚作假现象仍然存在。

出于政绩考核的需要，一些地方领导为了争位次会自行对统计资料进行伪造、篡改，或采用各种方式要求统计机构、统计人员及其有关人员伪造、篡改统计资料，如果谁敢拒绝和抵制，就很可能受到打击报复。有的会要求企业按指定的数据量填报，或直接代替企业报送虚假数据，甚至还有编造虚假企业和投资项目。[③] 在2019年国家统计局公布的统计违法处理结果中，有七百余名党政干部因为统计违法受到党纪政务处分，职务级别从厅局级

---

① 《国务院办公厅转发国家统计局关于加强和完善部门统计工作的意见》，国办发〔2014〕60号，2014年12月3日发布。

② 参见马建堂：《关于〈中华人民共和国统计法（修订草案）〉的说明——2008年12月22日在第十一届全国人民代表大会常务委员会第六次会议上》，载《中华人民共和国全国人民代表大会常务委员会公报》2009年第5期。

③ 参见王东明：《全国人大常委会执法检查组关于检查〈中华人民共和国统计法〉实施情况的报告——在十三届全国人大常委会第三次会议上》，载《中国人大》2018年第13期。

干部到乡镇干部都有。[①] 由此足见行政干预数量之巨,对行政统计工作影响之广。

(二)统计项目审批备案制度存在缺陷

由于行政统计项目的审批层级较多,审批权力较为分散,备案也缺乏明确具体的审核机制,导致行政统计实施泛滥,一些能够通过行政记录取得的数据仍然实施统计调查,统计报表多乱、重复交叉、数出多门的现象比较严重,对防止行政统计随意开展没有起到良好的作用。

按照现行统计规范的规定,凡是对属于本部门职权管辖范围的事项进行统计,只需要向国家统计局备案。虽然只需备案的统计项目依法同样不得与已有统计项目重复,但与审批相比缺乏审核机制,因而各行政部门的统计在地方基层交叠出现。据全国人大常委会 2018 年的执法检查结果显示,截至 2017 年,未严格履行审批、备案程序的指标多达 8589 项。其中国家统计局仅对 2017 年 8 月的统计数据排查汇总,就查出 33 个部门的 60 个统计调查项目与国家统计调查项目的主要内容重复交叉。[②]

二、统计信息公开共享机制不健全

(一)部门间数据共享相关规定缺失

当前有关部门间统计信息共享的法律规定不明确,对行政部门之间数据共享的权力和责任、条件、程序以及数据标准等重要问题没有规定,致使统计信息共享制度无法得到有效执行。

2018 年全国人大常委会统计法执法检查组指出,多年来各部门建立了各自的统计调查系统和数据库,但部门间数据难以共享,形成大量的"信息孤岛"。[③] 虽然 2016 年国务院公布了《政务信息资源共享管理暂行办法》,该

---

① 参见《2019 年国家统计局关于统计违法案件责任追究情况的通报》,http://www.stats.gov.cn/tjgz/tzgb/201912/t20191230_1720560.html,2020 年 7 月 9 日访问。

② 参见王东明:《全国人大常委会执法检查组关于检查〈中华人民共和国统计法〉实施情况的报告——在十三届全国人大常委会第三次会议上》,载《中国人大》2018 年第 13 期。

③ 同上。

办法规定的内容较为宏观，有较强的探索性和灵活性，但缺乏与其他法律法规之间的协调配套，难以适应当前部门间数据共享的现实需求。以反洗钱监管为例，虽然《反洗钱法》第 11 条明确规定“国务院反洗钱行政主管部门为履行反洗钱资金监测职责，可以从国务院有关部门、机构获取所必需的信息，国务院有关部门、机构应当提供”，但由于相关部门对反洗钱工作的认识和重视程度不同，反洗钱信息共享的各行政部门之间权责不明确，加上缺乏可操作性强的数据共享工作规则，反洗钱部门并没有能凭借该条款实现有效的数据共享。[①] 尤其在应急管理中，大规模的跨部门数据实时共享存在明显的短板。针对 2019 年年底的新冠肺炎疫情，国家卫健委就撰文明确指出，当前数据共享渠道不够通畅，应当完善重大疫情风险监测预警信息数据共享机制。[②]

此外，行政部门之间数据标准不统一，数据接口错综复杂，导致统计数据共享难以深入展开。目前仅有广东、山东、上海出台了地方数据标准和指南共 6 项，只有上海、北京、福州等 9 个城市在立法中略有提及，如上海市政府发布的《上海市公共数据开放暂行办法》第 32 条“标准体系和技术规范”提到，鼓励不同主体参与制定数据标准。正是由于我国政府数据共享标准规范的缺失，造成当前 102 个地方政府数据平台系统各异，各平台共 71092 个结构相异且分布零散的数据集合难以整合。[③]

（二）统计数据公开范围规定不明确

由于法律对统计数据的公开范围规定不明确，导致实践中对某一数据信息是否属于应当公开的范围存在争议，而行政机关和法院往往以商业秘密、泄露隐私等理由不支持公开。现行涉及统计数据公开范围的规范主要有《统计法》《统计法实施条例》《政府信息公开条例》。按照《统计法》的规

---

① 参见杨雪星：《金融数据共享与安全：反洗钱资金监测工作的思考》，载《福建金融》2020 年第 4 期。

② 参见中共国家卫生健康委员会党组：《完善重大疫情防控体制机制 健全国家公共卫生应急管理体系》，载《求是》2020 年第 5 期。

③ 参见黄如花：《我国政府数据开放共享标准体系构建》，载《图书与情报》2020 年第 3 期。

定，除依法应当保密的数据和能够识别或者推断单个统计调查对象身份的数据不能公开外，其他的都应当公开。[①]《统计法实施条例》第27条规定，除统计数据本身外，统计指标涵义、调查范围、调查方法、计算方法、抽样调查样本量等相关数据也要公开。《政府信息公开条例》第20条规定，国民经济和社会发展统计信息应当主动公开。这些条款对公开范围的规定都十分抽象，所用概念的内涵不确定性较强，又缺乏明确的判断条件。

例如，在"王某诉青岛市崂山区统计局信息公开案"中，原、被告就统计获得的汇总数据是否属于能够识别或者推断单个统计调查对象身份的数据产生了争议。原告王某要求崂山区统计局公开某公司2010年至2012年的企业职工年平均工资数据，崂山区统计局则以"汇总资料能够从中推断出单个统计调查对象的身份可能对统计调查对象的商业秘密、个人隐私等权利造成侵害"为由，认为原告申请公开的数据不属于应当公开的范围而拒绝公开，法院最终支持了行政机关的主张。[②]然而，有趣的是，在"郭锋诉甘肃省统计局、甘肃省人民政府信息公开案"中，原告郭峰要求统计局公开其工作单位的个人工资发放标准，甘肃省统计局却以"平均工资数据最终反映的是城镇单位全体职工的平均工资水平，并不反映具体个人的工资情况。原告申请的信息不属于统计局公开的范畴"为由，拒绝了原告的信息公开申请，法院支持了被告的观点。[③]

两个案件的具体情况在此大可不必深究，而以"平均工资"为观察点可以看到，对于同一统计事项，由于法律没有明确规定公开的范围，对不予公开的情况又没有判断标准，以致实践中产生了"平均工资"在此一案中可以反映个人隐私信息、在彼一案中又不可以反映个人隐私信息的矛盾解读，

---

① 《统计法》第25条规定，统计调查中获得的能够识别或者推断单个统计调查对象身份的资料，任何单位和个人不得对外提供、泄露，不得用于统计以外的目的；第26条规定，县级以上人民政府统计机构和有关部门统计调查取得的统计资料，除依法应当保密的外，应当及时公开，供社会公众查询。

② 参见山东省高级人民法院（2018）鲁行申271号行政判决书。

③ 参见甘肃省兰州市中级人民法院（2019）甘01行初50号行政判决书。

“能够识别或者推断单个统计调查对象身份的数据”俨然变为了行政部门拒绝公开统计数据的利器。

三、统计违法监督机制不完善

（一）监督主体力量较弱

统计违法现象长期没有得到良好的遏制，甚至有愈演愈烈之势，其中很重要的原因便在于统计监督主体力量一直较为薄弱。具体而言反映在两个方面，一是统计监督组织的独立性不足，二是统计执法人员长期缺乏组织保障。

一方面，法律没有赋予监督组织足够的独立性，从根本上导致监督主体力量较弱。按照目前统计监督规范的规定，具有统计监督权的主体包括县级以上政府、监察机关、统计行政部门和其他行政部门。政府和监察机关从整体上对统计规范的执行情况进行监督，行政统计部门具体负责本行政区域内的统计监督工作，其他行政部门具体负责监督本部门的统计监督工作。由于实践中一级政府没有设立专门的统计执法监督机构，监察机关依法又只有党纪政务处分权而没有统计违法认定和处罚权，因此实际上统计监督工作完全由各级政府统计行政部门和其他行政部门负责。

按照我国行政管理体制，各级政府统计机构属于双重领导，名义上受上级统计机构和同级地方政府共同领导，但机关干部的任免、编制、经费开支等均由同级地方政府决定。在这样的制度构架下，统计机构作为统计违法的监督机构，就缺乏了与职责相适应的独立性，难以对同级政府的统计违法行为进行有效监督。同时，统计机构既履行统计调查权，又履行统计监督权，可谓“既当运动员，又当裁判员”，形成了完全的自我监督，监督效果可想而知。虽然2017年国家统计局颁布的《统计执法监督检查办法》规定，各级统计机构都应当设立专门的统计执法监督机构，国家统计局下设统计执法监督局，各省、市统计局或国家统计局各省、市统计调查队下设统计执法监督机构[1],但由于统计执法监督机构在组织性质上属于统计机构的内设机构,因此仍然没有摆脱双重领导与自我监督的困境。

另一方面,统计执法人员长期缺乏组织保障,也是导致统计监督主体力量薄弱的原因。虽然《统计法》赋予县以上人民政府统计机构统计行政执法主体资格,但从目前实际情况看,基层统计执法力量还跟不上工作的需要。根据全国人大常委会《统计法》执法检查的结果显示,全国大约一半的省份还没有设立独立的执法监督机构,市县更为突出,地方执法力量严重不足。[2]由于编制受限,市县统计部门人员本来就相对较少,无法设立专门的执法监督机构或成立专门的统计执法检查队伍,执法力量严重不足。部分市(州)、县(市、区)统计部门由于缺少专门的统计执法人员,难以正常开展统计执法工作,甚至不得不实行"全员执法",不仅被迫与《统计法实施条例》持证执法的要求相违背,而且执法质量和效果令人担忧。以辽宁省为例,辽宁全省 14 个地级市、16 个县级市、25 个县、59 个市辖区,仅有沈阳、鞍山、丹东、锦州、阜新、盘锦 6 个地级市和海城市、鲅鱼圈区成立了统计执法监督机构,并调整增设了专门的执法人员。[3] 从统计执法人员数量看,全省取得统计执法资格证的仅有 215 人,14 个地级市 100 个县市区平均不到 2 人,统计执法人员力量不足与统计任务繁重矛盾突出,很难有精力开展大规模的统计执法检查工作。[4]

(二)违法问责缺乏刚性

当前对统计违法行为的处置力度较轻,缺乏刚性,普遍存在偏松偏软的

① 《统计执法监督检查办法》颁布前,统计执法监督工作是由国家统计局调查总队和国家统计局派驻到各省、市的统计调查队负责。该办法颁布之后,全国的统计执法监督工作变为统计执法监督局和国家统计调查总队共同负责,地方的统计执法监督工作则变为统计执法监督机构在地方统计局或各地国家统计调查队的领导下具体负责。

② 参见王东明:《全国人大常委会执法检查组关于检查〈中华人民共和国统计法〉实施情况的报告——在第十三届全国人大常委会第三次会议上》,载《中国人大》2018 年第 13 期。

③ 数据来源于辽宁省人民政府网(http://www.ln.gov.cn/zjln/xzqh/),并经过与《2020 年 12 月中华人民共和国县以上行政区划代码》(http://www.mca.gov.cn/article/sj/xzqh/2020/20201201.html)对照确认。

④ 参见《省人大常委会执法检查组关于检查〈中华人民共和国统计法〉贯彻实施情况的报告》,http://www.lnrd.gov.cn/contents/82/41091.html,2020 年 6 月 30 日访问。

问题。造成这一问题的原因主要是统计执法监督制度不够完善,具体而言有两个方面的缺陷。一是法律规定的处置方式较少,针对统计主体违法的处置措施缺乏威慑力,致使统计执法监督机构权威性不足。二是基于我国的干部管理体制,对于统计主体的违法行为而言,统计违法认定权和处置权存在一定程度的分离,降低了违法问责的效果。

第一,按照现行统计规范的规定,对统计违法的处置包括责令改正、通报、警告、罚款、没收违法所得、信用惩戒、处分建议等方式。其中警告、罚款和信用惩戒适用于统计对象;没收违法所得和处分建议适用于统计主体;责令改正和通报既适用于统计主体,也适用于统计对象。从处置措施的对象设置上可以看到,对于统计主体的违法适用了最缺乏刚性的措施,而对统计对象的违法则使用了相对更有威慑力的措施。统计数据失真的问题固然有统计对象的原因,但统计主体的违法是重要的因素,而且其影响之大、性质之恶劣较统计对象违法更为严重,已不只是"知法犯法",而是"执法犯法"。然而,在处置措施的设置上,针对统计主体违法的措施反而缺乏威慑力,致使统计执法监督机构的权威性远远无法适应其职责所需,难以遏制行政干预的恶果。虽然实践中行政干预会受到党纪政务处分,但与对统计对象的处罚相比,力度并不大。以《2019 年国家统计局关于统计违法案件责任追究情况的通报》为例,受到党纪处分的 338 人中,有超过 88%的人受到的是警告和严重警告;受到政务处分的 632 人中,受到记大过以上处分的大约只有 11%。可以说较为强力的处置所占比重很低,这还仅是最高统计行政部门直接办理的案件。而在受到处罚的 1575 家违法企业中,超过 75%的统计对象都受到了警告加罚款的严厉处置,仅有五分之一左右的统计对象只受到了警告。针对统计主体的处置措施缺乏威慑力,直接致使个别市县敢于抵制、阻碍、拒绝国家统计执法检查,干扰违法案件的查处。这也是造成各地查处统计违纪违法的自觉性不强、主动性不高以及不敢执法、不愿执法现象不同程度存在的重要原因。

第二,根据统计规范的相关规定,统计执法监督机构具有统计违法的认定权，但无法直接对统计违法的领导干部进行处置，只能通过向检察机关或人事任免机关发送处分建议的形式来控制统计主体违法的风险。此外，法律法规并没有规定统计执法监督机构所发处分建议的效力，有党纪政务处分权限的机关是否采纳、采纳多少，即便是严格按照《统计违法违纪行为处分规定》判断，也都有相对较大的裁量空间。这种违法认定权和违法处置权的分离，虽然是基于我国干部管理体制形成的，具有其特殊性，但确实明显降低了统计执法监督机构的权威性。对此，党中央在2018年创设了统计督察的监管方式，在一定程度上整合了违法认定权和违法处置权。然而，毕竟每次开展统计督察都须经过党中央、国务院授权，且督察对象范围局限于省部级层面的领导干部，很难作为常规的统计监督方式。

第四节　行政统计的法治化

一、完善行政统计的制度体系

《统计法》自上一次修改已过去十余年，其所建构的统计管理体制已经难以较好地适应当前的社会经济发展环境。为了充分发挥行政统计对国家发展决策的基础作用，必须重构统计管理体制，构建相对独立的统计组织体系，改革现行统计项目审批备案制度，以适应当下时代发展的要求。

（一）构建相对独立的统计组织体系

要构建相对独立的统计组织体系，对统计部门实行中央垂直领导、地方派驻的新型组织模式。行政干预成为造成行政统计数据失真的最大因素，其背后反映出的是我国行政统计的组织体系缺乏独立性。行政干预之所以频繁，固然有干部考核机制及考核指标体系不够完善的因素，例如目前我国不少地方实行的是层层签订责任目标的考核方式，此种方式容易诱使一些地方党政领导干部盲目攀比“纸面政绩”，但更重要的因素是我国的行政统计体制为行政干预提供了制度环境。在现行统计体制下，地方各级统计机构实行双重领导体制，从根本上隶属于各级政府。地方统计部门的干部任用、工作条件、人员编制和经费来源都依赖当地政府，统计工作要开展就必须取得地方政府的指导和支持。正所谓“吃人嘴短，拿人手短”，在取得地方政府支持的同时也带来了这种体制抗干扰能力差的问题，统计工作开展的独立性难以得到保障。因此，要防止行政干预，除了不断加大对统计违法行为的打击力度，还需要改革现行的统计管理体制，构建相对独立的行政统计组织体系，从根本上消除地方政府干预行政统计的条件，使行政统计工作更有底气。

（二）改革统计立项管理制度

要减少审批层级，将审批权力适度集中；同时，加强备案的审查力度，实现备案管理的约束力。行政统计的立项管理制度不健全是导致统计报表多乱、统计项目重复交叉、统计数据数出多门等问题的首要症结所在。由于目前的审批备案体制审批层级较多，审批权力较为分散，备案缺乏审核机制，使得统计项目没有得到良好的管理。

第一，重构行政统计审批权的分配架构，适当减少行政统计立项的审批层级，将分散的审批权力集中起来。按照现行统计规范的规定，国务院和地方各级政府统计行政部门都有对统计项目的审批权限，审批权力过于分散。这样的权力分配架构使得不同层级的行政统计项目在组织实施前无法核查相互之间是否存在重复、交叉，形成统计立项审批各自为政的局面。所以，应当考虑上收行政统计项目的审批权限，将地方各级统计行政部门对统计项目的审批权集中到省级统计行政部门。与一般意义上的行政许可不同，行政统计审批的对象是行政部门，而非社会公众，在性质上属于赋权而非解禁。考虑到目前统计执法监督力量有限，统计数据权威性和可靠性又是大势所趋，其制度环境与民生领域的审批权下放改革完全不同。将统计立项的审批权集中到省级统计行政部门对于统计监督而言至少有两点意义：一是审批级别提升后，可以充分发挥层级监督的优势，防止地方统计项目完全按照领导意志随意开展，更有利于实施科学、必要的统计项目，提高统计效能。二是审批权限集中后，可以加深审批机关对审查信息的掌握程度，便于在审批时从总体上把握所辖区域行政统计项目的情况，提升统计行政部门对统计项目的管理能力，增强项目重复性审查的实际效果。

第二，加强备案的审查力度，防止备案成为放松统计立项监管的挡箭牌。建立统计立项审批备案制度的初衷是“不使统计报表过多过乱，过分加重基层负担”，然而从2018年全国人大常委会《统计法》执法检查的结果来看，实行备案管理的国务院部门统计项目却成为基层行政统计的重大负担之一，被一些地方直指“报表多、指标繁、频次高，内容和指标重复交叉”。[①]备案与审批的区别应当在于审查的时间节点不同，以及审查结果对审查对象的影响不同，而不是审查标准和力度的差异。备案的审查时间节点应是在统计调查实施过程中或之后，统计的实施不需要等待备案结果出来后才能开始，主要起到及时纠正而不是事前预防的作用。然而，按照《国家统计局统计调查项目审批和备案工作规程》的规定，对实行备案管理的统计项目，在实施前要先经审定并得到备案后才能开展，即将备案审查的重点放到了事前；同时，又没有规定在事后审查中发现问题的处理方法。因此，统计备案实际上就变成了没有实质审查的审批，既没有事前预防的作用，也没有事中事后及时纠正的能力，以致部门统计项目乱象丛生。所以，要加强备案审查的力度，采用与审批相同的审查标准，明确事中事后审查处理方式，对经审查发现不符合实施标准的统计项目及时制止纠正。

二、完善统计数据共享公开机制

（一）构建统一的数据共享平台

当前我国各行政部门的统计调查体系和数据库各自独立，没有实现互联互通，难以共享数据，不仅使得信息资源遭到严重浪费，还造成了中央与

---

① 参见王东明：《全国人大常委会执法检查组关于检查〈中华人民共和国统计法〉实施情况的报告——在十三届全国人大常委会第三次会议上》，载《中国人大》2018年第13期。

地方、部门与部门之间统计项目重复交叉，降低了统计工作的效率。

对此，首先，应当充分利用互联网云端技术、大数据技术等先进的网络信息技术，大力推进各个行政部门间统计数据互联共享，通过设立全国统一的基础数据库，建立起国家机关系统内部统一开放的统计数据共享平台，从而消除“信息孤岛”现象，提高统计数据使用效率。可以设立大数据管理机构专门负责统筹统计数据采集汇聚、互联互通、共享开放等事宜，当前部级联席会议的形式难以切实有效推动行政统计数据的共享。

其次，应当根据《统计法实施条例》第 2 条[①]的立法精神，加强对政府部门电子化行政记录的利用，逐步破除部门间的信息管理壁垒，实现统计部门与公安、民政、财政、税务、市场监管等部门在统计数据上的全面共享，并制定应对突发事件的大规模跨部门数据共享方案。

最后，应当通过重新立法或修改现有规范的形式明确行政部门之间统计数据共享的范围边界和使用方式，厘清各部门数据管理及共享的责任和权利，对政府间数据共享的条件、程序、责任等事宜进行规定，增加相关部门有条件获取统计数据的明确授权规则，以及统计部门有条件向其他部门提供统计数据的业务规则，为政府部门之间统计数据共享提供法律依据。

在这方面，部分地方已经积累了一定的改革经验，值得在未来的制度完善中借鉴参考。以宁波市为例，宁波市借“最多跑一次”改革的契机，成立了大数据发展管理局，并利用大数据技术建成数据交换平台，为全市各个行政部门的数据归集、交换提供了一个统一、标准的数据传输渠道。之后，宁波市又制定了《宁波市公共数据管理办法》《宁波市公共数据归集方案》《宁波市公共数据共享需求对接及实施工作方案》，不断推进政府间统计数据共享机制的完善。

除了宁波市外，贵州、海南、成都、杭州、孝感、呼和浩特等诸多省市也已成立大数据管理机构，虽然机构性质各有不同，但都负有统筹推进政府间数

---

① 《统计法实施条例》第 2 条规定：“统计资料能够通过行政记录取得的，不得组织实施调查。通过抽样调查、重点调查能够满足统计需要的，不得组织实施全面调查。”

据共享工作的职责。2019年5月,海南省政府颁布《海南省大数据管理局管理暂行办法》,设立海南省大数据管理局,这是我国首个以省政府规章明确规定的大数据管理机构。之后,辽宁、重庆、河北、昆明、广州、郑州等省市均出台了有关政府间统计数据共享的地方规章。

(二) 完善统计数据公开与保护制度

统计数据公开和隐私保护两者之间具有不可调和的天然矛盾,公开必然以牺牲隐私为代价,保护隐私又必然牺牲数据的效用。所以,想要实现既发挥统计数据效用又保护个人隐私安全的目标,就必须在隐私风险的控制上取得突破,将隐私风险严格控制在社会公众可以接受的范围内。

一是要完善统计数据、政府信息公开相关的法律规范,明确统计数据公开的范围,在依法保障好国家信息安全、保护好个人隐私与商业秘密的前提下,稳步推动统计数据向社会公众开放。可以参照"权力清单"制度,借助现有国家政务信息资源目录建立统计数据公开清单,按照"增量先行"的方式,加强对政府部门统计数据的统筹管理,建设国家统一的数据开放平台,有计划地推进各部门行政统计数据统一汇聚和集中向社会公众开放。同时,不断提升统计数据开放地标准化程度,根据各地区、各部门信息化建设情况,优先推动民生保障服务相关领域的统计数据集向社会公众开放。

二是要设置数据安全、隐私保护的审核机制,通过一些法定程序保证国家秘密、商业秘密和个人隐私不会因为数据公开而泄露。可以借鉴外国数据安全保护经验,提升数据保护的专业化程度,设立专门的数据安全风险管理机构负责数据安全风险控制。同时,通过制定专门的数据隐私保护规范,建立起一套完整的具有可操作性的风险控制机制,如建立"隐私影响评估"制度①,安全处理统计数据中涉及国家秘密、商业秘密和个人隐私的内容,消除统计对象对秘密信息、个人隐私信息泄露的担忧。

三是要逐步构建相对完备的数据开放规范体系,对统计数据的开放、隐

---

① 参见陈美:《政府开放数据的隐私风险评估与防控:英国的经验》,载《中国行政管理》2020年第5期。

私保护、安全等诸多问题作出相对全面且相互协调的规定。统计数据公开与保护事业的高速高质发展离不开统一完备的数据公开法律规范。仅以美国为例,美国自1966年颁布《信息自由法》并建立起政府信息公开机制以来,先后颁布了许多有关数据公开的法律,包括2001年的《数据质量法》、2002年的《电子政务法》、2014年的《数字问责和透明法》、2018年的《地理空间数据法》、2019年的《开放政府数据法》。[①] 与美国已形成了一套相对统一完备、相互协调的政府数据公开规范体系相比,我国除了《政府信息公开条例》《统计法》《统计法实施条例》中仅有的几条规定外,至今还没有建立起全国统一、相对完备的数据开放与保护规范体系,数据开放的发展全靠政策文件推动,缺乏合法性依据。不过,浙江、上海、贵阳等省市已经制定了地方的公共数据开放规范,未来可以在吸纳地方实践经验的基础上,逐步开展国家层面的立法工作。

三、加强统计监督制度建设

(一)健全统计监督的基本制度

统计监督的成效一方面取决于法律赋予它的独立性和权威性,另一方面也取决于统计执法监督人员的业务素养。统计监督机构的独立性和权威性决定了统计监督效用发挥的上限,统计执法人员的专业素养则决定了统计监督效用发挥的下限。然而,在当前行政统计双重领导的组织体系下,以下属部门的身份对同级政府领导的统计违法行为进行监督,已被实践证明是缺乏力量的。在国家统计局通报的典型案例中时常可以见到党政领导知情默许统计违法行为或参与其中的情况。同时,自己监督自己的监督模式,显然也缺乏约束力。

因此,要充分发挥统计监督职能作用,就必须保证统计监督机构的独立性和权威性,保障统计执法队伍的稳定性。同时,需要完善统计监督的程

---

① 参见翟军等:《美国〈开放政府数据法〉及实施研究》,载《情报理论与实践》2020年第8期。

序，赋予统计监督制度刚性，完善统计监督和其他监督的衔接配合，建立起相应的信息共享机制。

一是要改革统计监督的组织体系，从统计监督机关的地位上赋予其相应的权威，让统计监督有力量。可以通过设立相对独立的统计监督机构，以强化外部监督的方式提升统计监督的效果。同时，建立协调统一的统计监督运行保障机制，确保统计机构和统计人员能够独立调查、独立报告、独立监督，参考“防止领导干部干预司法活动”的机制，对任何非法干预统计监督工作的组织和个人予以严惩问责。

二是要完善统计监督的实施程序，从统计监督的过程上保证统计监督的权威性。可以借助《统计法》修改的契机，整合《统计执法监督检查办法》《国家统计局统计执法“双随机”抽查办法（试行）》《国家统计局统计执法检查规范（试行）》等现有统计监督规范的制度成果，将在实践中效果较好的做法吸纳进法律规定中。

三是要在统计监督结果的应用上体现刚性力量。可以扩大统计违法责任人的范围，实行党政同责的问责处罚机制，严肃查处党政领导干部的统计违法行为，彰显统计监督的刚性，形成不敢造假、不能造假、不想造假的统计环境。进一步加大对统计违法行为的处罚力度，增加新的责任承担形式，改变唯政务处分的单一方式。

四是要建立完善统计监督信息共享机制和重大情况报告机制。对于统计监督中遇到的重大违法情形，统计监督机构要及时向纪检监察机关、人大机关、行政领导机关报告工作，与司法机关、审计机关以及其他监督机关分享数据信息，建立线索提供、风险预警、处置联动、漏洞修补协调机制，通过统计监督建议等形式，延伸统计监督的约束力。[①]

（二）完善统计监督的方式

从2017年《统计违纪违法责任人处分处理建议办法》建立的统计违法联

① 参见于文豪：《更好发挥统计监督作用》，载《中国纪检监察报》2020年4月16日第7版。

合惩戒机制到2018年《防范和惩治统计造假、弄虚作假督察工作规定》创设的统计督察制度，一系列全新的举措对统计数据弄虚作假行为形成强力的震慑，为提升统计质量起到了良好的效果，充分说明不断创新完善统计监督方式是解决统计违法问题的重要途径。完善统计监督方式，一方面要加强内部监督，建立适应当前统计监督形势的统计执法巡查制度；另一方面要加强外部监督，健全统计违法行为举报机制。

一是要建立适应当前统计监督形势的统计执法巡查制度，在《国家统计局巡查工作办法》的基础上制定“统计执法监督巡查办法”，扩大巡查范围，健全巡查机制。国家统计局在2003年就颁布了《国家统计局巡查工作办法》，建立了统计巡查制度，但其中很多内容已经不符合当前行政统计执法监督的现状，无法发挥统计巡查的监督作用。按照该办法的规定，统计巡查的对象仅有各省统计行政部门和各省农村社会经济调查队、城市社会经济调查队、企业调查队。横向看，巡查仅限于统计部门系统内部，不涉及其他具有行政统计职权的部门，对象范围过于狭窄，无法覆盖行政统计工作的各个方面；纵向看，巡查仅限在省一级开展，而作为统计违法多发的市、县一级则没有覆盖，监督的影响力无法贯穿基层。另外，根据《国家统计局直属调查队管理体制改革方案》的规定，早在2005年，农调队、城调队、企调队就已经被撤销合并为一个调查队。

统计巡查是一项重要的监督方式，尤其是在当前地方统计执法监督力量较为受限的情况下，充分发挥统计巡查在监督上的优势，有助于提升统计监督的成效。可以考虑由国家统计局或国家统计局授权省级统计行政部门定期或不定期派出统计执法巡查组，对下属各级统计行政部门的统计调查和统计监督工作进行巡查，根据工作需要有选择地巡查不同地方、不同层级。巡查的范围不仅限于行政统计部门系统内部，而是要覆盖全部开展行政统计工作的部门。巡查结果由巡查组直接向国家统计局报告，原则上不直接查处具体统计违法问题。对巡查中发现的违法行为，有权口头或书面进行制止，并及时移交地方统计行政部门和监察机关依法处理。

二是要健全统计违法行为举报机制，全面畅通统计违法举报渠道。创新统计监督方式需要注重吸纳社会力量，充分利用社会力量提升统计监督的成效。实践中违法举报是一种重要的方式。以第七次全国人口普查为例，为了加强统计监督，国务院人口普查办公室成立了专门的执法检查组，负责受理对于普查违法行为的举报，依法对重大违法案件进行直接调查，并督促各级统计机构依法开展执法检查。目前国家统计局和各省级统计局都开通了统计违法举报渠道，但在各市、县并没有得到全面落实，不少市、县统计局至今没有开通统计违法举报渠道。此外，在已开通举报渠道的统计局中，大部分开通的举报渠道较为单一，或为电话举报，或为电子邮箱举报，而这显然已经难以适应如今信息化深入发展的时代。要充分调动社会公众的积极性，首先就要全面畅通多种举报渠道。例如，天津市统计局就充分利用电话、网络专栏、微信平台、来信来访等多种方式为公众举报提供便利，从而提高统计执法机构发现统计违法违纪案件线索的能力。